維新派・松本雄吉

1946〜1970〜2016

ISHINHA
YUKICHI MATSUMOTO
1946〜1970〜2016

唯一無二の前衛集団・維新派を率い、
世界の演劇シーンを震撼させた松本雄吉。
60年代後半から亡くなる2016年までのエッセイ、短篇小説、
散文、戯曲、絵画、対談、劇場デザイン、演出ノートなどで構成。
維新派の公演ポスター、写真、年譜も合わせて収録。

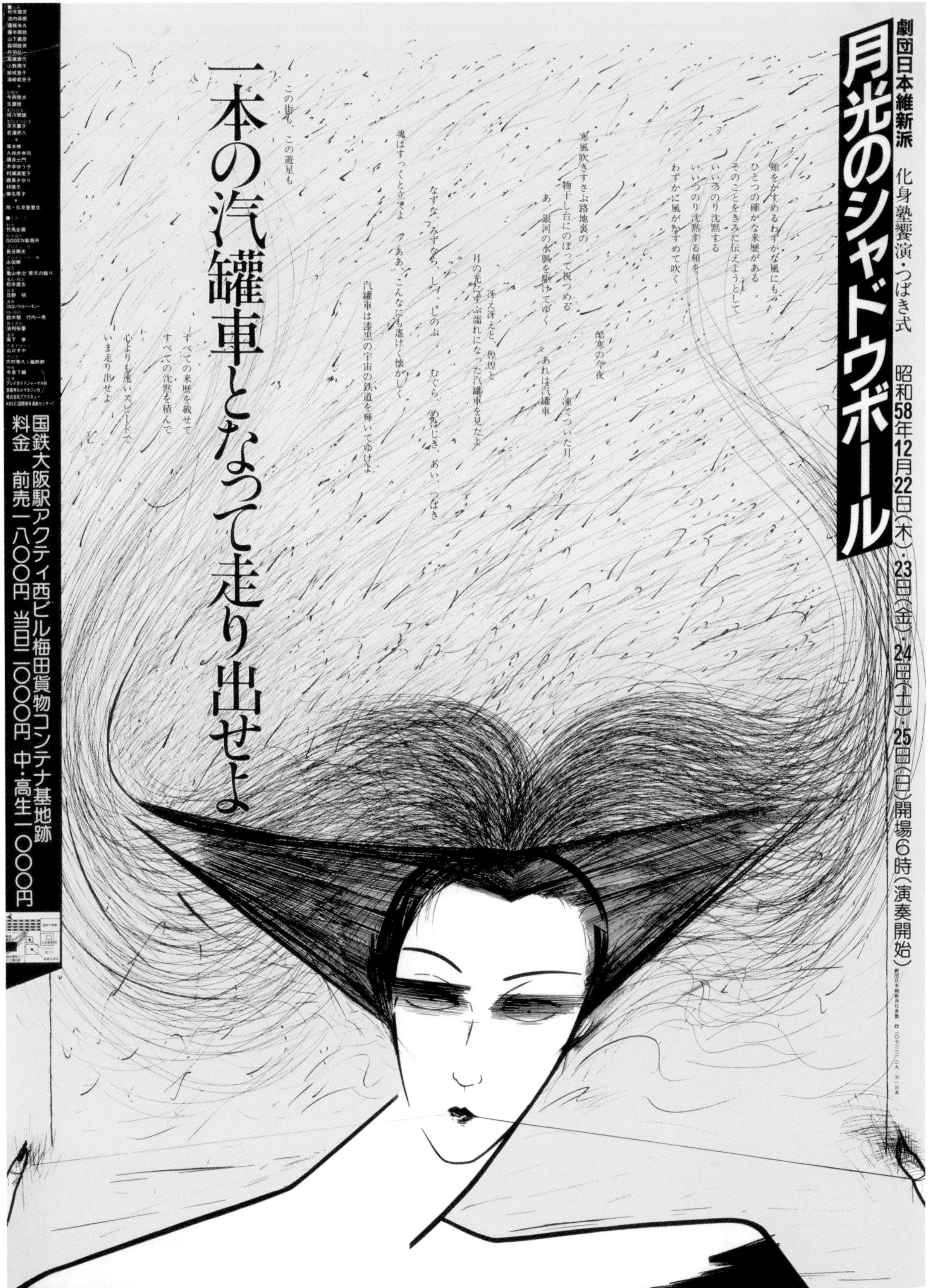

『月光のシャドウボール』1983年……「詩」藤野勲「イラストレーション+デザイン」大村泰久

目次

9 維新派野外劇の心得七ヵ条
10 私たちの劇場は、一本の釘ではじまる。
11 劇しい處
12 顔／酒
13 背中
14 身体
野外劇場の記憶
15 〈路地に迷い劇場に遭遇〉
16 〈天王寺野外音楽堂〉
18 〈大阪駅コンテナヤード〉
19 〈布施三ノ瀬公園〉
20 〈南港フェリーターミナル〉
20 〈生國魂神社〉
22 〈兵庫県立盲学校〉
23 〈劇場のかたち〉
24 『王國』へ
26 奈良へ行く
28 歩く劇場
30 風景…
32 孤独な点の歩行…

［写真］川口和之………大阪市天王寺区の天王寺野外音楽堂／劇団日本維新派『足の裏から冥王まで』（1978年）の松本雄吉

［写真］北川幸三………1982年、劇団日本維新派・化身塾の頃の松本雄吉

難波八十島　34
維新派流野外劇場ノ戒メ　36
維新派という現象　38
対談
「万畳敷きにてをどる」
松本雄吉×麿赤兒　39
ひとがたにゆれる　46
化身塾饗演第一回　なずな式　58
「墓の中」　満月見物・聖聚族儀劇体詩　66
日記
「内なる危険の捏造」　72
『誘天の族』公演の案内文　76
「誘天の族」と題する　77
またぎ越せ無能な河は　84
女の座る形　86
ひとがたに寄せて　86
けったいな劇場を　88
剝肉業　90
皺くちゃ　91
『足の裏から冥王まで』
―復習のための誓約的劇倫理の発明―　92
対談
「〈存在〉というコトバに一番近い風景」
松本雄吉×林幸治郎　96
海水浴　102
99年頃の演出ノートより　106

112 対談「はみだしているからこそ」松本雄吉×金滿里

123 戯曲『蟹殿下』（日本維新派上演台本）

213 スケッチブックより／劇場デザイン・デッサン
『少年街』／『ROMANCE』／『南風』／
ヨーロッパの街角／『カンカラ』

222 チラシ・パンフレットより（1975年～2016年）
『足の裏から冥王まで』／『むぐら式』／
『誘天の族』／『昼間よく通る近所の道』／
『十五少年探偵団　ドガジャガドンドン』／
『王國』／『水街』／『ろじ式』／『PORTAL』

230 スモーク・ハンド―琵琶湖水上舞台―

232 『石のような水』演出ノート―

234 私にとっての「ナナツデラ」

236 戯曲ヂャンヂャン☆オペラ
『少年街―〈物質の夢・進行する街〉』
（維新派上演台本・抜粋）

244 インタビュー
「維新派」、芸術宣言。
芸術とは、無いものを探すこと。

247 戯曲『透視図』（維新派上演台本・抜粋）

256 そのとき…

258 スケッチブックより／『echo』の劇場プラン

260 藤野勲
「彼方への役目
松本雄吉論のための〈資料〉と覚え書き（前編）」

281 松本雄吉略年譜 1946～2016

315 あのひとの旅立ち

［写真］井上嘉和………瀬戸内海の岡山県犬島／維新派『MAREBITO』（2013年）でのリハーサル中の松本雄吉

［写真］谷古宇正彦……1998年8月12日・季刊「劇の宇宙」創刊号（1998年秋号）の撮影で。大阪市中央区の空堀商店街にて

一、丸太は地球の意志するが如く真直ぐに建てよ。

二、身体は風景に巻き添えに石を置くが如く横たえよ。

三、雨に魂を洗い夕陽の衣をまとい風に言の葉を載せよ。

四、身体の寸法にて全てを計測し大気の濃密を嗅いで身を置け。

五、劇場は一個の生命体その心肺の所在を探すべし。

六、耳を澄ますべし地中に埋もれしものたちの楽の音に。

七、衣食住等分に行うべし。

維新派野外劇の心得七カ条

私たちの劇場は、一本の釘ではじまる。

私たちの劇場は、
一本の釘ではじまる。

其処に。

一本の釘を持ち地面に線を引く。

線と線の交わる処、小さな石を置き目印に。

石に囲まれた大小の矩形（円形）にそれぞれ名称をかぶせてゆく。

「ココカラソコマデハ舞台、ココハ楽屋、ソノ横ハ排水溝、ココカラハ坂道、ソコニハ穴、ココニハ水タマリ、ココニ奈落ヘノ近道、ソノ四ツ辻ハ客席ヘノ扉」


此処は。

果して、土に埋もれた古代遺跡の見取図。

あるいは、路地の迷路を歩行する夢の地図。


其処で。

私たちは、陽差しをさえぎり、風を止め、蟬たちを殺し、子供たちを追い払う。

やがて私たちは裸足になり、土を切り、地中深く、巨大な人工肺をうずめる。


【初出】「『大阪国際演劇祭'86』パンフレット」１９８６年／大阪国際演劇祭実行委員会

劇《はげ》しい處《ところ》

ふと道に迷ったその四つ辻で、私が何処へゆこうとしているのか、その処でなにをしようとして出掛けて来ているのか、さっぱり訳が解らなくなり、諸々の風景を眺めてみると、ものたちはその意志を忘れた具合で、その臭気を消し去り、ものたちのものものしさは姿を隠し、私はと云えば、私がそこにそうして突っ立っていること、そのことさえ忘れてしまっているという、こんな愉快なときがある。

この時、どんなびっくりするようなことが起っても、私には、瞳孔を極限にまで開いても、そのことをまともに見ようとする原初な意志する網膜がぴんと張られて、私の内に確実に用意されているのだ。この快は、生きようとする冷やかさでもなければ、命落とそうとする熱っぽさでもない。

人がなにがしかの緊張に伴なわれて、ある〝劇しい處〟へ出掛けようとするとき、この空白の網膜のうえに、地獄の明らさまになることの期待と、そんな處には、実はなんにもないのだという、当り前のようなあきらめが同居している。このあきらめは、実のところ、その人を迎える側にもあるように思える。

しかし、〝劇しい處〟に血吹く快は、こんなところの気持を通り越してある。この快は恐ろしく自虐的であり、この快の優しい美しさは絶品だ。この快、自ら好んで道に迷うことであり、この快は、その四つ辻で己の所在を心底から忘れてしまうことであり、そして、この快は、私たちが生き続けようとすることだ。

人は食うことで精一杯である。それ以外のことは出来るだけ少ない方がいい、その少ない部分は、出来るだけ大きく膨れることがいい。

この「劇しい處」の元になった文章の初出は、1978年発行の「演劇批評」第一号ですが、本著では「楽に寄す」に掲載された一部改訂版を収録しました

【初出】「楽に寄す」1980年／竹馬の友社（以下14頁まで）

顔

顔ほど化粧の似合わぬところはない。化粧して露われてくる生き物が居ない。

　全身に白粉を塗ったり、あるいは泥を塗ったりしてみても、足や腰や尻なんかは塗った途端に、正体を露わにするものの深く秘《ひそ》んでいる気配が見えてくるのだが、顔ばかりはやたら塗られた白粉や泥そのものが見えてしまって、それらが付着物か、あるいは汚れのようになってしまうのである。顔はそれ自身、露わすぎるのだろうか。

酒

私の家の台所には、酒が無かった。小さい頃から父親がいなかったせいもあるだろうが母親と私の二人きりの生活には勿論酒などなくて済むし、訪問客も殆んどなかったので酒のもてなしということも不用だった訳である。ところが、私も中学生の頃ともなると、どういう訳か、家に一升瓶が置いていないというのがひどく惨めで、淋しく貧しい家庭のように思えてきたのである。今でも母親が云う。「お前は、茶を飲むのに酒を飲むような仕草で飲んでいた」茶を飲んで酒飲みのオッサンの真似をしていたらしい。そうやって、酒の一年中置いてある家庭の雰囲気を仮体験していたのである。私はよく人に、「お前は、とてもうまそうに酒を飲む」と云われるが、その時の仮体験の修行があってのことかも知れない。

　今だに酒など飲んではいないのかも知れない。

背中

以前、『百頭女』という芝居の公演で、後頭部に面をつけ、衣装を前後さかさまに着けたいわゆる〝後面《うしろめん》〟を演ったことがある。観客に対して後向きに演技を行うのである。背中に得体の知れぬ生き物を担いでいるようで、なか〳〵難しいというか、奇妙であり、行いの生な感覚が持てない。背中の生き物が下を向こうと思えば、私自身は上を見上げなければならず、左を向けば右を見やるといった具合に、常日頃の私の身体の習性がことごとくねじまげられることになる。人は背中にもうひとりの自分をかっているというが、際立ててこの生き物を人前に晒すとなると、私の体も意識も相当に破綻をきたしそうで、恐ろしい。背中の生き物はおいそれとは動いてくれない。

身体

という言葉には、限りなく貧しさを想わせる響きがある。なんら色彩を見せぬ貧しさが満ち〳〵てある。無防備で、無作為で、救いがたい貧しさである。ひどく傷つけられ、ないがしろにされやすい存在である。私はまだこういった身体という風景を舞台では見たことがないような気がする。舞台にある身体は余りにも色彩を帯び、攻撃的で、作為に溢れている。

不格好なパンツ一枚はかされて、レントゲンを待つ列に佇立する少年の身体や、半畳程の薄暗い処で腕組みして糞たれている老人の身体、ガソリンを浴び全身黒焦げになった身体。余りにも具体的であるがゆえに貧しく、貧しさが青空のように正確であるといった絶対をこそ、私は舞台にのせたいと思う。

路地に迷い劇場に遭遇

1月8日

路地の迷路を右に左にあてどなく歩行するうちに、突然、不思議な闇《やみ》を囲った〈劇場〉に遭遇するとはどうだろう。

大阪、環状線寺田町駅の東、源ケ橋商店街のせまい路地を入った所に思いがけない劇場、源ケ橋演芸場という木造の大衆演芸場があった。

その演芸場は、民家と民家にはさまれて、いばらず、気どらず、構えずに、しかし、独特の濃密な気配を漂わせ、その辺りの風景に溶け合っていた。

不意に、現れる〈劇場〉。

公演日の何日も前から、座席までわかっている前売り券を買い、その当日を待つという楽しみもあれば、こうやって歩行の果てに巡りあう〈劇場〉への興奮もある。

劇場の闇は、人を匿名性の席に座らせる。私たちは、匿名であるがゆえの解放を知っていて、そのために無目的な歩行を楽しみ、あえて雑踏を好み、孤独を愛し、また、劇場の席に身を沈めたりもする。

路地の、現実と現実のすき間のようなところで、気まぐれな歩行者を待ち受けていた源ケ橋演芸場。確か、七〇年代の中ごろに取り壊され、今は、郵便局になっている。

野外劇場の記憶

【初出】朝日新聞大阪本社版夕刊連載「野外劇場の記憶」（全8回）
1987年1月8日〜2月26日

天王寺野外音楽堂

1月14日

風が吹きぬけ、雨に降られるのに、そこは、立派な〈劇場〉であり、門があり、囲いがあるのに、そこは、〈空地〉のような所である。

天王寺野外音楽堂。

大阪、天王寺公園のなかにあったその劇場は、高い屋根のある舞台とすり鉢状の客席からなり、太いポプラのそびえる段々の客席に座ると、左手に通天閣が見え、頭上には月が輝き、すぐ横にある動物園からは獣たちの鳴き声が聞こえ、入場券を持たない労務者風の人々が、塀や木によじ登って、中をのぞいている。

室内とも野外ともつかぬ、あいまいな所、劇場というものの最小限の体裁である。

一九七〇年代、ここで公演するほとんどの劇団は、赤や黒のテントを持ちこんだり、舞台を客席として使い、段々の客席に舞台を組んだり、あるいは通天閣を背景にしたり、地面に穴を掘ってみたり、自分たち流に自由に工夫を凝らし、自分たちの〈劇場〉にしていた。

それは、空地に自分たちの城を作る、子供たちの遊戯のように、稚拙で荒っぽい劇場づくりではあったが、実にさまざまな〈劇場論〉が展開されていた。

［写真］川口和之………大阪市天王寺区の天王寺野外音楽堂／『足の裏から冥王まで』（1978年）の仕込み風景

同名の作品が1975年に上演されており、続篇的世界のこの作品は『続・足の裏から冥王まで』とも呼ばれています

大阪駅コンテナヤード

1月22日

そこでは、便所を借りに行くのに自転車に乗り、暖をとるためにドラムカンに火をたき、何杯ものしょうちゅうの湯割りを飲み、寒さを会得するために裸になり、労働のためにホルモンを食い、体を絞るために走り込み、絶食し、〈劇場〉を建てるために三千本の丸太を組み、コンパネを打ち、〈物語〉を作るためにそのコンパネをはがし、〈劇場〉を囲うために大量のシートや古毛布を張り、〈空〉へ視線を上げるために塔を組み、〈地面〉に視線を落とすために舞台のあちこちに穴を開け、環状線から見えるように大きなのぼりを立て、環状線の電車が見えるように北側の壁を下げ、舞台にボイラーの蒸気をたき、ベニヤ板の汽車を走らせ、劇場の入り口にダンプ一杯分の土を盛り、通路の両側に千本もの風車を飾り、〈風の道〉を作り、迷路を作り、迷路の途中に関東煮を売り、観客は、ちらつく雪に体を震わせ、酒を飲み、やじを飛ばし、役者たちは、マルビルの横に出る月の光を浴びるかのように、体に金や銀の粉をまぶした。

一九八三年冬、私たちの、大阪駅コンテナヤードでの公演『月光のシャドウボール』の劇場図である。

布施三ノ瀬公園

1月29日

今、〈野外劇〉の出来る場所が少なくなっている。

一九八四年の秋、韓国のマダン劇（仮面劇）を呼ぶことになり、方々場所探しの末、やっとのことで布施の三ノ瀬公園の一画を借り受けた。

三ノ瀬公園は、近鉄布施駅の南側、生野区と東大阪市との境にあり、一昔前には、ここにサーカスの小屋が建ったりもしていた。

「僕らの遊び場を取らんといて！」という子供たちの抗議に「おれらも遊び場が欲しいんや！」とやり返し、地面に直径十五メートルほどの円を描き、その中心に土を盛り上げ、土俵のような舞台を作り、丸太とシートで簡単な囲いを巡らせた。実に簡単素朴な〈劇場〉である。

「野外はいいものですね」。韓国のマダン劇のメンバーも土俵の舞台にはだしではしゃぎ、喜んでくれた。マダン劇というのは本来、野外で演じるものらしいが、現在の韓国ではなかなかそれも難しいという。マダン劇という、風土が生んだ芸能の本質をその国が拒んでいるのだ。

公演終了後、私たちは観客も交え、土俵の舞台に車座になり酒を酌み交わした。「日本も野外で公演するのは難しい」。在日の私の友人が言った。

［写真］太田順一………旧国鉄大阪駅コンテナヤード／『月光のシャドウボール』（1983年）の仕込み風景

南港フェリーターミナル

2月5日

新世界という街が好きでよく酒を飲みに行き、飲めば酔い、酔えばあてどなく歩き出し、ジャンジャン町を抜け、今池、天下茶屋の路地をうろつき、岸里、玉出、北加賀屋まで行き、ここまで来たらと平林大橋、貯木場を越え、南港のフェリーターミナルまで来てしまったことがある。

〈歩行欲〉というものか、すでに海まで来てしまっているのに、もっともっと歩きたいという思いが私に『蟹《かに》殿下』という脚本を書かせた。

それは、通天閣の辺りの路上に迷いでた一匹の蟹が、記憶をたよりに海までの帰路を探し歩くといった望郷ストーリーである。

私たちは、南港のフェリーターミナル前広場に、間口十メートル、奥行き百メートルの劇場を組み、縦長階段状の客席の両側に、新世界のホルモン屋や碁会所、食堂、パチンコ店などをベニヤ板の書割《かきわり》にして並べ、その町並みの彼方にブリキ製の月をあげ、その向こうに本物の海が見え、汽船が見え、夕日が見え、それらの延長線のなかに、舞台空間があるように工夫した。野外劇ならではの劇場構造である。

人工と自然の、新世界と路地と港と、そして〈歩行欲〉の合作だ。

生國魂神社

2月12日

夏の午後七時ごろは、日はもうすでに沈んでいるのに、空だけが明るく、スローモーションの映画を見ているような、不思議な時間帯である。

昼から夜へ、かたちから気配へと急激に移ろうその時間は、あらゆるものの変身にふさわしい〈劇場〉だ。

私たちは、野外劇を演《や》るなら、そんな魅力的な時間帯に物語を重ねてみたいと常々考えていた。

大阪、上町台地の生國魂神社。この神

［写真］真野龍彦……大阪市天王寺区の生國魂神社での『路地坂の祭り』（1986年）の1シーン

社の宮司さんが野外劇に理解深い人で、昨年夏の十日間、境内を借りることができ、私たちは手製の大障子を持ち込み、それを壁に、天井にして、五十坪ほどの劇場を組んだ。和紙の、半ば光の透ける、白い劇場だ。

　日中の炎天下では、それは温室のように蒸し暑く、障子の白が目に痛い。だが午後六時ごろになると障子を通過する光は急速に衰え、かすかに照明の輪郭が見えはじめ、開演の六時三十分には、自然の光と障子の白と照明の光が等しい明るさになり、舞台は、変貌《へんぼう》の予感に満ちたあやしい時間となる。やがて七時三十分ごろ、神社は暗くなり、照明の光が完全に主役になり、ラブホテルのネオンに囲まれてこの劇場は、物語の明暗を呼吸する、巨大な行灯《あんどん》となる。

兵庫県立盲学校

2月19日

神戸市垂水区の、城が山というところにある盲学校で芝居をしたことがある。

「盲学校で芝居」と聞いたとき、私は放送劇のようなことをするのかと思ったが「普通に舞台の上でやってほしい」ということだ。

出し物は『夕鶴』、私の役は〈与ひょう〉である。

しかし当日、舞台に立って少々慌てた。舞台をまともに見ている生徒は少なく、ほとんどが〈考える人〉の姿勢や、〈夢見る人〉のように天井を向いたり、窓のほうを見たりで、体ごと視線を舞台に向けて見てくれていない。「こんな場所、かなんな」と思ったが、ともかく〈熱演〉した。

終演近く、〈つう〉が鶴になって空を飛ぶ場面、生徒たちは、相変わらずあちこちを向いているが、全身で舞台を見ようとする強い意志がヒシヒシと伝わってきた。目が不自由な分だけ体をねじり、すべてを動員して「どないなったんや」と舞台に問うている。最初、私が客席をしっかり見ていなかっただけのことなのだ。

芝居の後、交歓会のような場があり、私がしゃべると一人の生徒が「あっ与ひょうさんですね！」と、少し興奮気味に私の役名を呼んでくれた。

劇場のかたち

2月26日

もっぱら野外に劇場を組んで公演をしている私たちに、友人たちからさまざまなアイデアが飛び込む。

「生駒山の旧トンネルを劇場にしては?」「道頓堀にいかだを浮かべて流れる劇場を」「瀬戸内架橋の工事船を借りて」「高野山に粘土を掘った跡のおおきな円いくぼみがある、青年団も協力するからそこを劇場にしないか」「都会を出て山に新しい家を建てるが、その家を劇場にしたい、意見を聞かせてほしい、出来たら建築も手伝ってほしい」「うちの物干しを舞台にしてやってくれ、近所の人や親類を集める」「精神病院の中庭を」「奈良の平城宮跡に飛鳥時代を再現させろ」「トラックの荷台を舞台にして神出鬼没の劇場を」「大阪市に野外イベント専門のスペースを用意させろ」「環状線劇場」「四つ角劇場」「採石場劇場」「食肉処理場劇場」「廃屋劇場」「野池劇場」「ガスタンク劇場」「列車劇場」……。

人それぞれの〈劇場〉に対する思いを、場所を絡めて私たちに持ち込んでくれる。人々にとって〈劇場〉とは何なのかという問いは、「演劇とは何なのか」というせまい問いを超えた、あらゆる夢の集合体、〈私たちの時代の表現のかたち〉の模索だ。

九州の小さな島を出てこの街の四貫島に預けられたのは小学2年のことだ。その頃は四貫島がこの街のどの辺りに位置しているのかということも分からず、トロリーバスに乗ればたった10分そこらの梅田を何故か遠い処と思っていた。

中学に上がり布施に住み、そこがこの街の東部に位置し背後の山の向こうに奈良があることを知った。しかしいつも自転車に乗って釣りに出掛ける大和川が奈良からこの街に流れ込んでいるということは知らなかった。

高校の頃、近鉄電車は上六が終点で難波まではバスに乗らねばならず繁華街へのおぼろげな空想を描くだけでそこで引き返していた。難波とは反対側の生駒山に登りテレビ塔によじ登ってスモッグに霞むこの街を俯瞰し、東を振り返り緑豊かな奈良の盆地を眺めた。

大学へ通うようになって電車で淀川を渡った。広い川だった。電車の音が川面に跳ね返って聞こえた。この川の上流に京都があり、琵琶湖があることを思った。

酒を覚え、この街の路地から路地へ居酒屋の暖簾を潜って彷徨い続けた。路地のネオンが限りない闇の底まで続く錯覚を覚えた。環状線に乗り何周も円環してこの街の東の西の南の北のそれぞれの風景を飽かずに眺めた。

野外劇を始めてこの街のあちこちに杭を打ち穴を掘った。梅田の地面のコンクリートを割り、穴を掘ると砂地があらわれ貝殻があり静かに水流があるのを見た。南港の埋立地に穴を掘るとコオロギの巣になったペットボトルやゴミムシの入ったコンドームが出てきた。

今年の梅雨入り、『王國』というタイトルが頭を掠めた頃、ビジネスパーク駅から地下鉄に乗った。この地下鉄は大阪城の堀の下を潜っていると思った。確実に地下40メートルはある。人が死んで埋葬される深さより、あるいは古代遺跡の眠る深さよりもっと下の地中をこの地下鉄は走っている。ちょっとした眩暈がした。

『王國』へ

その明くる日、難波の30階建ての食堂ビルの屋上からこの街を俯瞰した。密集し延々と広がるビル群が大きく呼吸しているように迫ってくる。そして地下深くを走る地下鉄や排水のパイプのことなどを重ねて思うと、この街が巨大な生きもののように思えてくる。

今年の秋、私たちは海底トンネルを潜り人工島へ行き『王國』の劇場を組み、舞台にこの街の雛型を作る。今までに無い直径15メートルの大回転舞台に載せるこの街の雛型。この街をさまざまに歩いてきた軌跡と記憶がカタチになる。

【初出】季刊「劇の宇宙」No.1・1998年秋号 創刊号／繁昌花形本舗株式会社

移動

しながらあれこれ考える愉しみを味わいながら奈良を巡る。斑鳩、二上、畝傍、大宇陀、菟田野、室生、曽爾…不思議なひびきの地名に導かれ、初冬の霞みがかった紅葉の景色を走る。運転が出来ない強みで助手席に座り、役立たずな男となって煙草を吹かしながら移りゆく車外の風景を凝っと見ていると、いつしか自分の身体が風景に同化していくような気分になってくる。山道の緩やかな坂を上り下り、右に左にくねる地形のリズムが身体の呼吸と重なり、あるいは地形のリズムに慣らされて、私自身、風景の一部となって移動していることに気付く。移動しているというそのことが心地良い。風景と同化していると感じることが愉しい。ぼんやりとしてしまう。ぼんやりと風景を見ながらぼんやりと考える。

南港で五年…、『ROMANCE』に始まり『南風』、『王國』、『水街』、『流星』と一年に一作のペースで五年間。同じ場所に留まりこれだけ公演したことはない。一作品に建て込みから解体まで三ヵ月はそこで暮らすことになるから五年間で十五ヵ月、私たちは南港で生活したことになる。正午を過ぎると背後に聳え建つWTCの大きな影に覆われ急激に温度が下がること、昼間は東から吹いている風が公演の始まる夕方になると決まって北風に変わること、その季節の夕日の大阪湾に沈む位置、夜空に月の架かる方角、朝、目醒めると知らずと空を見上げ雲の流れを追う、野犬の群れの激しい争い、燃やし続けた膨大な焚火、その煙の匂いが全身に染み付き身体が燻製のような匂いになったことを笑い合う愉しさ…、南港での五年間、私たちはオオサカという都市に居ながらにして確かに自然人であった。

その南港に区切りを付け新しい場所を求めて今、取り敢えず奈良の地を回っている。

移動しながらものを考える習癖、本能的とまで云える移動することへの衝迫、常に此処でない何処かを夢想すること、終わりのない漂流のイメージ、郷愁にも似たそのイメージへの憧れ…、緩やかな奈良の地形のリズムに揺らされて、そういったことが私の身体のなかに根深くあることを思い

奈良へ行く

知らされる。中上健次の貴種流離譚を原作にした『南風』は熊野の新宮に辿り着いた漂流民の末裔の話であったし、『王國』の主人公たちはこの列島の山野を駆け巡ったサンカと呼ばれる非定住民たちであり、『水街』は南方から移住してきた近代漂流民の集落であった。『流星』に於いてはそうした人の移動本能（?）を宇宙原理とまで呼びたくなる作品に仕立てるつもりで作った。

考えてみれば、南港での五年間は〈漂流〉という無辺際なイメージを〈劇場〉という囲いの中に具象化する格闘であり、その格闘こそが〈野外の劇場〉という精神を支えてきたように思える。〈歌わない音楽〉、〈踊らないおどり〉、〈喋らない台詞〉という私たちがここ数年で獲得した金科玉条も〈漂流〉というイメージが内包する非言語性、非記号性、非中心性からして思えば自明の空間論であった。私たちは〈漂流〉というテーマを抱くことによって私たちの野外の劇場に辿り着くことが出来たのかも知れない。

不思議な地名のひびきに導かれ、初冬の奈良を五日間、時間の迷子になったように走り回る。イカルガ、フタカミ、ウネビ、オオウダ、ウタノ、ムロウ、ソニ…美しい音の連なり、その美しい音が形づくる緩やかな地形、その旋律の彼方に私たちの新しい場所―劇場が用意されているというおぼろげな予感に満ちて移動する。移動するうちに少しずつ、五年間南港で培ってきた野外の劇場の経験則が身体から離れていくような気がして軽くなっていく。

【初出】季刊「劇の宇宙」No.11・2001年春号／繁昌花形本舗株式会社

ひところ激しく〈劇場〉の夢を見た。

肌色の地面を矩形に切った深い穴、その巨大な地下空間は今、地面から現れつつある劇場だと躰を泥まみれにしたスタッフたちが屈めた姿勢を横捻りに叫び、それなら埋もれていた古代劇場の発掘かと聞くとそうではなく、掘りすすむにつれその深さが劇場となっていくと云うから裸足で飛び降り、足の裏にひやりとした埴のべた付く地底に立つと懐かしい感情が腹の底から沸き立つ。そこは案の定、廊下の劇場。足裏の窪みに土と板を混濁した感触をかこい黒光りのする太い木組みを見上げると、天地の見境もなく立体交差している廊下をやはりトランクを抱えた複数の旅行者の集団が以前に比べ随分とスピードを増した漂流歩行でどしどしと音を立てて歩いている。ずっと以前から旅行者の扮装で廊下の劇場を果てしなく巡っている俳優群、随分上手くなった漂流歩行が羨ましい。心持ち低く構えた腰、前後するたびに露わになる膝の骨、腰の意志が膝骨を伝い垂直に足の裏へ廊下の板を打ち鳴らす。それに応えて階下から大勢の観客たちの廊下を踏み鳴らす音、廊下の劇場の、腰の、膝の、骨の、足裏の打ち鳴らすさまざまな音を聴きながら、この廊下の劇場の裏手には確か、移動民のテントの劇場があったと思い、二の腕で木戸を押し開けると全身に波しぶきを受ける。すると海に突き出た断崖と断崖に挟まれた地形の劇場、断崖のあちこちの窪みに大勢の観客たちが岩と見まごう身を寄せ合って座り、さまざまな方言を囁いている。観客の岩の谺の響きの中で私の小さな躰は断崖の底の入り江に浮かぶ小船の上で波に揺られ、この劇場の舞台の所在を尋ねて四方を見上げる。

そんな夢を連日のように見続けた。それら境界のおぼろな異貌の劇場は回を重ねるごとにディテールに深みを増し、ありようのない非現実感はいつしか懐かしいまでの感覚となり、夢のことではあるが私の中で確実に存在を強いものにしていった。

もうあのころから随分と年月が立っているのに、いまだにそれら異貌の劇場の感触が私に残っている。

あれは阪神大震災の直後で、震災の間接的な影響で私たちは南港のフェリーターミナルの空き地を失い、新たに可能性のある土地を探し回っていた。上演すべき台本を抱えて歩くわけではなく手ぶらで、いわば当て所ない探索はおのずと躰が好む方向へ、躰が誘われるままに路地の奥行きへ、草ぼうぼうの空き地へ、河原へ、廃屋の工場へと、都市空間にあって現実味の乏しい、いわば風景の隙間から隙間を巡る私の躰は都市のもうひとつの通路、四次元の迷路を彷徨っているようでいつしかその歩行も現実味を薄くする。劇場を探りつつ、すでに劇場を歩いている躰の感覚。立て続けに現れた夢はおそらくその歩行の延長上にある劇場群なのかも知れない。

以前ほどではないが今も〈劇場〉の夢を見る。

不思議なことに私たちが嘗て野外に建ててきた劇場の夢は一切見ない。しかし夢に現れる異貌の劇場はそのどれもが記憶にはないのに懐かしい感覚を持たせる。恐ろしいまでに躰が懐かしむ劇場である。記憶にないのに懐かしいというのは実に身体的な場所なのかもしれないが、脳ではなく、躰の部位の、手が、肘が、肩が、足裏が、五感の枠をはるかに超えてそれぞれの意志で感応する空間の立体性はそれ自身、劇場の立体性の自明を雛型として、世界の謎に向かう私たちの在りようを異貌の劇場は私に説いているように思える。覚めても今、躰の謎の置き所、在り処の原初を求め、躰を囲い、躰が向き合い、躰を寄せ合う場所としての劇場と仮定してみるとき、劇場は過去と未来を同時に抱える私たちの躰そのものとも思える。これからもさらに、〈劇場〉の夢を見続けたいと願う。

歩く劇場

【初出】「―劇場へ!!―大阪現代演劇祭〈仮設劇場〉WA全記録」2006年3月25日／財団法人大阪都市協会

「風景」

という言葉を聞くと、あるいは発すると自身の奥深いところの何かが感応する。たんに景色とか景観というのではなく、自身が立って向かっているその眺望を「風景」と呼ぶだけで身体が震える。それは「風景」が私にひとつのまなざしを要求しているからだと思う。性急な感応を強いているからだと思う。私という存在の小さな点が、線の連続から平面へ、さらに立体へと展開している世界と対峙していることの関係の自覚を促しているからだと思う。穴のあくほど凝視しなければ見えてこない風景の真実、眼を閉じて耳を澄まさなければ聞こえてこない風景の音、心を無にしなければ見えてこない風景の奥行き…それは常に個人対世界という極私的な関係である。極私的であるがゆえに身体が震え、自身の奥深いところが感応する。

「風景を見たい」と「風景に立ちたい」には大きな隔たりがある。風景を見たいというのはカメラ片手の物見遊山の観光的な視線である。風景に立ちたいということは風景が投げかけてくるものを拒まない意思であり、それによる自身の変容を良しとする姿勢である。

私たちはどれほど風景を見てきたのか、そしてその都度どう感応したのか。大阪南港という人工島の風景、そこは大都市大阪のゴミによって埋め立てられた土地であり、西を見上げればガンダムのようなデザインのワールドトレードセンターが聳え、振り返り東を向けば大阪の高層ビル群が水面に浮かぶ。熊野本宮の森の風景、奈良室生の山の風景、瀬戸内海の犬島の風景、平城宮跡の遺跡の風景には東に若草山があり、西に生駒山が眺望された。そして琵琶湖の水辺の風景…。

南米大陸の非定住の移動民族は、移動の旅のその地形を風景を身体に沁み込ませるという。彼らの身体には風景が記憶され沁み込んでいるという（今福龍太）。

私たちは風景の中の一部にいる。私たちは風景の中を歩いている。都市という風景、高層ビルの

風景…

林立する風景、湾岸の工場街の風景、郊外の分譲住宅の立ち並ぶ風景、廃村の草ぼうぼうの風景、歴史の記憶された風景、犯罪のあった川辺の風景、路地のある下町の風景…、私たちはそんな風景を歩き、そこに立ち、何を思い、どう感応させられるのか、今そのことに自覚的な行いを試みる。舞台人ということをいったん忘れ、むしろ舞台とは対極的な地平に立って風景に向かいたい。

【初出】『風景画』レジュメより　２０１１年／維新派

「石の上を歩けば石の音、土の上を歩けば土の音、砂を踏めば砂の音、枯葉を踏めば枯葉の音がする」

そんなことに感動しながら、彼は薄曇りの山道を歩いていた。周りの雑木林から鳥の鳴き声が聞こえる。その鳴き声と彼の歩行のリズムがいつのまにか重なっている。「石の音、土の音、砂の音、枯葉の音、鳥の鳴き声、歩行のリズム…」と巡らすうちに自身がその風景の一部になっていると彼は思った。

雲が切れ、木漏れ日が射した。辺りに落ちた光のまだらを見て彼は歩行を止めた。一瞬、体が浮き上がったように思った、全ての音が止んだ。彼は振り返った。まだらの光のひとつひとつに植物の無数の緑色が彼に反射した。彼は振り返った。樹と樹の間を吹き抜ける風が何千何万もの木の葉の一枚一枚を揺らしていた。彼は振り返った。樹の枝の複雑なかたちのさらにその向こう側にさらに異なる形の枝の連続があった。彼は振り返った。夥しい数の松ぼっくりが点々と山の斜面まで続いて落ちている。梢を見上げれば樹と樹の間に見える空に奥行きのある雲が流れていた。あらゆる方向、方角から無尽蔵な色の、かたちの、配列の、生命の波動が、音の止んだ風景の中で光のオノマトペとなって降り注いでくるのを彼は感じた。いや彼ではなく、彼の耳や眼や皮膚の五感でもなく、風景の一部となっている自分、風景の中の小さな点となったものが感じている。

「風景は切り取れない」そう思った。彼は元来切り取られた風景が好きだった。彼自身風景を切り取ることで世界を知り、自身の位置を確かめ、かろうじて世界と自分とをつなげてきた。彼は映画のキャメラマンのように風景を選び、切り捨て、風景を編集して彼なりの世界像を作ってきた。しかし今、彼の周囲に広がる風景は切り取れないと思った。風景を切り取るとは思考の都合に合わせて線を引き、風景を切り棄てることだ。自らの思考の平面に全てを閉じ込めてしまうことだ。今、彼は風景の中で小さなひとつの点となって流れていた。彼という点は彼を離れ風景の側に属していた。「孤独な点の歩行…」気がつけば彼は再び歩いていた。降り注ぐ光のオノマトペの中をゆるやかに流れていた。

孤独な点の歩行…

【初出】「カレイドスコープ CONTACT 交通するアート・万華鏡的複眼思考のススメ」
2004年9月6日／大阪府立現代美術センター

小学

二年の春、母親とふたり九州の天草という島を出て此花区の四貫島に来た。島から島へと渡って来たのだ。四貫島の周りには天草のように多くの島があった。福島、酉島、歌島、出来島、姫島、百島、桜島……。大昔のオオサカは難波《なにわ》八十島《やそしま》と呼ばれていたらしいが、現在でも島の付く地名がやたら多い。柴島、薭島、都島、千島、堂島、恩加島、御幣島、西中島、中之島、島屋、島之内……。地名だけを聞いているとオオサカ群島だ。

四貫島は子供心に思っていた大都市オオサカのイメージとは異なっていた。暮らしている人の顔が都会人ではなかった。暮らしぶりが都会風ではなかった。バラックの路地に茄子《なす》や胡瓜《きゅうり》やゴーヤを育て、七輪で魚を焼き、船の家で生活している同級生の家族がいた。都会風の顔立ちではない子供たちは運河のイカダで遊び、渡し舟に乗り、桜島の石炭山を転がり、酉島にウズラの卵を探しボウボウの草叢を駆けていた。

明治、大正、昭和にかけて急速に工業化してゆくオオサカに、四国、九州、奄美、沖縄、そして朝鮮半島から工業労働力として移住してきた百万は超えたと云われる人々。四貫島の此花区や、西淀川区、港区、大正区など海に面したオオサカにはこれらの移住の人々が数多く住み着き今にいたっている。はるか島づたいの海の道の更なる北上のすえの漂流地、オオサカという入り江。そこは巨大煙突の立ち並ぶ近代の難波八十島工業地帯。大都市オオサカの中心から離れて移住者が気兼ねなく暮らせる島であった。海からの潮風に故郷をしのべる処でもあった。

四貫島の決して都会風ではない顔立ちの子供たちに「訛ッテイル」とからかわれる僕が母親の使う変なオオサカ言葉をからかった。すでにオオサカ少年になりきったつもりの僕には母親の話すアマクサ言葉とオオサカ言葉の合成語が恥ずかしく辛かった。でもその不思議な合成語を何ら恥じることなく話す母親を頼もしくも思え、その言葉に奥行きすら感じた。郷に入り郷に従う移住者のそれでもおのれの郷を忘れぬ本能的な不器用さが母親の話していたアマクサオオサカ合成語かもしれない。

生駒山の山頂から現代の難波八十島の夜景を見る。現代の難波八十島はコンクリートの夥しいビル群島だ。海辺の町に限らず、今その果てしないビル群島に移住者の二世、三世が暮らしている。ビルのひとつひとつの小さな窓明かりが箱舟の明かりに見えてくる。耳を澄ませば箱舟の中の話し声が聞こえてくる。不器用なオオサカ言葉が……。

難波八十島

【初出】月刊「みんぱく」２００４年６月号／国立民族学博物館

［**地鎮祭**］神主が突然ウナリ声を上げようが、東西南北に走り回ろうが決して笑ってはならぬ。
［**祝詞**］祝詞に適せぬ作品名、劇団名は除外すべし。
［**お神酒**］形だけのものであるからくれぐれも丼鉢などで呑まぬよう、また暑いからといって缶ビール、缶ジュースにするというのも神に対して失礼である。
［**飯場**］食堂兼宿舎のことを大声で「ハンバ、ハンバ」と公言せぬよう、飯場は放送禁止用語である故。
［**四段ベッド**］寝癖・酒癖の悪い者は最上段で寝ることを禁ず。早起きの苦手な者は最下段を勧める。
［**仮設便所**］最初に使用する者は健康なかたちの雲古を落とすべし。続く者は手本に恥じぬよう健康管理。
［**朝食**］食事後朝寝をしてはならぬ。すぐ昼飯になる。
［**符喋一**］劇場が建たぬうちから「上手、下手」と特殊用語を使ってはならぬ。東西南北にて方向を語るべし。東西南北が分からぬうちは生駒山（東）、大阪湾（西）、六甲（北）、堺（南）と指しても良い。
［**禁一**］図面と台本を抱えて歩くべからず。タコとメリケン粉を抱えて歩くタコ焼き屋のようでおぞましい。
［**図面**］設計図は縮尺図であること、醒めて心すべし。
［**腰袋**］腰袋には釘、金槌等必要なものだけを入れること。ウォークマンやたまごっち等を入れぬこと。
［**地下足袋**］十二枚小鉤《コハゼ》はやめ、八枚小鉤を履け。十二枚は履くにも脱ぐにも面倒臭い。
［**重量**］重いものでも出来るだけ一人で運べ。二人でものを持つと喧嘩の種になる。
［**寸法**］時と所に応じた定規を使用すべし。先ずは自身の体を以て計り、次いで尺貫法で材を選び、メートル法にて工作し、最後にまた自身の体を添えよ。
［**プロ**］耳の筋肉を鍛えよ。張りのない耳には鉛筆がさせぬ。
［**昼食**］食後の昼寝注意。すぐ日が暮れる。
［**風**］風は劇場にとって敵にも味方にもなる。朝・夕の風の向きを知るべし。風上に便所を置くべからず。

維新派流野外劇場ノ戒メ

〔**雨**〕降雨前の作業ははかどる。暗雲の下にて励め。
〔**丸太**〕丸太は地球が意志するがごとく垂直に建てよ。
〔**垂直**〕地核と地表の一点を結ぶ線を垂線という。垂線は東・南・あるいは北・西の二点より睨め。
〔**睨む**〕垂直、水平、通りを、眼で確かめること。
〔**三角**〕あらゆる所に三角形を作れ、強度が増す。
〔**ダマス**〕丸太を曲げて使うことをダマスという、余りダマシすぎると折れる、ダマシダマシダマスこと。
〔**縫う**〕ベニヤ板を釘で留めることを「縫う」と云う。「縫え」と云われて針と糸を持ってきてはならぬ。
〔**矩**〕直角のことを古来より矩《カネ》という。作業中「カネを出せ」といわれて怖れることなし。
〔**符喋二**〕突き出ているものをオンタと云い、凹んでいるものをメンタと呼ぶ。「下品!」の誹りはならぬ。
〔**穴**〕岩や、貝殻、スクラップを発掘していちいち感動せぬこと。穴掘りはハマリやすい、すぐ日が暮れる。
〔**日**〕夕暮時は作業がはかどる。茜雲を見ずに励め。
〔**焚火**〕さらの材木や小道具、台本を焼《く》べないこと。
〔**夕食**〕白塗りのまま食事をせぬこと。気持ちが悪い。
〔**バミリ**〕月や星を目安にして立ってはならぬ。雨、曇りの夜にはえらい目にあう。
〔**禁二**〕雨や風に酔うな。客がシラケる。
〔**舞台**〕自分が作った舞台ということを忘れて立て。
〔**屋台**〕店を決めて呑むべし。あちこちに愛想すると肝臓が保たぬ。
〔**解体**〕劇場の痕跡、釘一本たりとも残すな。

【初出】季刊「アイプレス」vol.8　1998年2月／伊丹市立演劇ホール　AI・HALL

維新派という現象

若い知人から〈維新派という現象が好きだ〉との手紙を貰った。なるほど、〈維新派〉ではなく〈維新派という現象〉か。いちおう維新派主宰である私としては、その表現に正直癪に障るところもあるが、なるほどとも思った。静止ではなく動態の、常に変化し多層的な進行形、維新派の野外の劇場はなるほど現象と呼ぶにふさわしいイメージである。

宝塚の禿山から梅田の歩道橋へ、路地を経巡り、維新派の劇場は淀川の河原へ、天王寺の野外音楽堂の土の中から役者たちは次々と現れ、南港フェリーターミナルの空き地の土に潜り、雪の降る大阪駅に丸太を立て、生國魂神社に障子を立て、瀬田の唐橋に障子を立て、日本海を渡り札幌の公園に障子を立て、維新派の野外の劇場は東京汐留の風景を盗み舞台へ引き寄せ、南港の駐車場に穴を掘り水を溜め蒸気を噴き上げ、奈良の室生に虫を殺し、山を騒がせ、熊野の中洲の霧を吸い、瀬戸内海犬島の廃墟の煙突に光を当て、ドイツに星を運び、アイルランドにエイリアンを運び、メキシコとブラジルにオオサカを運ぶ。

維新派の野外の劇場は舞台を取り巻く外形の饒舌さ、風景との境界の曖昧さもあり、空間の多層性に時間の魔術が加わりまさに現象的である。その現象の中から変拍子を多用した「ヂャンヂャン☆オペラ」というスタイルが生まれた。「ヂャンヂャン☆オペラ」は多層の音楽であると同時に多層の身体表現でもある。維新派の劇場はさまざまな風景を旅し、風景は役者たちの身体に染み込み、また新しい「ヂャンヂャン☆オペラ」の多層空間を作る。

今年、維新派はびわ湖の湖畔に杭を打ち、飯場を設け飯を炊き、色とりどりの洗濯物を干し、風と闘い、雨と戯れ、水の上に舞台を組む。

【初出】早稲田大学坪内博士記念演劇博物館・企画展「維新派という現象」に寄せて
2008年3月1日〜8月3日／早稲田大学坪内博士記念演劇博物館

松本雄吉×麿赤兒
「万畳敷きにてをごる」

麿赤兒　まろ・あかじ

1943年生まれ、奈良県出身。66年より舞踏家・土方巽に師事。その頃、唐十郎と出会い「状況劇場」の設立に参加し、唐の提唱する「特権的肉体論」を体現する役者として演劇界に大きな影響を与える。72年に「大駱駝艦」を旗揚げ、大仕掛けを用いた舞台は、舞踏の世界的な評価の先駆けとなり、国内外で高い評価を得る。舞踏での活躍のほか、鈴木清順、阪本順治、園子温、北野武、Q・タランティーノなどの監督作品をはじめ、映画・舞台・TVドラマの出演多数。長男は映画監督の大森立嗣、次男は俳優の大森南朋。

〝寒さ〟の記憶

麿　このあいだの『つばき式・月光のシャドウボール』はどういう発想だったの？

松本　〝墓〟をテーマにしたシリーズを、ここ（化身塾）で二年間、計六回やったんやけど、どうしても最終回は野外でね、やりたいと思ったんです。それであちこち場所探ししたんやけど、なかなか貸してくれるいい処がない。公演の三ヶ月前になっても場所が決まらずにイライラしてるところへ、ポッと降って湧いたように「大阪駅のコンテナ基地跡」の話が来たんです。いろんな意味で、ちょっと信じられんような場所なんやけど、とにかく申し込んでみるとすんなり決まった。

それでみんな、燃えてね。早速、みんなで行ってみたんです。大阪駅のすぐ横でね、コンテナの基地やった処なんやけど、三〇〇〇坪もある広さで、真横を汽車が走ってる、レールは残ってる、長いプラットホームが一本だけ遺物みたいにある、高速道路が見える、夕陽の落ちるのが見える、あちこちのビルやネオンが見える、地面には処々雑草が生えている…と。ま、僕等もふくめてこう狭い処でチマチマと文化の手内職やってるような現状からすると、何かね、ガーンと頑張らなアカンということを無意識のうちに焚きつけられるような場所なんです。

それでね、さあどうしよう…と、その場所でみんなで考えたんです。劇の内容のことはさておき、劇場は夕陽の沈む方向に向かって扇形にするとか、客席から国鉄の汽車やらビルのネオンやらが見えるようにしたいとか、雨に降られようが屋根があったらようないとか、風を利用したいとか、レールを使ったらとか、プラットホームを客席にしたらとか、その場所が劇場化してゆく条件みたいなものを具体的にね、いろいろ話したんですけど、やはり

十二月のその時期、この場所では〝寒さ〟だろうと、体の隙間に新しく記憶されるような〝寒さ〟そのものをやればええんやということになったんです。発想としては、現代的でも演劇的でもないようです。

麿　（パンフレットを見ながら）「遍在」ってのが好きなんだね。これは一遍上人の遍だね。

松本　そうそう。これがニンベンになると意味が全然ちゃうんやね。偏るって、全く逆。これは偏らない（笑）。演劇に偏らない。

麿　「芸気」ってなに？　芸風とか風格ってのはあるけど。やっぱり「風」よりは「気」なんだ。

松本　そのパンフレットに書いてあるのは、その場所（大阪駅）から見える、もうひとつの〝ビルのネオンサイン〟のようなもんで、それそのものでは全然ひとりだちしてるような文句はないんです。ただね、いわゆる演劇とかいわれるものの中でね、使われる言葉がなにか知れてるってとこがあるでしょ。

麿　ほんと知れてるね。そういう意味じゃ、わしにとって「天賦典式」というのがね。でも、はやらなかったね、一〇年やったけど全然はやらなかったね（笑）。なんで「シャドウボール」ってつけたかわからないな。影のボール？　シャドウ・ワークってのがあるね、いま。

松本　ま、シャドウ・ボクシングのシャドウ…。影の立体化、現生的陰翳礼賛。

麿　俺も一回考えたことがあるんだよ、影之元本舗とかね（笑）。そういうほうがわかるんだよ。

松本　抽象的な言葉を使ってなにかしらひねり出すということと、抽象的なことそのものをやるってことは全然違うということでかなり悪ふざけしてる訳です。

麿　「アースワーク」ってのは？　地球ね。アトラス風に地球を風船みたいにポンポンとやるのか。そういう意味？　俺なんかも、言葉はだいぶ違うだろうけど、似ちゃってね—似て非なるものかも知れないけど—これは何なんだろうね。

アースワーク

松本　天児（牛大）さんなんかフランスとか回っているのは、わりかしそういうふうな。

麿　だから一種の「遍在する奈落」ですよ。

松本　ま、どこでも死体が埋ってるって感覚

だな。どこでもええんや。どこでもええという ことをね、頭の中だけでね分かっててもしゃあないから、実際に、アースワーク的な劇行なんです。「便所の片隅」て簡単に言うけど、便所の片隅はどないしたら我々の舞台〜空間につくれるんじゃというね。そういうプロがいるんだよ、という意味でのアースワーク的な劇行がいるんじゃないかと…。

麿　地球って意味なの、アースってのは？世界？

松本　美術の世界であるんですわ。

麿　あ、そう。でも、あなたの中で「アース」ってのは実体化してあるわけだ。

松本　そう。

麿　俺は無いんだ、それは。アースっていうと雷の感じだな。ほら、避雷針があって土の中に入ってゆくような（笑）。

松本　アースというより、やっぱりアースワークだからね。土方やってるとよく分かる。例えば、水平という言葉がもしあるとしたら、タタミ何畳敷きが水平なんだという発想の具体性の上限・下限があるでしょう。海の上にタタミ一万畳敷けばそれが水平ということなんか、モノを真っ直ぐに立てる時にどの辺からみて真っ直ぐなんかとかね。

麿　それはあなたの、真っ直ぐにしたいという意志だろ？

松本　まあ、カラダ的に付き合える真っ直ぐというのと、かなり精神的な直線という接点がね、舞台の論理には安易にある。花道を真っ直ぐつくるとか、水平の舞台をちゃんとつくるとか—水平といったって、劇場から離れてどこまで水平かといったら、そんなのあれへんわけや。

麿　かなり権力志向だね、「水平というものにするんだ」というようなね。俺の言ってる言葉はデジタル的な言葉じゃないよ（笑）。ある定義というものはないからね。

松本　たとえば、手を上にあげるでしょ。上から見とるやつは、手前のほうに振っとると、下から見とるやつは、手が遠のいてる。

麿　それはひとつの曖昧さでしょ。こうすることは（掌を上に向けてオイデ・オイデの仕種）、こっちこいということでしょ。あなたはそれを（上下）両方からみちゃうわけだ。

松本　そこに何があるかやね。これ（掌を下に向けてオイデ・オイデ）でも「来い」という。

麿　サインでしょ。

松本　だから、それがサインなんか、あるいはサインを通りこして、さっきの「水平」を一万畳で押しとどめるか、一〇〇畳で押しとどめるか―大きさの問題と魂の問題との近似点みたいなものがどっか別の処にあるんじゃないかな。―それは 〽ミカンの花が咲いている。遠くでお船が浮かんでる、ってのが 〽遠くでお船が遭難してる、ってふうな歌詞に変わるんかっていうね。そういうのはあるんでしょ。あんなに船が遠くへ行ってしもた、あれはおそらく海流に流されて行ってしまうんではないかというね。その辺の非常に抽象的な距離を縮めてしまうというか、具体的にしていくというかな、その抽象的でしかあり得ないものを、具体物にしてゆく無理、それがわしらの仕事だという気がするんや。

ヒエラルヒー

麿　全く逆だという感じがするね、俺なんか。最近俺は距離を離そう離そうとするね。あなたには、瞬間にすべていただきだ、っていう感じがあるのかな。白日の下に全部を晒したいというかね。点検の仕方が全然ちがうね。老眼が早かったんじゃなかったのかね（笑）、ワッと一挙に見たいというのはさ。

松本　見たい距離はどこまでだということやね。四畳半かもわからん。

麿　バーンと一挙に見れると、何んにも見れないじゃない。見たい欲望というものはあってもさ。

松本　いや、見たい欲望の話じゃないと思う。例えば、重信房子という女の子がいて、例の浅間山荘のときに、「手をのばして届くものならば、彼等の手を握ってあげたい」っていうのがあったよね。そういう表現―俺なんか死んだら、向こうのほうからほんまに手がグーッてくることを夢想してしまうからね。だから、ああいうのを精神的な話として聞くんか、わしらはもっと仕事として―例えば「手をのばす」いうんは、だったらカネ送ったらええんかとか（笑）、向こうで、もっとちゃんとはっきりわかったドンパチやったらええんか―というようなこととは違うて、わしらは地球のこの辺におって、向こうはこの辺におると、なら地球儀にポーンと赤い矢印つけて、という意味での具体性でやってるんやと思う。
「世界はハナクソみたいなもんや」言うんやったら、ハナクソのでっかいのんをボールにしてちょこんと、お天道さんみたいに…。

麿　うん、そういう話だ。

松本　きのう『族長の足袋』みとって、焼き網の上にハツカネズミをのせとったでしょ。あれはちょっと難しいな、あんなことはしてしまってええのんか…。

麿　あなたならやらない？　もっと大きく勝負に出る（笑）。あれがひとつの感覚なんだろうね、俺の。ああいうのがいないと不安で不安でしょうがないということはある。例えばあなたは日常的に犬をころがしとくじゃない。逆なんだね、俺は。日常の中には絶対に人間以外のものは入れない。そういう生理があるわけ。怖いんですよ、突然くるんじゃないかとかね（笑）。対等に考えすぎちゃうんだよ。だから、どこかで復讐しなけりゃってことかも知れないな、いまの指摘でいえば。牛でも置くとか、必ず動物の影がどこかに居るというね。

松本　その辺が俺なんか問題やなと思うわけ。さっきの一万畳の話と四畳半の世界で言うたらさ、ネズミは四畳半だと思うんだよ。

麿　谷川（椿長）なんか身体動かしてるのは一万畳か、あるいは六〇〇畳か。ま、比較してやったわけじゃないけどな。

松本　いや、比較してしまうんよ。暗喩なんかなとか。葛藤空間のなかに象徴空間が割り込んでるというか……。

麿　本当にそういうところでやりゃあいいんだ。踊ってるところに、本当にドブネズミがチョロチョロチョロチョロって行くとか。そういう

［写真］北川幸三………左・松本雄吉　右・麿赤兒（当時は麿赤児）
1984年、堺市（現・堺市堺区）遠里小野町（南海高野線・浅香山）
にあった劇団日本維新派・化身塾にて。

場をガチッと切り取るとかね。ところが普段は物凄く文化生活だからさ（笑）。舞台の中でこそ、そういうグチャグチャがあっていい。舞台もわれわれだ、舞台の中も日常化というふうなものにもってゆくときには、ある種のヒエラルヒーを完全に持ってるんだね。ネズミは俺が選んだというようなものがないと不安なんだね。

松本　「選ぶ」といえば、誰でも選んでしまうんだから、あの場所も選んだわけだ。だから選んだモノとモノとの間に人間は居りゃいいわけで、その選んだモノの上に居ちゃ、ちょっとヤバイなというようなね…。

麿　ああ、動物の上に居るというわけか。でも、上とは限らねぇぞ。

松本　うん、下かもわからん。でも、下でも上でも同じことや。

麿　置きかたが見え透いているとか、気に喰わないとか——。

松本　俺は気に喰っているけどさ、手の長さ、リーチの違いというかな。実際自分の身体が動かせる範囲でやることと、モノをつくるってことでやることと、モノを取るというとき、どこまで具体的に取っていくんかということがある。

麿　俺がもし重信とそういう話をしたとしたら、そんなことやめれと言うよ。話は違うけど、「手をさしのべる」なんて、そんな僭越なこと。そう言い切らないとやっていられないな。

丸だけの世界

松本　だから、その問題からくるわけですよ。例えば「真っ直ぐなモノ」というときに。真っ直ぐなものとは水平線なんか思わん、わしは。やっぱり高さ一〇メートルぐらいの杉の木ぐらい、一〇メートルぐらいでしか真っ直ぐでない。そっから先は、真っ直ぐというのは具体的になんじゃと…。麿の踊りみとったらね、指で丸をつくると―この丸だけが世界だ、他のものは丸くないんだ、ということがなければ絶対空間ではないわけだ、その中では。その丸の中に全てが入るという言いかたをしてもかめへんわけだ。やたらデカイもんとか言うけど、その中でのデカイもんというのはあるよね。

麿　ちゃんちゃんことかね。まぁ、どこにも世界は転がっているんだ。

松本　俺がいま現実感として知りたいのは、このまえ瓜生（良介・発見の会）さんがうちのんで書いてくれたんが（『月光のシャドウボール』評）、新宿の『キャッツ』と比較してうちのこと書いとったわな、どっちもゴツイと。そのゴツさのね、どの辺でのゴツさの違いなんかというね。現実的な距離の計りかたと、観念的な距離の計りかたの、どこかクロスオーバーするところがあると思うんや。俺なんか、知ってるやつが一所懸命にやってるのがわかったら、それはゴツイし、このわかりかたはいちばん弱いところやね。全然知らんやつでも何やゴツイなと思うということと、まぁ、資本的・権力的なゴツさがある。それを串刺しにしたかたちでゴツイやろというね（笑）。

麿　柱がほしいと、まぁ、千畳敷きをバーンとまるめれば柱になる。あなたには、いま見えてるものがある、田圃だ。

松本　ほんとにね、汽車なんかから見てると、日本人というのは水平な空間をあっちこっちにつくってるのね、山奥へ行ってもさ。

麿　四角ってのは権力だね。角がほしい。四角は囲い込みたいわけだ。子供は先ず丸を描くよね。四方を描くってのは文化だよ。あなたは四角をどんどん、どんどん千畳敷きにしていく。

松本　でもさ、四角もダーッと集めたら丸くなってくわけだから（笑）。

麿　勝手に自分で四角をつくっておいて、そんな無責任なことを言ってはいけない（笑）。それは角を摩滅させていかないと爛熟もない角をつくるってことだろ。

松本　無いもの摑みするときに、それでも材料があるってことはあるわけだ。わしなんかいつでも劇団で喋るわけやけど、みんなそんなに賢くないわけや。その賢くないとこでも言葉は使うとると。その言葉を使うとるとこでの射程距離と、もっと越えたとこの距離の大きさの違いっていうのはあるよね。

野暮と粋の話

麿　そこが少しわからないんだな。

松本　例えば旅に行くとする。そこで、新幹線乗らずにトラック乗ってくのが旅だというのってあるよね。逆に四畳半一間で旅してるという言いかたもある。そういうときに、わしらの場合はどっちも駄目やね。旅は旅せなあかん。どんな旅をするのか、非常にやっぱり具体的に出さなあかん、というのがあるね。

麿　こういうふうに言ってもいいだろう。とにかく太平洋横断道路ができなきゃ、わしゃどこにも行かんぞ。どこでも行けるようにせえと。

松本　まあ、移動のことはともかく、実際に舞台の中で行われていることは何か、ということやと思うんや。太平洋横断道路でもええよ。指一本曲げるにもその横断道路をつくってるのか―ほんまにつくってるのか、あると思ってやってんのか、習慣でやってるのか―ってことでさ、身体の問題は奈落としての太平洋横断直路があるとしてやったらええよ。前に麿と喋って面白かったのは、野暮と粋の話な、野暮はほんまに太平洋に横断道路つくりよるよ。粋はさ、お互いの通信をテレックスなんかでやりよる。おそらくわしらがやってるのは野暮の世界だろう。ただ、いま問題なのは、何をやっても野暮にならないんじゃないかというヤバさをちょっと感じてるね。野暮さえもひねり出さなあかん、昔はそのままやってたら野暮やったもんやけど（笑）。

麿　そう言い出すやつはだいたい野暮ではないんだよ。文化だね（笑）。いやいや文化というものを担っちゃってるんだな。あわよくば初めての人間・アダムとイヴであってほしかったよ。

松本　そういう意味では誰でも無垢で出発してるわけやないから、情熱とか宿命とかお荷物がいっぱいあって始めとるわけやけど、その時に自分の材料で抽象に向かうときの広さの問題とか質の問題とか、そういうやつね。

麿　そこまでオールマイティに目玉を千畳敷にしなくちゃいけないのかな。俺にはそういうのがないんだ。

松本　一個、一個な、具体化してかなあかんと。麿は天賦典式で自分のことをはじめた。

麿　自分のケツは自分で拭けということか？

松本　ケツというより、指先全部を自分で名付けるということやと思うんですけど。自分でつくったものは殆どないというね、だから一個、一個つくってゆく。

麿　そうですよ。自分でつくったものなんかひとつもない。

松本　簡単に言うと、他人のフンドシで相撲をとってるところが多いでしょ。その他人のフンドシを、クソつけたままやってますよと言うんか、フンドシを拡大してやるんか、ということをはっきり自分で摑んでやっとるのかというのが、かなりの問題やね。犯罪を芝居に使うとかさ、いまハヤリやんか。

麿　そう、それはだめだ。さっき（挨拶のときに）、あんたのやつは踊りのパロディじゃないかと言っただろ。

サービス精神

松本　まあ、一〇〇年たったら話は変わるんだけどな。

麿　俺もグチャグチャ言うやつには「一〇〇年待て」という。嘘八百八町だよ。

松本　俺なんか映画みに行くとか、ひとが何かやってるのをみに行くときは、内容はみに行ってないよね。「おどり」みに行くときと「をどり」をみに行くときは、やっぱり覚悟が違うから。詩よむのと小説よむのと違うからね、というような意味で―俺の中には「をどり」があるからね―「をどり」をみに行って「おどり」をみせられたという部分があるね。

麿　それは俺のサービス精神ですよ。

松本　サービス精神はもっとほしい（笑）。かえって麿なんかサービス精神のほうが「をどり」になってるよね。だからいま変に「お」のほうになっていってるんじゃないか。麿は奥義を極めたいと思うてない、と俺は思うたわけや。明日にでも俺は踊りやめてもいいよ、次はラーメン屋やるんだからっていうようなね。なんか踊りを考えすぎると家元になってしまうんじゃないかな。

麿　家元になる意志はあるよ。ちゃんと自分にも厳しく刺されるような、そういう刺すやつを仕込むという意味ではなくてはいけないと思うんだよ。あなたのいう千畳敷きを、逆にいえばタテに立ててやろうというね。もっと本当に頭よくてちゃんとすればいい。いま俺が考えているのは「二代目麿赤児」を誰にしようかってことだね。損得勘定して、算盤はじいて「いただきます」って言ったやつにやろうと思ってんだ。どうですか、いただいてくれませんか。

【初出】「日本読書新聞」第2250号　1984年3月26日／日本出版協会

ひとがたにゆれる

ひとがたのひとよ。

わたしは、内臓の奥の奥の小部屋の限られた細胞たちのせわしい作業のひびきを、腹にこそばゆく抱きながら、この楽屋のすべての偶数をみている。

札幌。

あかとあおの獅子を、二段のしろい下腹に飼っているみだらの踊り子は、大鏡のなかの出番をまつ刺青のひとに、なけなしのぐちをしらじらと吠えたてる。ぐちるたびに、あかとあおの獅子は、しろいひとの陰毛をそむく。楽屋は鏡のうちにある。わたしは、興味深く鏡のそとにいる。うちとそとの。

わたしのしたばらとそのひとのしたばらのあわせめの、皮膚と皮膚とのねじれ、肉と肉とのなじみ、陰毛と陰毛のいたわり、獅子と男根のさぐみの賑やかをきく。邂逅のはらとはらの聚足のかたちとかたちのむすびをかたごる。流れる肉と肉のからみよる岸辺で、骨と骨のたかみへ遠ざかるを、肉は、いつくしみかすかにたわむ。音楽が変わると、刺青のひとは、なまがはきの桃のくちびるをむすび、天花粉のなかからはなびらの笑みを拾い、髪に飾って。シゴトシゴトシゴトシゴトと呪文をとなえ、謎めいたあしどりで舞台へでかける。一刻の奇数。わたしは、宴のあとのさむさを払うべく、化粧におおきく朱をひき、刺青のひとの残した呪文を即興のうたにして、大鏡のなかの、出番をまつ女装のひとにうたわせる。偶数の旋律へ。


ひとがたのひとよ。

あっけらかんとはれたあきやよ。

わたしは、暮れなずむ黄昏のやまぶきいろを一面に囲い、千に区切られた季節の断面の、たったひとつのなぞめいた季節の肌に、わたしの古い息のかかるあたらしさを呼吸とすべく、はあはあせえせえと登山する。

能勢山地。

ほこほことしたつちのふくらみの群れる墓地は、欠けた茶碗、草履、竹篭、コウモリ傘、枯竹、枯草がなじみあってやはらかい。ひとのなまえもやはらかく立っている。悲しみのうへに悲しみをのせ。苔のうへに苔をのせる。恨みのうへに恨みをのせ、雨滴のうへに雪などものせる。線香のうへに線香をのせ、愚痴のうへに涙も唾も鼻水も誓いものせる。花のうへに花をのせ、白髪のうへに白髪ものせる。幾層にも重ねられてやはらかく、上にむかってはやはらかいひかりを曳き、下にむかってはやはらかくひとがたを崩す。土葬の墓は、ひとがたではなく碗型である。やはらかく重なりゆくものと、やはらかく崩れゆくものとのさかいの、たがいにこれ以上はゆずれぬという、ぎりぎりの緊しい碗型が墓である。墓は碗型の輪郭であるというやはらかい誘いに、わたしは、あるいっときの自然とあるいっときの人の生の互いにかすめ合った個的な舞いのかけらを探すべく、夕陽にわたしの影を探し倒立する。たしかに、影は、ある永遠からの、ひとしく、距離された、画像ではあるけれど、この、幾層にも、重ねられたスクリーンの、輪郭には、もの固有の、焦点の、定まりかたが、それぞれに、異なり、恰も、永遠そのものの、ありよふを拒むように、影たちは、いっときを、いっときのかたちを、それぞれに主張し、夕陽に背向けて、這いつくばる。あらゆるものが暮れて、際限なく闇の旅へと向かおうとする間際のときに、不本意にもらす本意に近いただのこだまは、つちのなかで、つちにくずれゆくひとがたのただに近似して、そこは幾重にもやはらかい処である。


ひとがたのひとよ。

傷の裂け目より、無意識の風船をふくらませるかぜよ。

わたしは、打ち掛けの肌にじかに触わる鳥獣の金銀模様の冷気に、なつかしく勃起している。女装のわたしは、打ち掛けいちまいのなかに、腕組みと、ほおづえのあとの、にくのくぼみを揉んでいる。

名古屋。

ストリップ劇場の、化粧まへと呼ばれる楽屋には、かたがわの壁におおきな鏡があり、すべてのものが偶数のやさしさで向かいあっていて、出番をまつひとだけが、奇数化される気配に、ひとり化粧をしている。この過剰の劇場の言葉は少ない。方言で語られるエロの形はさまざまであるのに、光に浮かばせる化粧のかたちは少ない。その少ないかたちに身を添えるとき、踊り子は、かすかにためいきをもらす。たしかめるように、机のうえのドウランのおもて鏡のなかのドウランのうら、こちらの口紅のむきあちらの口紅のむき、白粉のまえ白粉のうしろ、アイラインのはらアイラインのせ、と戯視したあげく、踊り子は、みずからの顔のおもてを手いっぱいに撫で芯から息をはき停止する。そして、鏡のなかへ出番をまつひとが、ふたたび息を吸うまでに、潔ぎよく化粧を済ませる。方言のわたしは、偶数の呼吸も会得せぬままに、言葉多き観客としての過剰を股に抱え、その日、一日の夢の方向を決めなければならない。


ひとがたのひとよ。

ひとがたの身にそわぬ気なひとよ。

わたしは、はじめて迎えた母親と二人きりの元日の朝に、寝呆けたふうに祝膳をこばみ、酔ったようにアケマシテを外国語にふざけ、雑煮を食って、もごせばいいと、真剣に考えたものだ。


天草。

子供のころ。花まつりに向かう島の馬車は、仮面のような白の化粧の百姓や漁師たちで満載である。野良着のうへに華の衣を掛け、潮灼けした肌を鳥獣の舞いに隠し、鈴を鳴らし、喉を鳴らし、風を鳴らす。集いの中に、割れ化粧のつけ根から黒く灼けた首をのぞかせたヤイヤイ婆が、馬車の揺れに酒をこぼし、ぼろぼろと島の一年を語り、親兄弟姉妹甥姪祖父祖母叔父叔母の血縁の一年を語り、本島との海峡の航路の交流の一年を語り、島のあらゆるものとものとの因縁の一年を語り、人とものとものとのあらゆるつながりに一年の、金糸銀糸の祝辞を結ぶ。わたしと母はちいさく外れて座っていた。「この婆さんは、どこかのえらいやつの廻し者だ……」わたしは、母以外のひととは一切縁のないものと自分のことを思っていたので、おさないわたしは、集いからはなれて、ポケットに手を入れ、金糸にも銀糸にも結ばれることのない指を齕んでいた。馬車が巨大な花人形の群れる神社に着くと、馬車のひとよりも何倍ものひとびとが、仮面をかぶり、化粧をし、着飾り、うわずった声ではしゃぎ、手のひらとひらをあわせ、無表情に慣れ慣れしく無表情をかさね、互いの背と背を見せる踊りのような挨拶をつなぎ、一様に、陽のある高みへそれとなく視線を向けていた。おさないわたしは、恰もその方向に、この巨大家族の遠い祖霊が、いばっているように思え、その祖霊はわたしのことをどう思っているのだろうと考えてみると、かなしさのあまり、母の手のなかでちいさく気絶してしまった。

ひとがたのひとよ。

自身の肉の匂いを嗅ぐけものよ。

わたしは、わたしにごく近い皮膚のかゆみを玩具にして育った。

千葉。

踊り子たちは、だだひろい楽屋で出前の弁当のゆきようのない時を啄む。テイレノアトノ午后三時。踊り子たちは、多勢の私服の男たちに連れ去られた犬好きのひとの化粧の手首にひかった手錠のかたちのことは想っても、連れ去られあるいは引き戻されたひとのことを本気で心配したりはしない。「芸名ハ、本名ハ、本籍ハ、現住所ハ、年令ハ、ぎゃらハ、指ハ、手ハ、」

化粧に手錠されたひとは、黒い男に調書をとられ、楽屋に残された踊り子たちは、自身の取調室で自ら、慣れぬ文体の調書をとる。舞台デ何ヲシタカ足ハ親ハ子供ハイルノカ皆コノコトヲ知ッテイルカ何ト云フ曲デドウ踊ッタ回ッタ衣装ハイツ脱イダドノ曲デ花道へ出テ電動ノ回ルベッドニ座ッタ脚腿裸足手ハ客ヲ上ゲタ服ヲ何故客ノオ前ノ手ガ脱ガセタ指ヲ口ヲゴムヲ股ヲ舌ヲイツモ何故髪ヲ染メテイル刺青ハイツイレタ気持イイカ自分ノ意志カ誰カニヤラサレタノカ自分デ考ヘタノカ真似タノカ誰ノヲ眞似タオ前ハドウシテソンナニ赤イ化粧ヲ厚クスル…………。

弁当を啄む自問の踊り子たちは、鏡のなかで黙するひとたちに、緊しく背を向けて座す。わたしは、今日一日の夢の方向も決め得ぬままに鏡に向かい、顔のしろにしろをかさね、瞼のあおにあおをかさね、くちびるのあかにさらにあかをかさね、アイラインのくろのうえにくろをかさね、頬のしゅにさらにしゅをかさね、骨の翳りに翳るいろを深くさし、そしてからだを横たえる。果たして、楽屋のためいきのことさらの論理を復唱する気にもなれず、化粧に、より深く沈んだ言葉の吐き具合に、寝返りをうつ。ダダダダン松本ト、松本雄吉。大阪市西区九条本通り西——。東大阪市吉田一—五—二七。三十六歳。内容ノワリニハギャラガ少ナイ。十万。白黒ショウ。見タトウリダ。男ノ体ト女ノ体ヲ合ワセル。口ト口ヲ合ワセル、目ト目ヲ合ワセル、胸ト胸ヲ合ワセル、指ノ腹ト腹ヲ合ワセル、腿ト腿ヲ合ワセル、毛ト毛ヲ合ワセル、曲?ショウルウムダミイ、ポルシカポウレ、ジョウズ、口ト性器ヲ合ワセル、尻ト性器ヲ合ワセル、汗ト汗トヲ合ワセル、唾ト唾トヲ合ワセル、息ト息トヲ合ワセル、音楽ト間ヲ合ワセル、客ノ目ト目ヲ合ワセル、光ト肌ヲ合ワセル、傷?素裸ハ怖イカラ衣装ノツモリダ、エロト肉ヲ合ワセル、肉ト思イヲ合ワセル、思イトシクジリヲ合ワセル、シクジリト髪ノ毛ヲ合ワセル、髪ノ毛ト鼻ヲ合ワセル、鼻ト性器ヲ合ワセル、性器ト性器ヲ合ワセル、化粧?ヒトノ顔ラシクナイカラ塗ッテイル、指ト乳房ヲ合ワセル、乳首ト乳首ヲ合ワセル、背骨ト背骨ヲ合ワセル、内腿ト内腿ヲ合ワセル、耳ト耳ヲ合ワセル、頬ト頬ヲ合ワセル、肛門ト肛門ヲ合ワセル、張リト撓ミヲ合ワセル、ダレトリキミヲ合ワセル、ナメリト乾キヲ合ワセル、骨ト骨トヲ合ワセル、影ト影トヲ合ワセル、ササヤキトササヤキヲ合ワセル、胃ト胃ヲ腸ト腸ヲ心臓ト心臓ヲ肺ト肺ヲ気管支ト気管支ヲ喉仏ト喉ヲ指紋ト指紋ヲ染ト染ヲ痣ト痣ヲ。

化粧に彫刻されたわたしのからだがぐにゃぐにゃに肯定の腰をふる。ソンナ遊ビヲ一体、誰ガ考ヘタ?わたしが、考えたことでは、ない。楽屋のくらみに、作家がいる。

ひとがたのひとよ。

あなたは、あなた自身のからだにかけられた美称を知るか。あなたは、あなた自身のしぐさにかけられた蔑称を知り得るか。

わたしたちは、わたしたちの劇しさが、まっとうに加速してゆく坂道のために、わたしたちは円い無垢を宣言し、白布にからだをよこたえ、白布の染みを探る。

奈良の。

かつて、素肌に冬のまほろばを全身にまとい、冬を意志するわたしのからだの秘めやかを、古都のつゆ草のあおによこたえたときのゆやみ、四肢を樹木とまごう四つ這いに、晒されて尻の空と黙契を結ぶあやみ、落穂ひろいの静けさで、動物のまるい糞玉を喉に転がしたほやみ、トランペット奏者の佇立に、一升瓶の水をラッパ飲みに吸い尽くし、滝の勢いで嘔吐したくやみ、山門の古戦の刃の傷跡に、寒さに火照るからだのくぼみを呼応させるすやみの、不幸を指圧しながら歩く砂利道の擦れるひやみが、自我の皮膚を突き破った血のぬくみと、まことに冬のまほろばに近く、あたたかで充分であった。古都での、朝稽古というよりあそびの所作の、天に地に人に己に見せる行いよりも、自身の奥の奥より魅せられて誘はれるからだの所作の、それ自身がひとりだちする諧調の譜を、採譜する作家は、森の、古都のしげみにかくれて、からだの聖技術の詳細を記録して、いた。そしていま、闇の作家は、ストリップ劇場の楽屋への通路にも達筆をふるっているはずである。


ひとがたのひとよ。

ゆめに傷をさらってきた盗人よ。

わたしたちは、朝。こめかみを清め路地に水をうつ。朝。わたしらは泥に染めた体をあかくたたく。朝。白菜と大根と玉葱のあいだに豚の耳をつつく。朝。わたしらは、醒めやらぬ夜のなごりを腹筋に咀嚼する。朝。わたしらは、ひとがたにくぼんだ蒲団をかかえ走る。朝。わたしらは、下腹にくい込んだゆめのくぼみを柔軟にほぐして汗し、朝。わたしらは、冷気を手に掬い、男根を摑む、克明に自らの糞縄の巻きをスケッチする。

尾道。

楽屋から放たれて、白黒ショウの無色なからだは、夏の炎天を歩く。汗が地面をゆくひとがたの影に吸われる。登りつめて、あおい運河の見え隠れする墓地に到る。真昼。海にむかい山にむかい街にむかい墓は、それぞれに小さな影を落としている。垂直な光に、彫られた戒名が濃く影をかこっている。水汲場の近くで、四人の陽灼けした老人たちが、地下足袋すがたで符喋をかわしながら、儀式している。一メートル四方の地面を囲んでいる。小さな墓石を動かしている。肩を連らねてひとしく重みをさげている。足をたしかめて土のぐあいをならしている。汗をこらえて石のぐあいをみつめている。手に土の乾きを揉んでいる。口に、息を水を飲むように吸っている。四人は、三〇センチ四方のくぼみの影に四人の垂直な影をたてている。腰が、墓地といい具合の角度でピンと伸びて立っている。地下で、美老の少女が彼等の足を支えている。地核から垂直な意志が貫く。わたしは遠まきに、路地に相似した墓地の迷路を、野良犬のようにまわる。

ひとがたのひとよ。

指と手を、足と脚を、尻と腰を、首と顔を、腕と手を、股と性器を、腹と腸を、まちがえる、ひとよ。わたしたちは、北陸の温泉場へ向かう雷鳥にのって、裸芸のための羽づくろいをする。食堂車で、鶏の唐揚げを啄み、ビールを流し込み、豚肉をほおばる。この鶏の肉のひとすじひとすじが、ビールのアルコウルが、豚肉の脂が、わたしたちの裸芸を、肝心なところで支えてくれる。食堂車は、わたしたちの楽屋である。体力を放り込み終えて、わたしたちは化粧をはじめる。わたしたちは、温泉場の劇場の浴衣姿の男女たちが、わたしらのまぐあいの黒い部分から、いっとき視線を移し、わたしらの、肩の胸の鼻の目の尻の手の腕の秘密を、醒めてまっとうに探ろうとする色気にむけて、肩を胸を鼻を目を尻を手を腕を、謎めかし、おぼろに柔軟の化粧をまとふ。わたしは、食堂車の意識の化粧のはざまに、劇場の、浴衣姿の男女たちの後にまわって、舞台で、肩に胸に鼻に目に尻に手に腕に羽づくろいしているわたしらをみて、わたしは、やはらかく、勃起している。こんなあついわたしたちをのせて、雷鳥は走っている。
北陸の。
朝から湯の湧いている温泉場の踊り子は、あらわれてあらわれて、股間の闇も漂白されている。だから、さかんに言葉をまとって踊る。男たちは言葉を買って、からだのふしぶしの闇にそれをしまい、帰ってゆく。

ひとがたのひとよ。
からだの記憶を、旅立たせる風よ。

わたしは、流れ来る車窓の風景に、意欲的な視線をむける。汽車は、わたしのよくみる夢の速さと似た展開で、風景を変えてゆく。田圃に、樹一本に、野良着のひとに、崖に、橋に、草に、電柱に、空に、記憶をたどるひまもなく、わたしを近づけてゆく。かぎりなく懐しいものの像が、幾重にも重なってゆく風景たちの背後から、わたしに、なにかだいじなものを、やさしく説得する。わたしは、花道にさしかかる。

【初出】「饗演」1982年／加瀬田悟編集・劇団日本維新派・化身塾

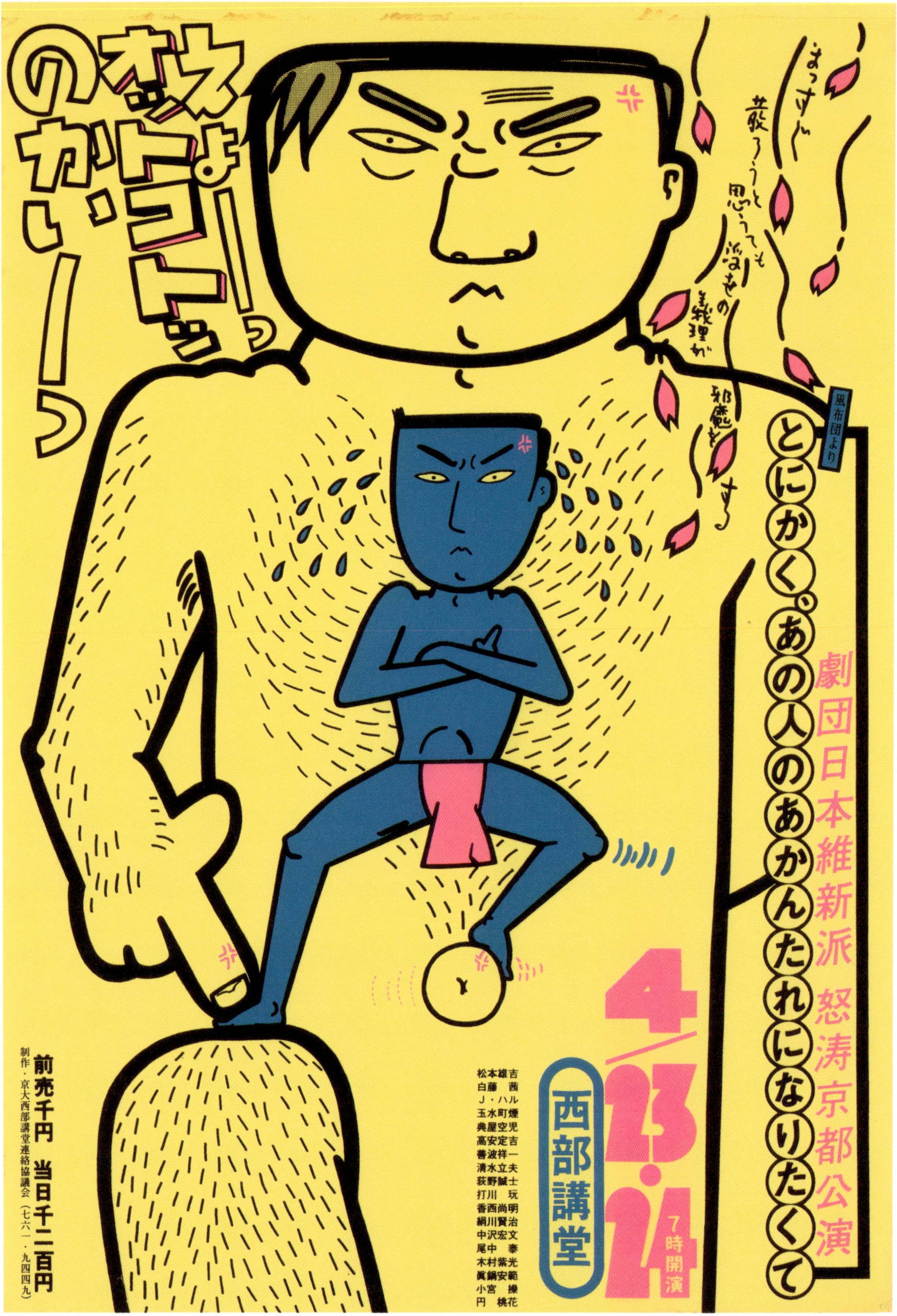

『とにかく、あの人のあかんたれになりたくて』1977年……「イラストレーション+デザイン」大村泰久

『足の裏から冥王まで』1975年……〔イラストレーション+デザイン〕大村泰久

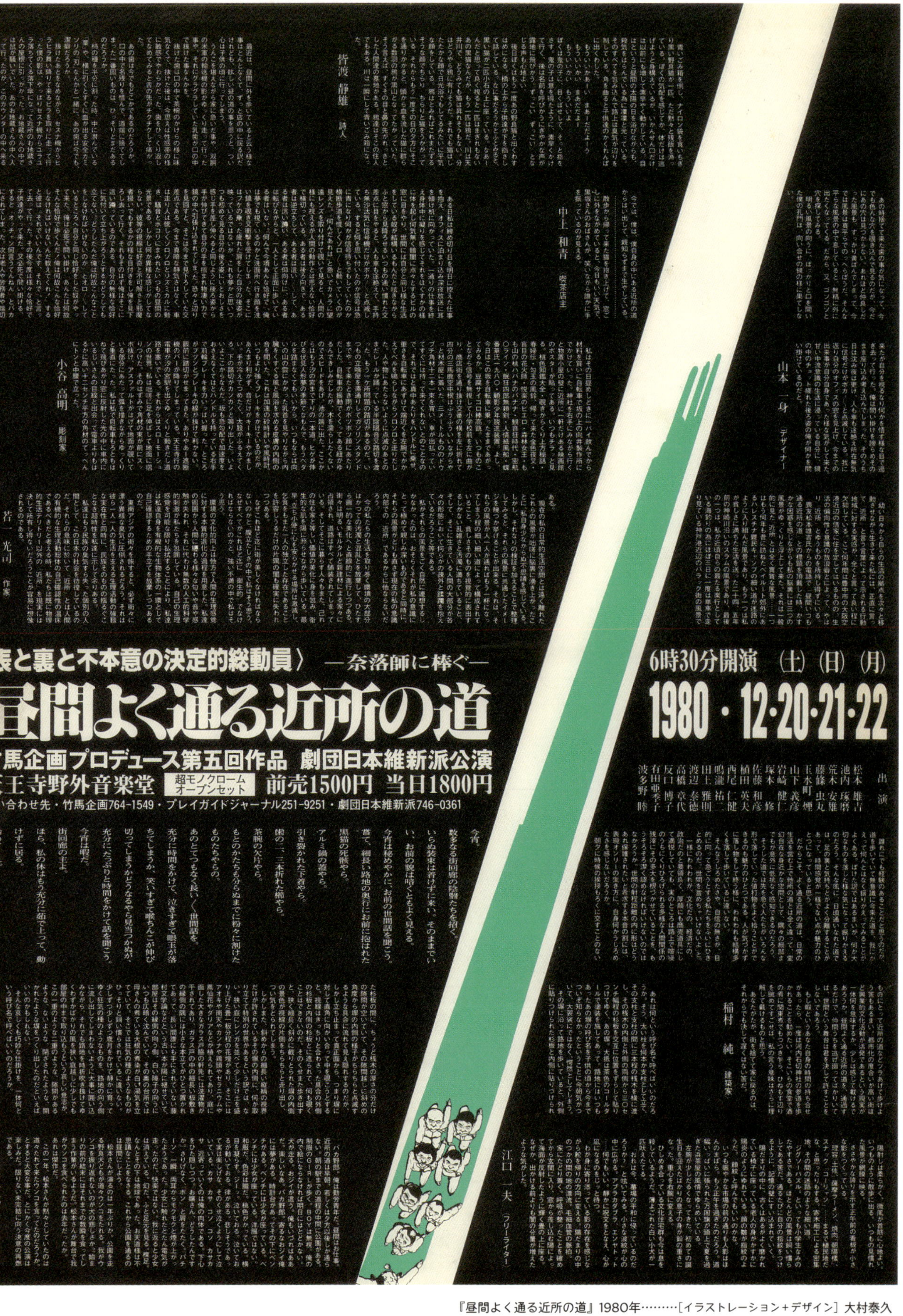

『昼間よく通る近所の道』1980年………[イラストレーション+デザイン] 大村泰久

されどわがテンノウリ
大地 十月八日㈯
蒼空 十月九日㈰
絶海 十月十日㈪
轟天 十月十一日㈫
四日間通し通券 二〇〇〇円
大地蒼空を崩し絶海を咀み切る三日三晩の大巨篇!! 粛呈!!
●天王寺野外音楽堂
●毎夕6時開場・6:30開演
劇団日本維新派秋公演
メンズ カジュアル
Fashion space +1 ぷらす わん
阪急ファイブ 6F

化身塾饗演第一回　なずな式

饗演に。

一壺の華酒。

添へて千本の金盞花、花菖蒲、蓮華花、牡丹、黄水仙、紫陽花、夜合花、菊、おごりこ草。


饗演に、五〇〇の半音階段、鎮魂の微旋律。


更に、大盤に遍羅の煎付、蛸の桜煮、鯉の姿焼、海老の擦り身、豚のハイヒールやまづみ。

白き蓋物に、白和え。金平牛蒡、胡麻豆腐。赤き蓋物に、ごくだみの葛煮、栗金団。

重詰めの五目豆、味噌焼、伽羅蕗と虎杖の古漬。


饗演に、一〇〇〇の典型、熟るるものの蠟型。

加へて、柔紙に包まれた水蜜桃、真桑瓜、橙、林檎、栗。

甘納豆、金平糖、茅巻、らくがん幾代餅。綿菓子、花瓶に三本あて計十二瓶。

饗演に、満載の無言、秘めやかに古の習し。


やはき光のシャンデリア一束、エッシャーの影絵。その下、尻形に彫られし手水鉢。いちめんに水を張り、板床にはのこりなく枯草。


そして黎明の符牒「なずな式」。

黙契は「戯」。

右、饗演に粛呈する。

其処ハ、逃レ来シ良心ノ聚足ノ庭
即チ浮標。
其処ハ、暗雲孕ム悪意ノ巨大ナ空
即チ道標。
右のテエブルには右手をかくし。父母養父母祖父母曽祖父母嫡母伯父兄弟姉妹妾甥姪孫異父兄弟姉妹異母兄弟姉妹継父甥の妻らが座り左のテエブルには左手をかくし。
高祖父母従祖父姑従祖伯叔父姑兄弟の妻妾再従兄弟姉妹外祖父母外姪曽孫外孫孫妻玄孫たちが座る。
冥界の朝食の時。人々は右手をかくすことで道化を証し。人々は左手をかくすことで族を成す。「アツイ風呂ニ漬ッテイタ」天平の曽祖父は頭に夥しい金盞花の束を載せられ右手に汗吹く真桑瓜を摑み左の掌に黒々と萎えた光の伽羅蕗をのせ白く茹で上った体を伸ばす。「地獄モ極楽モ両ノ掌ニ抱カヘテジットシテ居ル」聚族は秘かに微笑む。「地獄ノ重サ。極楽ノ重サ。地獄ノ目盛リト極楽ノ目盛リノ気ノ遠クナルホドノ違ヒ。人ハ疲レ地獄ヲ放ル否極楽ヲ放ル。ツマルトコロ人ハ地獄ノ迷路カ或ヒハ極楽ノ片隅ニ狂ヘモセズ一生動ケズニ蹲ル」右手をかくす人々は右にかたむき、左手をかくす人々は左にかたむき待つ。「ガブリ！」天平の曽祖父が汗吹く真桑瓜に噛りつき伽羅蕗を音たてて吸い込む。右手の人々、左手の人々、一斉に箸を取り碗を持ち聞きなれた念仏を一つ唱う。冥府の光、薄桃色に揺れる。

其処ハ

其処ハ、足ノ裏カラ冥王ヘ到ル、タマサカノ遍路ノナガナガト繋ガレシ数珠。カラカラト骨ノ軽キ音色。己ガ己デアルトコロノ無限ノ闇、無数ノ光ヘノ遡行ノ川。ト、己ガ己デナイ何物カニ成リユク有限ノ未来ノ岸ニ、ハサマレテ、人ハ、体ヲ、極端ニ、捻り、骨、鳴ラシ、ナガナガト継ガレシ、罰ニ、魂ヲ撓ル。

「良心的異形」と。安政の姪はつきつめられた安らぎの涙を流す。厚い唇についた白和えを丹念に舌で舐め飲み下す。「良心的病人ニ良心的狂人ニ良心的殺人ニ良心的堕落ニ良心的自滅ニ良心的破滅ニ良心的消失」白血病に冒され十六才で他界した安政の姪は長い首かしげ再び白和えに箸を伸ばす。―百年の沈黙―。轢死した天正の叔父は豚のハイヒールを己の鼻に飾りどくだみの葛煮を吸い、百日咳に弄ばれた延喜の甥は色褪せた遍羅の煎付を啄み、水腫に全身侵された痩身の明治の異父弟は海老の擦り身を体の穴という穴に詰め込みほふばり、肺結核の昭和の姉は桜色のらくがんに空手チョップをくらわせ、自決の叔母とペストの叔父と乳癌の姪はそれぞれに水蜜桃を剝き、一卵性双生児の青い妹たちはポキポキと阿多福飴を割ります。

人ハ其処ヲ見知ラヌ処ト云フ、或ヒハ思イモヨラヌ処ト。人ハソウヤッテ忘レタガッテイル、否、忘レヨウトシテイル忘レテイル。今、私タチハ其処ヲコウ云フ「嘗テ記憶セシ処」ト。ダカラ私タチノ前ニ其処ガイキナリ現ハレテモ、其処ガ世界ノ全テダト云ハレテモ少シモ驚キハシナイダラウ。ヤッパリ思ッテイタトウリダッタト首肯クダケダ。今、追憶ト記憶ノ蔦ノヨウニ絡マル郷愁ノ苫屋ヲ、二十四時間ヲ総動員シテ劇シク熱ク厳粛ニ想フ想フ想フ。

ながながと冥界の朝食。パジャマ姿の文永の叔父と大正の祖父と元禄の高祖父が歯ブラシを咥え階段の最上段に。「何ヲシテイタノデスカ」天保の自決の叔母。「ネヘイマヘタ」元禄の心臓麻痺の高祖父。「今迄寝テイタノデスカ」大正の乳癌の姪。「イママヘネヘイマヘタ」文永の脳卒中の叔父。「マタ夜遊ビヲシテイタノデセフ」昭和の肺結核の姉。「スミマセン」大正の憤死の祖父。「何処デ？」自決の叔母。「ホトニハデ」心臓麻痺の高祖父。「外庭デ何ヲシテイタノデスカ」乳癌の姪。「マラホン」脳卒中の叔父。「ソレカラ？」肺結核の姉。「フフトボフル」憤死の祖父。「マラソントフットボウル、ソレカラ？」天保の叔母。「ベッタン」元禄の高祖父。「オ金ヲ賭ケタリシナカッタデセウネ」大正の姪。「賭ケテイマヘン」文永の叔父。泥まぶしの老顔のパジャマ埴輪三体は歯磨粉の白い泡を吹く。

物ト意識トノ曖昧ナ膨ラミノ裡デ雨ニナゾラレル自ラノ墓碑ノ己モ知ラヌ刻マレタ名ヲ雨ノ音ニ聞ク。

何年も前からそうしていたように母親に教えられた規則正しさで丁寧に歯を磨く。腰におどりこ草の化石をぶら下げ、頭には綿菓子を飾る。「降リテ来ナサイ」「一緒ニ御飯ヲ食ベマセフ」「此処ガ空イテイマスヨ」叔母、姪、姉の猫撫声。「ギンギンギンギン」元禄の高祖父は得意の旋律に白い涎を垂らす。「ギンギンギラギラ夕陽ガ沈ム」未だ眠れる埴輪たちの装い清らかな眠り歌。

ギンギンギラギラ夕陽ガ沈ム
ギンギンギラギラ陽ガ沈ム
マッ赤ッ赤ッ赤空ノ雲
オ猿ノオ尻モマッ赤ッ赤
ギンギンギラギラ陽ガ沈ム

泡吹きの埴輪たちが階段を降りる極めて軽きものの落ちるように。口からは泡の鈴夥しく零れ、微かなうめき音をたて割れる。高祖父の甘きテノウル叔父の硬質なアルト降りつつ幅広がる祖父のバス。

ギンギンギラギラ夕陽ガ沈ム
ギンギンギラギラ陽ガ沈ム
カラスヨオ陽ヲ追ッカケテ
マッ赤ニ染マッテ舞ッテ来ヒ
ギンギンギラギラ陽ガ沈ム

真夜中の戯れに疲れた老体、最下段に列す。

何千回何億回ト修錬ヲ重ネタ肉体ノ音階。ブッキラボウナ表現ニ主題ノ繊細。感動的デアルヨリモ事象的。神秘ヨリ日常ニ。意識的デハナイガ確実ニアルヒトツノ意志。或ヒハ、決意ノ確カサ清ラカサ劇シサノ美。

「夕陽」が終ると延々たる朝食の再開。「アツイ風呂ニ漬ッテイタ」天平の曽祖父は真桑瓜と伽羅蕗だけを選び。明暦の甥は味噌焼に汗し、永久の父母は蛸の桜煮を分ち。弘安の兄は紫陽花を嗅ぎ。応仁の妹は林檎を割り。天亀の外孫は金平と虎杖と金平糖を比べ。慶長の姑は甘納豆を音たてて。応永の妻は五目豆を愛で。寛永の外祖父は鰹を開き。天文の曽孫は幾代餅を伸ばし。承久の継母は栗金団を刺し。文武の弟は栗を割り。天武の伯母は金平糖を包み。亨保の嫡母は胡麻豆腐を勧め。建武の兄嫁と永暦の姑は橙を選び。分け回し迷い盛り集めちぎり混ぜ剝ぎ諫め注ぎ挟みつまみ覆い真似味わい。シャンデリアの光、退屈げに。手水鉢の水面かすかに波立つ。

其処ハ

其処ハ、如何ナル形ノ決意ヲモ認メラレ実行ヲ許サレネバナラヌ慈愛ノ処。何故ナラ、生レ来ル前ニ死ヌ決意サヘ持テヌママ死ニ来シ者モイレバ。死ノ瞬間マデ決意スルコトニ怯ヘテイタ者タチモタクサンイル。在ルヨウニ在レバイイハ、成ルヨウニ成レニ訂正サレル。

新たに死に来し者人々の中央に立つ。「ヤア、ヤア」朱肉の香匂ふ新らしき者。「アア」聚族の前に安堵の涙す。人々の深い深い首肯。「ドウシテ此処へ？」「首ヲ絞メラレマシタ」「今デモソンナ刑ガアルノデスネ」「人ヲ殺メマシタカラ」「ドウシテ人殺シナド？」「解ッテ欲シカッタノデス」「何ヲ」「私ト云フ存在ヲ」「誰ニ」「殺サレタ人ニソシテソノ回リニイル人タチニモ」「仲間ハズレニサレタノデスカ」「イイエ皆私ガ居ルコトスラ忘レテシマッテイルヨウデシタ」「ソレハ可哀想ニ」「殺ス瞬間ニナッテモ私ガ誰デアルノカ解ラナイ様子デシタ」「……」「私ハモトモト余計ナ存在ダッタノカモ知レマセン」「……」「居ナクテモイイノニタマタマ居合セテイルソンナ感覚デズット暮シテ来マシタ」「……」「デモ私ノ回リノアノ人達ノ声ヲ聞キ息使ヒヲコノ身ニ感ジ満チル体臭ヲ嗅ガサレルト私ノ胸ノ奥ノ奥カラドウショウモナク熱ク懐カシイ私ガ私デアル以前ノ血ノヨウナモノガ湧キ上ッテ来ルノデスソンナ時私ハ堪ヘヨウモナク私ガ私デアラネバナラナイト云フ気ニナッテ来ルノデス」「……」「トコロデ私ガ殺シタ私ノ兄ハ何処ニ居マスカ」「ホラアソコデ夜合花ヲ眺メテイマス」「アア」

饗演に。

荒れ狂う海峡の半立体の図。

中央に、今まさに黒き大波に呑まれんとするきらびやかな船、大きく傾き。燦然たる装いの舷には波しぶきかぶり強風に狂える母と子が。ギシリギシリと軋音たてる金糸銀糸を鏤《ちりば》めた満帆には父と兄とが登り、手に剣を持ち天空の怪魔と戦う。その魔物、全身は青き鱗に覆はれ、紅玉の眼は奇しき光を放ち、巨大に裂けた口は火炎を吐き、その尻は畳々としてたなはり暗雲を伴い上へ上へそして天井を伝い見る者の頭上を脅す。半立体の海峡の図。

饗演の友に。

君もあの川を渡るとき、懐に剣を

隠し持つか。

【初出】「粛呈化身塾饗演第1回なずな式広報紙」1982年／劇団日本維新派・化身塾

［写真］北川幸三………1983年頃、堺市遠里小野町（南海高野線・浅香山）にあった
劇団日本維新派・化身塾（左の建物）外観

「墓の中」満月見物・聖聚族儀劇体詩

「みずなら・の式」

満月の門

姉。大根を尻挟み。

弟。茄子の目隠し。

沢庵の玉子焼一皿。

その他、満月多数。

「トレ、
玉子焼ヲ、
バリバリ、
言ワシタラ、
アカンヨ、
アンタ。」
「言ワシタラ、
アカンテ、
アンタ、
コノ、
玉子焼、
音ガ。
スルガ。」
「トレ、
音ガ、
センヨニ、
グット、
飲ミコミ。」
「音ガ、
スル。」
「音ガ、
センヨニ。」
「バリ。」
「センヨニ。」
「ボリ。」
「センヨニ。」
「グイ！」
「上手、
ヤネ。」

聚足の。

満月の門、煌やか。

一、北の軒。満月に向い。銀色の「鰯」の干物数匹、雲形に流れる文様。
既ち―「眠りの擬態」

一、南の軒。満月に向い、「紅鱒」の干物、連刺しに並ぶ文様。
既ち―「泣きの擬態」

一、東の軒。満月に向い、青色の「針魚」の干物数匹、唐草に編む文様。
既ち―「怒りの擬態」

一、西の軒。満月に向い、「錦遍羅」の干物四匹、巴に巻く文様。
既ち―「笑いの擬態」

一、青柱。満月に向い、「鮟鱇」の干物数匹、寄せて飾る文様。
既ち―「悦びの擬態」

一、赤柱。満月に向い、「螢烏賊」の干物数匹、房に吊す文様。
既ち―「哀しみの擬態」

一、入母屋の屋根。満月に向い、眼孔穿たれた「巨鮫」の干物五体、口を裂き躍れる文様。
既ち―「求めの擬態」

「雲ハ？」

「一歳」

「風ハ？」

「十歳」

「水ハ？」

「百歳」

「空ハ？」

「千歳」

「山ハ？」

「一万歳」

「川ハ？」
「千万歳」
「海ハ？」
「百億歳」
「月ハ？」
「億兆年歳」
「アンタハ？」
「七歳」
寄り
掬い
皿の
海
此の
昔の
月。

満月の箪笥

母。屑鉄の髪飾り。
祖母。空缶の手提袋。
天井の満月。

「羽織ニ、
見エル、
ヤロ。」
「羽織ト、
チガウ、
ノンカイナ。」

「半襦袢ノ、
衿、
ハズシテ、
着テンネ、
ヤガナ。」
「羽織ノ、
紐、
ハ。」
「下駄ノ、
鼻緒
ヤ。」
「紋、
ハ。」
「五円玉」

聚足の。
満月の箪笥。

一、上段は祖母の小物類。弟のテントウ虫の死骸が並ぶ。
一、二段目は父の着物類。弟のオニヤンマの死骸が並ぶ。
一、三段目は母の訪問着。弟のカマキリの死骸が並ぶ。
一、四段目左には、家族皆の下着類。妹の赤蜻蛉の死骸が並ぶ。
一、四段目右には、祖父の預金通帳、アルバム、判子類。妹の玉虫の死骸が並ぶ。
一、五段目は、兄弟姉妹の上着下着。妹のコオロギの死骸が並ぶ。
一、最下段は、姉の花嫁衣装函。妹のキリギリスの死骸が並ぶ。

「父サンノ
猿股」
「旅デ
死ンダ
妹」
「鶏好キノ
オ祖父サンハ
縁側デ
跳ネル」
「ルンペンニ
貰ッタ
兄サンノ
靴」
「強イ
母サンノ
右ノ尻」
「利巧ナ
姉サンノ
表彰状九ツ」

「津軽ハ
叔父サンノ
引越先」

満月の七畳間

父。鉄製の枷《カセ》、首、両手をはめられる。
祖父。
ほおじ茶の酒。
天上の満月。

「ソレ、
ドンドン、
飲ンデヤ、
アンタ」
「コンナモン、
ガブガブ、
飲ンダラ、
腹、
裂ケテマウ」
「ガブガブ
ナンテ
言ウタラ
アカンガ」
「コノ酒、
柱ガ、
立ツトル」
「ソラ、
酒柱、
ヤ」
「コラ、
酒柱、
カ」
「メデタイ、
ナ」
「ア、
酔ウテモ、
タ」

聚足の。
満月の七畳間。
病める甲虫の一族。
反り音。屈み音。
一、黒い前翅のふくらみを捲り、後翅を裂き、
　展ぐ。「バタッ!」
一、黒い前脚のふくらみを折り、前胸のふく
　らみを掻く。「バタッ!」
一、黒い爪のふくらみを伸ばし、腹のふくら
　みを押す。「バタッ!」
一、黒い中脚の右のふくらみを折り、中脚の
　左のふくらみを引く。「バタッ!」
一、黒い後脚のふくらみを曲げ、複眼のふく
　らみを突く。「バタッ!」
一、黒い触角のふくらみを上に折り、前翅の
　ふくらみを打つ。「バタッ!」
一、黒い角のふくらみを下に折り、腹のふく
　らみを刺す。「バタッ!」
既ち—病める甲虫の一族の、
柔道の受身の真似事。

「ドクダミヲ
踏ンデ
撫子
ヲ
求ムル」
「ソシタラ
ヤモリ
ハ
コウモリ
カ」
「ヨモギヲ
摘ンデ
餅
ニ
入レル」
「ソシタラ
カエル
ハ

カエルノ
子カ」
「柿ヲ
食ッテ
腹
ヲ
下ス」
「ソシタラ
カッパ
ハ
剣道ガ
上手インカ」
「芋ヲ
食ッテ
屁
ヲ
放ツ」
「ソシタラ
亀ハ
オートバイ
乗リカ」

満月の卓袱台

兄。頭上に扇風機を置く。
叔父。全身、団扇で飾る。
卓袱台の上、将棋盤。
天井の満月。

「エー、
素麺イカンヤロ
カ」
「ドツカレルデ、
オ前、
ソンナコト言ウテタラ、
ソンナウマイモン、
食ウテルウチガ、
一軒デモアルカイ、
アツサリシテ、
エエモンヤガナ、
……………、
コレ、
醤油ト、
チガウカ」
「ソヤ、
オカズナイ時、
コイツヲコウナ、
飯ノ上ニカケテ、
食ウテンネンケド、
コレ、
箸デハソモウ、
思テモ、
ナカナカ、
ハソウメン」
聚足の。
満月の卓袱台。四本脚。
檜の将棋盤に四〇枚の駒が載る。

兄は、親指と人差指と中指で。
叔父は、親指と薬指で。
「パチ」「パチ」と駒を返す。

一、兄。「歩」を裏返す。朱色の「と」と成る。「歩の戒名」と発し、身を屈む。

一、叔父。「香車」を裏返す。朱色の「成香」と成る。「香車の戒名」と発し、身を屈む。

一、兄。「桂馬」を裏返す。朱色の「金」と成る。「桂馬の戒名」と発し、身を屈む。

一、叔父。「銀将」を裏返す。朱色の「金」と成る。「銀将の戒名」と発し、身を屈む。

一、兄。「金将」を裏返す。朱色の印肉を「指」で押す。「金将の戒名」と発し、身を屈む。

一、叔父。「飛車」を裏返す。朱色の「龍王」と成る。「飛車の戒名」と発し、身を屈む。

一、兄。「角行」を裏返す。朱色の「龍馬」と成る。「角行の戒名」と発し、身を屈む。

一、叔父。「王将」を裏返す。朱色の印肉を「指」で押す。「王将の戒名」と発し、身を屈む。

満月の卓袱台。
将棋盤、朱に染まる。

「茄子ハ」
「砂ノ戒名」
「貝ハ」
「烏賊ノ戒名」
「板ハ」
「鯛ノ戒名」
「坂ハ」
「傘ノ戒名」
「耳ハ」
「耳ノ戒名」
「松ハ」
「妻ノ戒名」
「母ハ」
「母ノ戒名」
「父ハ」
「父ノ戒名」
「手ハ」
「手ノ戒名」

満月の庭

一、祖父。色とりどりの小菊に形どられた「鼠」に。「足偏」を追装する回転の所作。

一、祖母。角、彼岸花に飾られた「牛」に。「血偏」を追装する回転の所作。

一、父。牡丹、斑に刺された「虎」に。「手偏」を追装する回転の所作。

一、母。すすきの穂の「兎」に。「人偏」を追装する直立の所作。

一、叔父。水仙の花の「竜」に。「目偏」を追装する回転の所作。

一、叔母。あざみの花の「蛇」に。「耳偏」を追装する直立の所作。

一、姪。鶏頭の花の「馬」に。「骨偏」を追装する回転の所作。

一、甥。萩繁る「羊」に。「舌偏」を追装する直立の所作。

一、長兄。紅葉変化の「猿」に。「身偏」を追装する回転の所作。

一、次兄。桔梗乱れる「鶏」に。「首偏」を追装する直立の所作。

一、長姉。撫子の「犬」に。「口偏」を追装する回転の所作。

一、次姉。大輪の菊の「猪」に。「歯偏」を追装する直立の所作。

聚足の。
満月の庭。
円陣の十二支の花時計。
満光の下、弟は槍を持ち「長針」に、妹は刀を持ち「短針」に、聚族の午前0時。
「ゼロの舞い」を舞う。

饗演に、満載の戯言。躁がしき笛、太鼓、鉦の旋律。
饗演に、四躰。
鍋の面。
錆鉄の百日鬘。
真鍮の経帷子。
赤銅の夏羽織。
胸にひとがたの紋。
尻、砂金塗り込めの、
夜。
満光の下。
無数の死者を呼び集め、
「墓」としての体を、
倒立する。

「恥ノ多イ生涯ヲ送ッテ来マシタガ、ヨウヤクノコト、五体満足デヤッテ参リマシタ………」

【初出】「饗演」1982年8月／化身塾第2回公演『青天の飾り―沙の章―みずなら式』／劇団日本維新派・化身塾

［写真］北川幸三………劇団日本維新派・化身塾公演
『十一人による十一夜〜ひとがたの早春賦〜　晝の光』
（1985年）での松本雄吉

日記「内なる危険の捏造」

1978年11月7日〜11月19日（『足の裏から冥王まで』公演を前にして）

11月7日　十三、ヌードの木川劇場泊り。午前10時起床。肌寒い。夏の終りから続いていた咳がようやく似合うような季節になって来た。もうすぐ冬だ。午前中、『足の裏から冥王まで』の劇場用予告編の録音を劇場の効果室にて行う。録音状態、原稿内容悪く、明日もう一度やり直すことにする。アナウンサーを一人呼ぶことにする。無音の部分をつくり、そのところを舞台の上で役者が実際、声を出してみること。午后からのステージは、いつものメンバーとは少し違ったので、内容も私と高橋との絡みを中心に少しスッキリとまとめてみた。本番前に行う予告編の私達の登場が暴力団の出入りさながらなので劇場の従業員が「ケンカか！」と感違いする。来客、映画の森安氏。明日の夕方までに冬興行の台本必ず上げてくれとのこと。頭の中では、というより私を取り巻く私たちの生活そのものの裡に台本は確として存在しているという実感が、そのことを文字にすることの億劫さになってきて、これは、私たちが演るということの立場からではなく、もう少し自分たちから離れたところから書かなければ……という気になってくる。しょっちゅう私の回りにて、鋭く私に刃を向けている闇の台本作家よ出て来い！

来客、森氏。遠藤氏より話聞いたと2升下げて単車で駆けつけてくれる。嬉しい。色々な話の中でお父さんが倒れた後の苦労、彼のお父さんは剣舞の師範であること、今度機会があったら彼に剣舞を教えて貰うことにする。私たちのショーを見たあと「頭が下がります」との弁。そんなふうに云われると、何やら悪いことをお見せしたようで素直に喜べない。「僕に出来ることがあれば何でも云ってください」明るくたくましい声でいってくれる。言葉にならぬ連帯感を感じる。

—後追い自殺の行列。この風景が何々《なかなか》肉体に絡みつかない。明日、とにかくステージでやってみよう―。

前田君、来たらず。忙しいのであろう。相似形の人形を早く制作しなければならぬのに……不安。風邪がひどくなりそうである。絹川が気を利かして、劇場の前の薬局で特効薬を買ってきてくれた。先日痛めた腰の方はもう大丈夫だろう。

菊地社長、特出しについて親身な忠告を池内にしてくれる。あまりピンと来ない話だが、ヤバイことをやっているという実感は気持ちがいい。

―障子をあと四つ造ろう。男を仰向けに障子を持たせて、それを五段組み。五つの寒々しい部室を冬空の下に。同時に、純白のドレス7～10着―。

旧友の嶋中氏より電話あり。ヌード劇場出演を、私たちの本公演と誤解（曲解？）している節あり。「時間は40分ぐらいですか。そうですか、それくらいの時間が見易くていいですな」にはまいった。

今年の冬よりの想いがもうすぐ具体化しようとしている。高野山に修錬場を建てることにのみ終始した一年ではあったが、私自身かなり劇《はげ》しい一年であった。夏の合宿後の劇団解散。劇しさが日常に明らさまに見えて来ないことの内部への苛立ち、それと、私自身、一人になってもっと奥深く自己の闇に入りたかったことなど。その後、今度の冬興行を池内と組んでやること、日野明が参加してくれるとのこと、絹川がもう一度やらして欲しい、高下が途中で出て行ってしまったことやら、そして、池内のアクターズマガジンの発行、ピンク映画の井筒和生との出逢い。一人になってと考えたとたん、めまぐるしくまたまた新しい関係が出来上がってしまった。今、このストリップ小屋で、この日記を書くことで私の些細な欲求が少しは満たされているようである。自分の知らないものを発見すること。発見のために発明と失敗の地平を舞台化すること。過失致死の充満する静かな古典的舞台を。

隣りの部屋で、パール真紀姐さんが寝ている、何度も電話が鳴り、その度に「いま何時だと思ってやがんだ」と姐さんの怒鳴り声。私たちに関係のある電話では…とビクビクしながら…。


11月8日　木川楽屋泊り。午前9時起床。予告編の録音。ＡＮの藤野氏風邪でダウン来たらず。仕方なく私と高橋と劇場の酒井さん、それに、ディレクター役を田沢に頼み録音。まあまあの出来。

午后より冬興行の絵台本にとりかかる。昔の日本画のように雲の上から我々の舞台を見ているようなものにしたい。トレーシングペーパーの中央に劇場構想を描き、その回りに、各場面ごとのテーマ、衣裳、小道具、動きなどをイラスト風に描き込む。幼児のお絵かきみたいだ。

この仕事のため、やむなく2回目のステージの私の役を絹川に演ってもらう。完全に任せて、私はお絵かきに専念するつもりだったが、やはり気になって照明室より舞台を見てみる。絹川の体は相変らず面白い。あんなに細い体なのに残酷が充満している、不思議だ。

朝食後、早速電話作戦。かがり火の器具、熔接屋を藤永氏に紹介して貰う。照明船もついでに頼むことにする。レッカー、稲村氏の紹介で富田建設より借りる。障子あと4枚。京都の連中に頼んである噴火口の件、連絡取れず少々不安。

本番でまた新しいことをしてみる。①や

たら怒鳴り声のように言葉を発すること、②鋳型にはまること、③複数で行い、人の演ったものを順次壊してゆく、④以上を信じられないほどのスピードで精力的に行う。

本番ではあるが私たちの稽古の意味あいがあったのではじめて客席より見てみる。池内・絹川・田沢の相似形がかなりいい。飽きずに見られる。相似形の不在が何ら抵抗なしに納得できる。これは実際に人形を持って演っても同じことだろう。人形を使用することで宿命的、全くの不在を目指す。

―悲しみを確信してゆく。確信の積木を雪のつもるような静けさで時と平行させる―。

11月10日　木川劇場ラスト。他の踊り子さんたちからいろんな物を貰う。酒、ウィスキー、網タイツ等々。「天王寺の公演ぜひ見に行くからね」化粧の名人、パール真紀姐さん。

ラストステージ。地元の石元組の社長より。花束と酒二升頂戴する。

まだ、絵台本上がらず。とにかく一回性の保障というか、そのための条件を私たちの日常にばらまいておくこと、それをのみ唯一の私たちの台本として現場に向かう。これだけで充分だ。

昨日に引き続き、天満ロマン座にて予告編。本番中、私との絡みの最中、高橋が泣き出す。観客は演戯かと喜んで見ていたが、大粒の涙ボロボロ出して本当に泣いている。涙が出ているからといって、私たちの舞台には何のたしにもならないし何の支障もない。私たちの舞台は静かに呼吸する海だ。

終演後、舞台袖でまだ泣いている。「何が悲しくて泣いているのか分からない」と自分で云う。よく分かる気がする。多分、体が泣いているのだ。

11月11日　昨夜は劇団員とは別行動にてホテル泊り。午前中、ロマン座の楽屋を改装して仮劇団事務所にする。公演まであと6日。なかなか寒くなって来ない。「寒さ」が絶対条件の今度の公演なのに、まだ秋の風情だ。

11月12日　ロマン座楽屋泊り。午前中、絵台本完成。かなり自信作だ。後はこれからの私たちの状況づくりだ。冬の到来が遅れるようなら、なおさら私たちが寒さを、冬のまほろばを捏造してゆかねばならない。

午后、天王寺公園にて大デモンストレーションを行う。ロマン座の宣伝カーを使って市内を走った末、天王寺公園にて磔の行列。11月の始めに神戸生田神社ですでに体験済みなので要領よく進行する。

ついでに野音に寄り挨拶に行くと「今度はどんなデッカイもん建てるんや」と野音のオッサン。今回は建物を建てるというふうではないので返答に困り「穴だけ掘らして欲しい」と云うと「ほうかほうか」と何ら抵抗のない様子。普通の演劇の公演のための劇団と劇場側との前挨拶としてはかなり変なやりとりだ。しかし、この野音でやり始めてもう10年だ。私たちが何を云いだしてももう何も驚いてはくれないのは当たり前のようだ。

夕方、記録映画を撮ってくれる井筒和生らと話す。やはり宇宙船型照明灯のことが最大のポイントになってくる。出来ればヘリコプターで大阪の上空より降りて来てレッカーに接続させたい。出来れば、その夜、大雪が降るといいのだが―。

11月13日　ロマン座楽屋泊り。2回目のステージ、日野明特別出演。さすが大迫力。私と高橋の絡み、まるでボクシングでもしているような雰囲気になる。現場での穴掘りはもう人の姿が隠れる程になった。ピーナツやヘタパンをまくと鳩が百羽ほど寄って来る。昼間の公園ならこの百羽の鳩にもエキストラ出演して貰えるのになどと考える。

「鳩が飛び立つ公園の銀杏は手品師老いたピエロ。秋が行く人だ冬が来る。銀杏は手品師老いたピエロ」。現実には何々秋が退かない。

11月14日　ロマン座楽屋泊り。他の踊り子さんたちと早朝からコーヒーを飲みに行く。私が劇団員にきつい言い方をするので私のことを「先生、先生」と呼ぶ。一日中笑ったり、泣いたり、どなったり大変騒々しい楽屋だ。ピリピリと体細まるような寒さがほしい。

11月15日　ロマン座楽屋泊り。午前中にほとんど舞台づくり終る。昼から映画撮影のためのリハーサル。井筒と朝日ニュースのカメラマン2名、何々いいコンビネーションだ。私たちの動きをいろんな角度から見て精力的にコンテづくりをしている。裸での稽古だが「寒い寒い」というだけで、もうひとつ緊張感に欠ける。言葉を発するのも億劫になるような寒さがほしい。

11月16日　野音楽屋泊り。午前中、レッカー車を利用して竹組み、レッカー車ってのはどこか子供のオモチャの延長みたいなところがある。見ているだけで飽きない。

どうしても夜になると訳もなく酒を飲んでしまう。この日記を書くことも面倒になることとさえある。しかし、演じたいことのイメージよりも行いたい多様なより現実的なものの像を探るにはこうした作業が必要なんだろう。明日は冬興行の初日だ。朝4時に起床して、大阪城にて朝稽古をする。私たちの舞台のほんのささいなきっかけを明日の朝始める。

―体の透明さ。血統的悲惨の系譜。悲しき海原。体の行列。静かに悲惨を求めること。内なる危険の捏造。闇の暴動的繁殖。

過失致死の綱渡りが、行為者と見る側の間にはっきりと見えて来ること。絹川の盲人、そろそろ目を開けたままでやれる。何か分けの分からぬ危険物を持って歩かせてみる。

ラストステージ後あわただしく次の出演先の天満ロマン座に予告編を演りに行く。演劇の予告編、これは文句無しに面白い。深夜、木川の舞台で絹川と高橋と私、それに劇場の酒井さんの四人でベケットの『ゴドーを待ちながら』台詞の稽古。これは私のデビュー作品だ。懐しい劇《はげ》しさがこみあげる。

11月19日　午前9時起床。昨日買ったばかりの炊飯ジャー使いたさに、近くの市場に豆腐と天婦羅を求めにゆく、絹川と私と高橋の三人で朝食。

【初出】「ACTORS・MAGAZINE」1978年 師走・睦月号／竹馬企画

拝啓

夏の予感が吹く風の香りに充溢している今日この頃でございます。御変わりなく御活躍のことと思います。

さて、昨年に引き続き、来年には無くなってしまうといわれていますあの天王寺野外音楽堂にて『足の裏から冥王まで』の続編とでもいうべき『誘天の族《うから》』という作品を上演いたします。原作が私で、池内琢磨が脚色、出演者は約三〇名、異色の役者たちが集まりました。制作はあの関西復興の文化誌アクターズマガジンの竹馬企画です。

『誘天の族』は冥土の話であります。過去の闇としての冥界での話です。私たちの蹠、地下深くに広がる夥しい闇、その闇に入り、私たちの身体をして死の冥界の細密画を展開いたします。

この原作の主人公は役者です。話は背徳の行為を売り物にしているひとりの役者が死ぬところから始まります。（私は私なりにこの背徳の役者に私の役者に対する思いをぶつけてみるつもりです）そして彼が辿りついた冥土は、彼がかつて夢に見たことのある故郷の廃屋で、そこには彼より先に死んだ彼の家族、そして先祖代々の人々が死んだときの恰好そのままで冥界の暮らしをしています。全ての会話が「もう死んでしまったのだから…」という具合になる訳ですが、それが生きながらの地獄ということと等しく、劇性を帯びて伝わって来る舞台にと考えております。舞台は、白と黒によるモノクロームの構成です。そして主題曲は、『埴生の宿』をアレンジ・編曲したものを使います。

今回、作・演出・主役と欲張って頑張る覚悟です。勝手な言い方ですが、様々な形での御協力、宜敷く御願いいたします。

日本維新派　松本雄吉

【初出】『誘天の族』公演の案内文　1979年／劇団日本維新派

「誘天《ゆうてん》の族《うから》」と題する

昭和五十三年十一月十九日。天王寺美術館地下の喫茶店でビールを飲みながら。

〈何萬分の一秒か、何億分の一秒か分からぬが恐らく、それほどの些細な時の間に、私の体は、とめどない非人間的な闇の論理の中、限りなく非人間的な一個のかけらとしてころがっているのに気付く〉

〝非人間的な一個のかけら〟—そこに在ること、そこに在るものの背後に便々と連らなる過去、それらのことが一切御破算になり、何故そこにあるのか、どうしてそこにいるのか、あらためて問うには余りにも、何でもないふうにして確実にあるもの—。

〝非人間的な一個のからだ〟

今日で冬興行『足の裏から冥王まで』三日目。同じことを繰り返しやっているとかなり精神的に破廉恥になっていることが分かってくる。放蕩な魂が多産されているように思える。

女優の股倉を貪っていても、体いっぱいに汗していても、観客の笑い声がはっきり聞こえていても私の体は〝死体〟だ。〝物〟だ。あらゆる人間的な必然事項をないがしろにして舞台に於る必然にのみ仕える。

十二月二十七日。先日、京都のライヴハウス磔磔で、池内と高橋と私の三人で公演する。題名は『闇の象』。即興でやったのと、頑張りすぎたため池内がひどく肉を痛めてしまう。筋肉の秩序までも乱してしまうひとつの精神的秩序のねじれ。

ある激しい動きの後で、ついよろけてしまう瞬間だとか、客席の中に昔別れた女を見つけたときだとか、乱れた衣裳を舞台の上で直したり、舞台に落ちている釘とかガラスの破片に気付いてそれを拾うときとか、あるいは自分が舞台でやっていることを、ああ、夢で一度こういうことがあったなあと、つい思い出してしまう瞬間、といったおよそ劇することの緊張にはほど遠く、また、劇の構成にとっても必要なことではない、寧ろ、劇にとって無くしてしまいたいと考えられるような、そんなしぐさの瞬間、どれほど短い時間か分からないがそんな刻、「ああ、役者をしていてよかった」と思える。

〈透明さとか、崇高だとか、劇的緊張だとかいうものにはほど遠い、もっともっと低いところでの悦び、闇の中で文字を読むような興奮〉

昭和五十四年二月三日。日本橋、大村泰久氏個展会場。木川劇場に出演しながら、この会場に来ながら、天満の店をやりながら、酒を飲みながら。私は化体《けったい》な奴や——。

自分のことを分かろうと必死になることなんかない。それよりも、自分が今よりも更に、難解なものになってゆくことに精進すること。そういう自分を観察し、ノオトすること。

六月の中旬に、『誘天の族』と題して、現代と中世と古代を同時に在らしめ、私たちの体を、私たちのしぐさを刻んで来た闇の彫像師たちを背後より追い立てる。

今回も、私が脚本を用意するつもりだが、いつも私の脚本が特殊すぎるので、より広範な協力者をお願いするとき、余りにも説明不足になりがちなので、今度の『誘天の族』はあらかじめ原作本を書いてみることにする。そして、この原作本の完成をきっかけに、脚本化する作業は、公演を行う場所、参加する役者、稽古する場所、時間等の決定があってからでいいだろう。

二月十三日。兵庫県赤穂郡西新宿村。借りもののテントにて合宿。地中深くより重たい冷たさが体を襲い、一晩中殆んど眠れず。でも朝のマラソンを終える頃になるとポカ〳〵としてきて春を錯覚するような暖かさになる。

この過疎村に着いたとき、最初に出逢ったあの廃屋のことが頭から離れない。孤立の王のような風情で、ずっしりと屋根に苔やら雑草のぼうぼうを載せ、少しうつ向き加減でいる。しかし、枯草の合間から見える足元は乞食のようだし、雨風に幾度となくゴシゴシやられたであろう柱や瓦や壁はヒリリと痛みを感じさせる。今は、その玄関へ通じる道もなくなり、草群らの

[写真] 川口和之……廃屋の前での松本雄吉。
文中に「兵庫県赤穂郡西新宿村」とあるが、
赤穂郡ではなく現在の兵庫県佐用郡佐用町西新宿と思われる。

中に佇立の刑に服している姿を見ると、そこに、かつて人が住んでいたというより、もっと別な生き物が棲息していたように思われてくる。人間の生活していたことが少しも感じられないほど風化した家。

誰かが、あらゆる美の奥底には、何かある非人間的なものが隠されているといっていたが、いかに人の手によって造られたものであるにせよ、物であることの正確な美しさがこの廃屋に感じられる。この廃屋を、そっくりそのまま今度やる公演の場所に移せたら、苔も草も、乾涸らびた便所の糞やら紙やら―。

〈行為の痕跡をとどめる〝物〟〝事〟。その特徴的な汚れ、破れ、傷、穴、垢、しわ、これらを化粧箱につめておくこと、衣裳することの中心に考えること。どこがどう汚れているのか、なにがどう傷んでいるのか職業的汚れ、商品的傷みとしての私の体を見てみること〉

二月十七日。合宿六日目。たった六日しか暮らしていないのに、もうみんな山の住人になりきってるみたいだ。井戸水を汲むことやら薪を集めること、野草を摘むこと、村の爺さん婆さんと挨拶することなど、ごく自然にやっている。

土の上で稽古するものだから、尻やら膝が特に目立って汚れる。稽古を見ていても、やたらそのところに視線が行ってしまう。何やら汚れ自身が動いているようだ。

〈生き物のような〝家〟を建てる。『誘天の族』は、家にまつわることを行う〉

夜、学習会。ベニヤ板で拵えたテーブルを囲み、テーマは「越える」。藤條君が面白いことを云う。

「僕の場合、演技することは格闘することだと考えています。格闘に勝って相手を越えてゆく、自分を越えてゆく、現在を越えてゆくというのが舞台が進行するという命だと思うんですが、僕の場合、まず、格闘しなくても済むこと、少々廻り道をしてでも越えなくても済むというような抜け道というのか穴というのかそういうところをまず探します」これも格闘だ。相手が分かっているのだから……。

合宿のたびに毎回こうやって学習会をしているが、何か気恥ずかしいというかスペシャルメニューをぎこちなく食っている気持ちだ。毎日の生活の中に習慣づけられているスペシャルであればそうでもないのであろうが、どうしても、テーブルの上にノオトを置き、鉛筆を持って集中的に話し合いの場を持つというのはスムーズでない。誰かが「学習することの意味は、何よりも生を均一な現実の平面で眺めるのではなく、日常より深い次元でその本質を捉え直すこと」と云っていたが、そのへんが何々《なかなか》むずかしい。

〈『誘天の族』では、家を建てるのではなく、〝廃屋〟を作る。人間の生に無関心な建物を作る。柱、屋根、壁、障子、畳、それらの物の質感や重量感を各々に御破算にして、全て、人との関わりを一様にしてしまうものを作る〉

　二月二十六日。京都のライブハウス磔磔にて『グッド・バイバイ』公演。高橋、反口、宮内の三人の女優が少年役をやるため、舞台の上でその髪を切り落す。切り方が中途半端だったので、休憩のときに「美容院ごっこしてるんじゃない！」と怒鳴ると、今度はガリガリのトラ刈りにする。決意の半端さは人につけ込まれる。

　出演者十五名。各々が遺書を読み上げ、その後、その場所に時間にそれなりの別れの行為をするというのがこの公演のテーマだが、まず、遺書に迫力がない、説得力がない。だから、その後の行為に当然の完結性が期待されない。ただ、池内と反口の夫婦心中らしきものが妙に生々しくて良かった。反口「あなた私の云う通りにしてくれますか」池内「お前に云われたことは何でもしよう」反口「あなた、あなたの声を聞かせてください」池内「私の声をお前に聞かせよう」反口「あなた、あなたの顔を見せてください」池内「私の顔をお前に見せよう」反口「あなた、あなたの愛をみせてください」池内「私の愛を、お前にみせよう」即興のやりとりが、柄杓の水を替る替る飲み干すように行われる。何々、いいコンビネーションだ。

　後半部で私は裸になり、脚立を便所に見立てて、置き去りにされた少年を試みる。そして予定通りに糞をする。その日はあまり、物を食っていなかったので、それらしい形のものは出ず、いくら気張っても、痩せ犬の糞のような細くて短いものがほんの少量。結構長い時間、何も持たずにしゃがんでそんなことをしているものだから、これは予定外に、ついつい自分の糞を摘み、顔に塗ってみる。甘く悲しい感触が皮膚を走る。

事のついでに指に残った糞を食う。コリコリとしている。消化されていないなにかだ。「こんなとき、どんな顔をしていればいいのか」自分でしでかしていることなのに、それを悩んでいる。

〈馬の仔が生れるとき、糞まみれになって母体から出るというが、湯気立ちこめる糞を全身にまぶして動いてみたい〉

三月二日。吉野下市口の廃校にて合宿。合宿第一夜、みんなに、各々の家族に宛てた手紙を書かせる。学習会とは違った神妙な雰囲気になる。少し離れて家族に語りかける。

三月四日。私だけ大阪に帰る。吉野で『誘天の族』の原作を書きたかったのだが、天満でやっている店のことがあるのでやむなく。

身寄りだから喋れること。身寄りだから話しておかねばならないこと。少しでも大阪を離れて独りになるとそういうことを考える。身寄りだから喋れることはどうでもいいが、話しておかねばならないことを常々一番ないがしろにしている自分に気付き、あらためて驚く。

三月五日。永く営業停止だった天満ロマン座が十六日から再開。私たちの出演も決まる。金粉、ＳＭ、白黒の三本でやる。

三月七日。「松ちゃんの好きそうな世界やで」と、若一光司君から二冊の本を手渡される。藤枝静男の「一家団欒」。パラパラと頁めくるだけで、私を駆り立てるものを感じる。

三月十一日。『誘天の族』の原作は、私が小さい頃、行方不明になった私の兄を主人公の名前にする。中村兆司。限りなく破廉恥な役者の死後の世界を、私の記憶にない兄に追ってみる。

明日から、ロマン座の舞台を借りて深夜稽古をする。

〈体の中に、いつも風をかこっている役者〉

自分のなかから何か出てくるか分からないと穴という穴を懸命に閉ざしている役者の状態をこそ、一番大切なこととして稽古に向かう。

三月十五日。『誘天の族』の公演場所を、天王寺野外音楽堂に決定する。ポスターも野音で撮影した写真をもとに作ろう。

三月二十日。ロマン座とギャラのことでもめ一回目のステージ終了後、全員引きあげる。

真面目であるというのは、いつも自分が何を欲しがっているのか、そのことに精一杯思いをはせて、自分の欲に誠実であるということだ。日増しに焼酎の量が増えている。借金のこと、店のこと、劇のこと、ショーのこと、母親のこと、そして、個人的な怒りのことなど、焼酎なんか飲んではいられない状態だが今は、じっくりこの酒にひたって、私のエゴを見定めるときだ。ステージを降りても、まだ舞台をしているような感じがとれず、店で化粧をする。女化粧。

三月二十一日。堂島にある小さなライブハウスブラに飛入り出演する。私が少し悪らつになると必ずそれをはぐらかす客の反応。酒のつまみになるものとならぬものがある。

〈自然の理のように、悲劇的かあるいは喜劇的な存在に何の抵抗もなく自分を据える役者。外野か内野か、急いで自分のポジションを決めてそこからしか牽制しない観客。どちらも面白くない存在だ〉

三月二十三日。飲み過ぎて、心臓の具合がおかしくなる。横になっても、ひとり心臓だけが激しく活躍している。体の中に生き物がいるようだ。

四月八日。山代温泉・OSミュージック。すごい風が吹いている。テレビのニュースでは風速十五米といっているがそれ以上に吹いているように思う。池内から急かされていた『誘天の族』のメインコピーを決める。

〃現在からのいかなる愛も知識も受けつけぬ過去、手の届きようのない〈闇〉へ落ちる〃

十一日から片山津温泉の温劇に出演、二十日までに『誘天の族』の原作を書きあげる。
◎感情の放蕩
◎夥しい狂乱の果ての死
◎木乃伊化した家
◎永遠の狂乱
あの西新宿村で見た廃屋へ女化粧して出掛け、闇の中で化粧を繰り返しながら、文字を刻む。

〃現在からのいかなる愛も知識も受けつけぬ過去、手の届きようのない〈闇〉へ落ちる〃

【初出】「ACTORS・MAGAZINE」vol.4　1979年／竹馬企画

またぎ越せ無能な河は

役者たちの自己否定は、己れのイメージと離婚することから始まる。そして、己れが弱者を認識したときはじめて、憂愁の旅立ちにも似た心をもって歩みはじめるのである。過去が蓄積した、あまりにも茫大な幻想は、役者たちをがんじがらめに縛りつけ、不能にしてしまい、彼等はその幻想の渦の中で己れの肉体を見失ってしまったのである。

イメージは何処かへ捨ててしまおう。

イメージの具現、イメージと現実の往復…それは真の役者たちのなすべき作業ではない。そんなものは派手好みのパイプ老人にでも任せておけばいいのだ。そして、幻想は、イメージは、気軽にハイキングにでも出掛け、川の流れに落としてくればいい。そのとき、役者は水の流れの中に己れの指を感じるのだ。役者たちはまず、在《あ》るものを大切にしなければいけないのだから。

イメージを捨ててしまったその体で、役者たちは海をめざすとよい。役者たちは海へ出掛けるのだ。

倦怠と混沌の海への舟出には、役者たちの小さなみすぼらしい舟が相応しい。役者たちの貧弱な肉体の支配下にあるこの小さな舟に、果たして海はいかなる愛撫を加えるだろうか？

役者たちは何も持たずに出掛ける。お気に入りのイメージさえも、誇るべき方法も彼らは何処かに置いてきちまった。誇るべき言葉の用意もなく、しかも目的すら持ち合わせていないのだ。

彼等の出発点は、月夜の便所での孤独から生まれたものでもなければ、壮絶な議論から湧き出たものでもない。

その舟出の瞬間にひとつの現実がスタートするのだ。

海の法則は役者たちをけっして暖かく迎えてはくれない。そんな第一現実がまず在るのだ。そんな海を、彼等は眺めることはせず、その中にどっぷりとつかり、身を任せてしまうのだ。

全体を客観する精神よりも、海は、部分となる姿勢を役者たちに強いるだろう。

彼等の航海、それは目的を持ったものでもなければ手段でもない。そして表現でもないのだ。

それは、海の中に漂うはっきりとしたひとつの核としてあるだけなのだ。

そして、その核の熾烈な海との戦いを見るとき、役者たちははじめて、己れの肉体の支配者となり、その貧弱な肉体を海に輝かすことができる。

（表題は天沢退二郎氏の詩より借用）

【初出】舞台空間創造グループ機関紙「舞台空間」1969年
（「ACTORS・MAGAZINE」創刊号 1978年／竹馬企画にも収録）

女の座る形

先ず正座から、楽な姿勢へ崩してゆく。

おしりを床へ落として重心を一番下へ、そして心持ち腰をひねってゆく。

両ひざを合したまま、形を崩してゆく事は全く無意識だった。

そこで一度ひざを開いてみる。

股を開けてゆく感じ。これでは何故か不安になってくる。

股を開くこと—何やら、ふしだらな、無防備な感じがつきまとう。子宮をさらけ出している様な気分
…解放されていない部分なのかナ…。

やはり両ひざを合わせて安心したくなる。

ひざを立てて抱く様に座るのも、あまり落ち着くものじゃない。

ひざの上に赤子を抱いてあやしているつもり。

そんな気分でいると落ち着いてくる。

少し上体をゆらす。ゆりかごをゆするみたいに、顔の表情が変わってゆくのがわかる。

優しく、やわらかく、丸くなってゆきたいという願望。

ひとがたに寄せて

ひとがたのひとよ。

あっけらかんとはれたあきやよ。

傷の裂け目より、無意識の風船をふくらませるかぜよ。

ひとがたの身にそぐわぬ気なひとよ。

世界と出会う原初音としてＡｈ音があるというのは多分に作為に満ちた嘘なのだろう。ＡｈというよりはＦｕ—息をはくところにこそ神が宿る。吐ききるからこそ息もできる。いきをし生き、いきをし死ぬる。それすなわち世界とは、一瞬のため息にも似て、ひとがたで夢見る神々のまどろみのようなものなのかも知れない。

ひとがたのひとよ。身の匂いを嗅ぐけものよ。

あなたは、あなた自身のからだにかけられた美称を知るか。あなたはあなた自身のしぐさにかけられた蔑称を知り得るか。

大運河に面浮かべ、ゆめに傷をさらってきた盗人よ。

如何なるまなざしをもってひとは、世界とあいまみえるのだろう。見知らぬ他人の背中に見いだす自分や、一匹の虫にすら棲みつく己れの夢を、いったいどう説明しようというのか。

思い出したかのように世界はあり、ただ在るという自明性への問いかけにより、それはまたその拮抗をとどめ得ない。

ひとがたのひとよ。指と手を。足と脚を。尻と腰を。首と顔を。腕と手を。股と性器を。腹と腸とを。まちがえるひとよ。

『マダンの宴』—海峡をおしわたる、もうひとつの息づかいが聞こえるか。

この波動を泳ぎきることができたら、また生きることでもしよう。

たとえそこが水牛の涙つぶてに浮かぶいにしえの地平であろうと、畢竟、世界を紡ぐものとしてのひとがたは、手さぐりの顕死へと向わねばならないのだ。


【初出】「『韓日フェスティバル１９８４』パンフレット」１９８４年／韓日フェスティバル１９８４「マダンの宴」実行委員会

けったいな劇場を

去年の秋、あの淀川での公演の準備のとき、この本（「プレイガイドジャーナル」）の編集長である林（信夫）氏が現場の河原にぶらりとやって来て、もう殆ど出来上っている建造物を見上げ、その規模のバカデカサに驚いてか呆れかえってか「なんでこんなん建てんの？」と聞かれたことがある。

なんでこんなんというそれらは建築用の丸太を二千本程使い、半月に渡り延べ二百人という労力をかけて拵えた、何とも名付け難い三階建ての建物であり、直径十五米程の円を描く溝でありバベルを想わせる高い塔、わざわざ掘って水を溜めた池等である。

私達のいつものことながら、普通、芝居の仕込みとやらに費やされる作業量にしては余りにも膨大であるという印象を林氏は受けたのであろうが、私達には〝仕込み〟というふうな考え方は全くなくて、まさに劇場を拵えるということ、そのことの大変さ加減を最も重要な作業として当たり前のように思っていたのだ。その作業が大変なものであればある程いいとさえ思うのだ。何故なら、私達の貧弱な肉体が、例えば柏子木の音による急激な世界の表出に決して見応うとは想えないし、肉体の一足跳びも信じることは出来ないのだ。

役者馬鹿とかいう言葉があるが虚へ己を導く作業こそが熾烈であればある程、馬鹿さ加減に狂おしい花も開くのだろうし、その作業の違いが、即ち、舞台空間に特殊な生命を見せるのだ。肉体がどれだけのものを喰い込めるか、如何に喰ったか、その腹の異常な膨らみ加減こそ、素材としての役者体であると思われる。だから、私達は、テントを突っ張るあの支柱のように、私達の劇場を組み立てる丸太が私達の腹の皮を内部から突き破るほどに劇しく丸太を嗅がねばならないと思うし、裸足の裏が土だというだけで転倒し笑い転げるだけの追い込みを己に強いなければならないと思っている。

私達が、観客の前に無垢でありたいと欲する程、私達の劇しさのよりどころを全て、劇場という現場に露わにしたいと思うのだ。それが、〝仕込み〟だとか〝舞台装置〟だとかいわれる範囲では満足出来ないのである。しかし、劇場が役者の体験する最も身近なものとしての話とは別に、その規模がどうであれ、劇場は自らの手で拵えなければ駄目だと思っている。自らの内部より発せられた力が特殊であればある程、そこらあたりに散在するありきたりのホールなんかにははまりようがないのであって、その特殊性を、ホールなんぞという枠組みの中で下手に整理してはいけない。

「なんでこんなとこでやんの？」と云われるような処が、私達を劇しく揺り動かしているものの棲だということだ。

今、私達のまわりは、余りにも多様に利用され、極めて一様な機能しか持ち合わせていない劇場が数多くある。私達の生きている傍にある建物とは根本的に臭いの違う、いわばどうでもいいその場所は、まるで世界とキャッチボールでもするかの錯覚を持って厚かましく口を開けている。ええかっこしのあかんたれとはこのような虚構性をちらつかせた、それでいて、一等怖ろしい虚構には目を閉ざしてしまう建造物のことだ。

大阪の一般にアンダーグランドと称される表現者には、この建造物の扉は固いらしい。何故か？

そのええかっこしの入れ歯にはこれらの表現者の体は固すぎるのだ。おそらく、過去、その歯を折られてしまったのであろう。オリジナルが透明な形で見えにくくなって来たこの頃、私達は劇場のことをより肉体に引き寄せて考えていかなくてはいけない。

【初出】「プレイガイドジャーナル」1976年3月号／プレイガイドジャーナル社

剁肉業

身の程も知らず、またもや神の領域を犯そうと、役者共が赤く腫れあがった歯茎も露わに、何やら訳の分からぬことをほざき始めた。未知であるということ、そのことが人にとって充分すぎるほどのフィクションであればかたっぱしから未知を喰いその限りない味覚を胃袋に詰め込んでゆくと、垣間見るフィクションの闇は悉く白んでゆくのかというとそうではなくて、今度は、当然のごとく胃袋が乳離れ現象を起こし、フィクションの闇をますます暗く広げてしまう羽目となった。

そして、かの狡猾な役者共は、乳離れの胃袋に歩調を合わせ、知っているものでも、知らぬ知らぬと、まるで記憶喪失の赤子みたいな真似をして瞳孔いっぱいに開け、己の異様さは棚に上げ、「この世は、異様だ異様だ」とほざいている。

まあ、この賑やかな口泡の色具合をいちいち点検していたら、参ってしまうだろうから、私は奴らのその乳離れした胃袋とやらを、こっそり盗み出し、うまく料理して、私の精肉店のウィンドウに並べてみようと思う。

実際、脳ミソの中に巣喰う私家製の狂気とやらは、私の手におえないが、魚の目みたいに、ぶらさがっている胃袋なら、私の鋏でちょん切ってみることはできる筈である。どうです、あなたも切ってみますか。

【初出】『されどわがテンノウリ』制作ニュース　1977年／日本維新派

皺くちゃ

西部講堂で久し振りに公演したら、小松っちゃんが早速見に来てくれたらしく「久し振りに、ええもん見してもろた。明日もまた、ええもん持って来る」と伝言があり、次の日、小松っちゃんは一升瓶を二本も抱え顔じゅう皺くちゃにして楽屋に入って来た。「松ちゃんは芝居がほんまに好きやねんなあ！」と小松ちゃんは、ほんまに嬉しそうな嗄れ声で、私の芝居馬鹿を喜んでくれる。「そんな風に体ごと皺くちゃにして喜んでくれる小松っちゃんのほうが、ほんまに芝居が好きやねんで」私は心の中でつぶやき、早速一升瓶の栓を抜いた。私たちの久し振りの西部講堂での公演『あらし』でのことだ。

小松辰男とは十年来の付き合いであるが、考えてみると、いつも久し振りの間柄だった。一九六〇年代の終わりの頃、まだ、アングラという呼称も定着していなかった大阪で、〈どアングラ〉であった私の耳に、京都にもかなり〈ケッタイナ奴〉がいてあれこれと頑張ってる「コマツタツオ」、というフルネームで伝わっていた。

「コマツタツオ」が、小松ちゃんと親しみを込めて呼べるようになったのは京大グラウンドでの蜷川君たちの「芸術劇場」の公演の時以来だ。あの時は、私たちは鳶職スタイルで「芸術劇場」の高さ二十メートルもある劇場作りを手伝い、小松ちゃんは一升瓶を抱えて、照明を担当していた。

「好きな役者には、思いきり光り当てたんねん」と冷たい風のまともに当たるビティの上で、小松ちゃんは嬉しそうに顔じゅう皺くちゃにしていた。ビティの上の小松っちゃんは有能な照明家であると同時に、熱烈なファンでもあった。

表現者であり、ファンであり、企画もやり、忠告もしてくれ、〈西部講堂〉がそうであるように、ある時は演劇であり、美術であり、踊りであり、音楽であり、政治であり、酒であるように、小松ちゃんは、私たちの時代のまさしく「表現者」であった。

今、それぞれが冷静を装い自らの殻に籠る時代にあって、あらゆる表現、人間の生き様に対し、顔じゅう皺くちゃにして接していた小松ちゃんがいないのが寂しい。

【初出】「夢は荒野を」小松辰男追悼集　1987年／小松辰男追悼集編纂委員会

『足の裏から冥王まで』

―復習のための誓約的劇倫理の発明―

一、〈劇を行うとは肉体の秘密をあばくことであるからして〉

昭和五十三（1978）年八月、和歌山県伊都郡の山中・三尾川の沢。夏期合宿参加生十名にて風教講座を行う。命題「沢を登ること、そして、沢を下ること」風教講座は、押し並べて〝体〟という観念に関わるのではなく、誰それの体という具合に特殊な一例としての体をテーマとして、深く個の体の迷宮に分け入り、劇界への道標を打ち立てるべく行われる訓練である。この三尾川の沢での講座は、行者（行為する者）一名、観者（それを観察する者）九名というかたちで行われた。

行者・池内琢磨の場合

この男の体はぶっきらぼうに腰が意志しておる、常に、前へつんのめった形で腰骨があり、この腰骨が天国と地獄の間を想いあぐねて位置しており、それが諸々の事象との媾いに決定的な権力をふるっている。

例えば、その日の三尾川の沢は、雷を抱え込んだ暗闇に夏の陽差しを遮られ、時折ぱらつく雨は不気味に、川のせせらぎが妙に弱々しく、夏の一時（刻）というよりむしろ、独立したあるひとつの季節を想わせる午后であった。

行者・池内琢磨は、その沢の岩伝いに気の遠くならんばかりのゆるやかな動きで、ゆっくりと〱、時折、あらぬ方に視線を投げやりながら沢を登ってゆく。あらぬ方に視線を投げやるとは、凝視すべき大層な事なぞ不在しておるという考え以上に、物を見ることが単に目を通してのみ行われるのではないということを会得しきった体の一種、かけらのような身振りである。そして、眼はすでに物を見るということ以上に更に悪辣な本能を活躍させておる。

―眼を開いたままで、物を見ず、一分の隙間を探し当てること。あるいは、眼を開いたままで、物を見ず、黙想のうちより発言を試みること。すなわち、異形より異形へと僅かに、秘かに進化した眼の本能の誘いのままに身を委ねること―。

この男の歩様はというと、氷上を歩行する鶴の如く、全身に鋭角的な慎重さをめぐらせ、よく見てみると、指の光、爪の先、踵、耳たぶ、突き出した時の肩の骨、折り曲げた時に尖る肘、膝、頭の天辺、こういった体のはしのはしが青空の如く緊張の透明さをみせびらかしておる。

果たして、我々に歩行するということの典型はあるのか。兵隊たちの集団による歩行訓練、モダンダンスに於るステップを基調とした歩行の基礎、能におけるすり足の稽古、競歩のトレーニング、これらの訓錬は全て特殊であり非常事態のために練磨された典型である。これらの特殊な事態のために用意された歩行の形は、我々の個的な体とのみ発想を共にする考えとは程遠い代物である。自身の体を天国へでも地獄へも導くことの自由な遊びを唯一の個的肉体史として抱えている我々には一様な体型、一様な歩行幻想など興味のないところであって、まさに、自身の体を何処へ導こうとしたか、その恍惚の一瞬にのみ夢をはせるのである。

池内琢磨の場合には、彼自身の虚界、彼が明らかに選択した体という虚界の掟のなかで、すでに体得された苦痛なのである。この男の極点歩行はそれ自身が無上の快楽なのである。およそ沢を歩く、あるいは岩伝いに歩く人の格好は、その足の裏に、手の平に魚類の吸盤を想わせることがあるが、この男の場合は全く違っている。四六時中、竹馬にのみのって遊び呆けることとの出来る案山子のような体である。

—眼の前に二個の苦痛が転がっていたら、よく見比べて、より痛そうなほうを持って帰ること。そして、こいつを体験するマゾヒストとしての体と、テロリストとしての精神を同時に体得してゆくこと—。

序動

そして、この極点歩行の動きは、ごく短い、始動のための序動をある反りの形で伴なって行われる。弓を射る時のあのタメに似て。この序動と始動と余動のかなり規則的なリズムは、ある完璧な慎重さとして小気味よく我々に伝わって来る。序動、始動、余動、行為の結実として見えて来るものは余動のせいであるが、結果そのものに興味薄い我々の講座に於ては、この規則的に繰り返されるリズムが増幅してゆく時間こそ奇妙に楽しく興味深いのである。しかし、規則的ではあるが、序動という余計者を抱えた動きであるから、すんなりという具合にはいかず、リズミカルななかにもどこかぎくしゃくしているところがあり、それ故に増幅される時に深みが出来るのかも知れない。前へ体を移すために少し頭を後ろに反らすこと、手を上げるために一旦心もち手を沈めること、口を開けるために更に一度固く口を閉じること、眼を開けるために一旦眼を強く閉じること、これらは全て〝呼吸〟である。体のあちこちが各々に行う呼吸なのだ。ところで、呼すること、吸することは永遠の夫婦《つがい》関係であるからしてどちらか一方のマスターベーションは成り立たない訳で、番を離してその主従を問うことはナンセンスになって来る、だから、この男のように、着実に行われる体のあちこちの序動は、見事に寄り添った夫であり、あるいは妻なのである。

—大きなブランコになること—。

不可視な瞬間

あらぬ方に視線を投げながらの歩行、この風景を眺めるということには至って淡白である風情は澱みなく透明である。この透明さは、この男の体がその腰骨の頑固に突き出た型に起因して、物を見るということがすぐさまその後の行為に連動する器用さをそなえていない印象によるのだろう。しかし、明らかに次から次へと自身の歩行を軌跡させている現実は、だから、分断された体型の瞬間瞬間を接続したつなぎ合わせの連動なのである。まさしく一本の映画のフィルムを見るのと同じ具合なのだが、もっと細かく億分の一を想わすほど眺むるに貴重な瞬間が秘蔵されているように視えて来る。だから、この不可視な一コマは例えればその沢に生えている樹木と見まごうばかりの男の体を、まことあれは樹であると語らせてくれるのだ。これは肝心なことである。自身の軌跡の一コマを切り取って、どうぞ好き勝手に料理して下さいと提供する、いさぎよい体が劇を行うための肝心要なのだから。

—自身の軌跡の一コマ一コマとして雑踏の中を歩行する百人を観察すること。そして百コマのフィルムを自身の体に置き換えること—。

劇を行うとは、肉体の秘密をあばくことであるからして右のこと一切、闇夜に放り出すこと。

【初出】「演劇批評」vol.2　1978年秋季号・11月号／大阪演劇情報センター

22
23
NP-400•155
24
25
FUJI FILM
26
SAFETY
29
30 FUJI FILM
31
32
NP-400
34
FUJI FILM
35
36
SAFETY
37
38
40
NP-400•155
41
42
FUJI FILM
1
3
4
FUJI FILM
5
6
NP-400•155
7

［写真］太田順一………旧国鉄大阪駅コンテナヤード／
『月光のシャドウボール』（1983年）の仕込み風景

［写真］太田順一………『月光のシャドウボール』（1983年）での松本雄吉（中央）

〈存在〉というコトバに一番近い風景
松本雄吉×林幸治郎

林 幸治郎 はやし・こうじろう

1956年福岡市に生まれる。「ちんどん通信社」、「(有)東西屋」代表。維新派『路地坂の祭り』(1986年・生國魂神社)にてチンドン・音楽・演奏を担当する。富山「全日本チンドンコンクール」最多優勝や、過去二十数回に及ぶ海外公演、「全国ちんどん博覧会」の企画・運営など、従来のチンドン屋の枠にとらわれない幅広い活動は広く注目されている。NHKで林の自伝をドラマ化した『青空にちんどん』(1994年)や、ドキュメント特番(2017年)も放送。松本とは同じ空堀商店街の住人として親交が深い。

『路地坂の祭り』の頃──出逢い

林 人手が足らんことがあって、着ぐるみに入ってくれる人を探してて、松本さんのところに言うたら誰かおるやろと、維新派の役者さんを借りたんですね。松本さんってすごい忙しい人やし、ほうぼうからいろんな頼まれごとの多い人やから、お礼をしておかないといかんやろと、大阪天王寺区の六万体町にある維新派の事務所にお酒を持って行ったのが私と松本さんと初めての出逢いです。事務所は、だいたい白波の空びんがころがってるし、そこに焼酎飲んでる松本さんの姿があったのです。それから、松本さんが僕らに興味を持ちはったのか、うちにもたびたびお越しになって焼酎を飲んだりして、なんか手伝うてくれへんかというような話になって。

松本 『路地坂の祭り』[★注1]っていうやつでね。

林 梅田のコンテナヤードでやってるビデオをみたんやけど、当時の維新派の芝居というのは、とんでもないどろどろした内容で、巨大なオブジェがあるのは今でもいっしょやけれど、今みたいにモノトーンではなくて極彩色の感じがあった。舞台の上でね、小便をするシーンがあったり、一升瓶を飲んでそれを全部吐いてしまうとかいうシーンがあって。

松本 よう見てんなあ。

林 そういう部分的なところでの印象で、こんな得体の知れん芝居なんかよう手伝わんなーって思った。そしたら松本さんはそれまでの芝居とぜんぜん毛色の違うのを考えてはった。オブジェとしての〈音〉は出せるだろうと、素材としての音ならね。それと役者の人らとのぶつかりあいぐらいはできるかも知れんな、ふだん耳にしたことがあるようなないような、そういうぐらいの音は出せるかなというとこでね。

松本 今から考えたらね、悪いことしたなーと思うんやけど、チンドン屋は歩きながら演奏するのが当たり前なんですね。そのへんの認識が欠けとって、舞台の袖にオーケストラピットを作って、本来歩くべき人を閉じ込めてしまったというね。ま、でも、生國魂神社の境内でやったときはね、閉じ込められたオケピットやけれども、みんなに麦わら帽子なんかをかぶってもうてね、けっこうラフな感じでやってもろたんで、それはそれでよかったかなと思う。

林　そのころは、「障子劇場」★注2というシリーズの芝居でね、どんな芝居するかわからないし、シナリオも出てけえへん。台本がやっとできたというたら、わけのわからん言葉の羅列やったりね、イメージがわいてこない（笑）。それをね、だんだんと空間化していく作業のなかでね、松本さんも何を創ろうかと考えてはったんやと思うけれど、始まってもね、どんどん劇場ができていくわ、中身はできていかないわ、ここでなにがあるべきかというのをね、探ってはったわけですわ。それこそ生命の誕生。おおげさに言うたら、地球のはじまったころのようなスリルがあった。

松本　あのころはきっちり書いてやってなかったからね。

林　今もそうかも知れんけど、台本が全部カタカナやねん。読みにくうてね（笑）。わざとカタカナでシナリオ書いてあったから、いったいどんな情景なんやろかと、わからんかった。

松本　できるだけ会話を使わずにカタコトでセリフをやっていって、それと音楽とが一体となって、情景をつくっていこうと。ちょうど今やってるやつのはしりの時期でしてね。それとね、どっちかいえば無機質な感じでやりたいねんけれども、なんかどこか懐かしさみたいなものがほしいと。だからチンドン屋と最初に出会ったときにジンタ★注3やりたいってひらめいた。最初から「天然の美」だけは絶対やってほしいってね。

林　それと維新派がずっと使ってはった「ペルシャの市場」とね。ちょっとだけ生の部分をね、肌合いをそこで出そうかなと。

松本　はじめて来てくれた時、自己紹介するかわりにね、焼酎の一升瓶と『ぼくたちのちんどん屋日記』という本をいただいて、すごく面白かってね。僕らは一種のカルチャーの中で革命しようとしたタイプじゃないですか。劇場を捨てて、反劇場・野外でやるというようなね。でもチンドン屋なんかそんなことぜんぜん構わずに、ただ単に青空好きや、音楽好きや、っていうふうなところでもっと違う入り方で、ある種、辺境に入っていってるわけですよ。僕らもカルチャーの中やけれども、ある種の演劇的辺境の中で自分らを育ててきたみたいなところがありましてね、こいつとなら一緒にやれるなという直感みたいなんがそのとき働いた。チンドン屋からしてみたら、なんで自分が誘われたんやとわからんやろけれどもね。

林　『路地坂の祭り』というタイトルをあとで聞いて、ああ、そういうことやったのかと安心したんです。

松本　片一方に大阪には天神祭という大きな祭りがあるから、長屋のなかのじめじめっとしたところに小さな祭りがあってもいいんやないか。記憶としての祭りというか、そういうことをテーマでやってみたいな、そのときに彼の生き方、それとチンドン屋のかもし出すジンタの響きがぴったりと合うかなと思ったんですね。

ないものねだり、から始まる

松本　僕らの場合、毎回毎回新しいことやるんでね、いまでも内橋和久というかなり優秀な作曲家がやってくれてますけどね、毎回ないものねだりしてるんですよね。林がやってくれたときもないものねだりしたんだと思う。

林　その、ないものねだりがいいですわ。芝居の方もないものを創るんやから。

松本　最初、台本が書けないんですよ。書きようがないというか、文学的に書き出したらそれは文学ものになってしまうし。なかなかね、リードするまでのコトバにもっていくのにすごく時間がかかる、いまだにそうなんですけどね。丸太使って、障子を立てて、一緒に酒飲んで、リハーサルしてというなかでなんとか生まれてきて、こうじゃないああじゃないと捨てる作業ばっかりでね。

［写真］牧田清………松本雄吉（左）、林幸治郎（右）／2000年・大阪市天王寺区にあったバー・フィネガンズウェイクにて

林　みんな一所懸命、丸太組んで作ってるでしょ、それを見ながら白波の焼酎とお湯があって、「おい、林もこっち来て一緒に飲め」と言って、ただ飲んでるだけなんですわ。初日が近づいてきてるのに、何を考えてるんやと思いながら飲んでたんですけど、とにかくずっと飲んでましたね。やっぱね、ないものが出てくるのを待ってはるんですわ。音で言うたらね、チンドン屋の仕事のときでもね、同じ曲を演ってもね、街角によってははまらないんですわ。誰も見てなくたって、やってる本人が、こら合わんな、ここの土地やったらどんな音を出したらはまるんやろうなと考える。なかなか探られへんときもあるし、すぐわかるときもある。お芝居からみても、ましてや虚構の空間を創るときにはもっと考えなあかんでしょうけど、考えても考えても出てこないかも知れないし。

松本　その感覚すごいよね。さすがに歩く演奏家やな。

林　そら、何人かを連れて歩くわけですから、はまらんかったら歩くのに気持ち悪いんですわ。自分で飽きてんのか、自分でもわからんですわ。

松本　うちもね、『南風』をやったときにもね、中上健次の『奇蹟』という原作を脚色してやったんやけども、台本もばっちし仕上げて、南港に舞台創ったのよ。いざリハーサルで役者をずらーっと並べたらね、まったくアチャーって感じでね。空気に馴染めへんねん。ほんとやめたくなった。やっぱり、外でやるというのは空気感というか、ものすごい強烈でね、ほんと逃げ出したくなった。本番まで二、三日しかないのに、ものすごく改造してね。それにね、雨もね、嫌やけどね、半分歓迎するところがあるんですよ。林なんかもそんなとこあるんとちゃう？

林　あったらあったでね。そら、降らんほうが楽やけども、降ったら降ったで、どうしようかと考える。

松本　楽器は平気なん？

林　多少濡れたらあかんやつはビニールかぶせたりしてますよ。前にね、山口県に行ってね、新幹線代をもらって行って、ホタル祭り。けれども雨が降ってだーれも見てないし、ホタルもなにもおれへん。金を使ってなんにもせんでは、担当の人も顔がたたんから、なんでもいいからやってくれと言われた。ものすごい暴風雨で、全員ビニールかぶって、誰ひとり窓から顔も出さない。けどね、おもしろかったんです。

松本　それ見たかったな。

林　松本さんは、雨なら雨でいいという。今回の『流星』であればね、空も背景であるし、廃墟の空気やから雨が降ってもええんですわ。観る側からしたら、自分も濡れるんやけども。松本さんもかえってうきうきしてるんと違います？（笑）

松本　ビジュアル的にはね、雨というのはね、大気とか目に見えへんものが目に見えてくる状態になるから、空間というのがすごく面白くなるねん。ライトなんかもすごくきれい。それにしても、ある地点に止まって演奏するんやったら、雨なら雨で上に傘を張ろうかとかね。チンドン屋はそんなことぜったい無理やから。動く集団やからね。

大衆芸能に惹かれる人たち

林　毎年五月のイベントで、熱海の温泉街で一人で踊ったりしてたんですよ。糸川の橋の上でカセットの音を流しながら芝居の登場人物になりきって、一人芝居的な踊りをえんえんと四〇分ぐらいやるんですよ。そんな時に一番応援してくれるのが、街ん中で一番、大きな顔をできないというか、昼間に街を歩けないようなポン引きのオバチャンがおるんですわ。その人が僕にね、千円札のレイを毎回いっぱいかけてくれるわけ。ホストクラブに連れていってもらったり、寿司食わせてもらったり、その上「あんた、女好きやったらソープランド予約しとくから、行ってきなさいよ」とまで言われた。こんなうまい話があるわけない、しまいに僕はこのオバチャンとせなあかんのちゃうかと覚悟してたくらいで（笑）。あとで他の人に聞いたら、そのオバチャンはそんなにお金を持ってなくて、毎年、正月が過ぎるころから僕にくれるお金の貯金をはじめてたらしいんですよ。そのオバチャンに話を聞いたらね、僕の踊りを見て、過去の記憶がよみがえってきたんやて。過去の男性のいろんなことを思い出したんやと。

松本　大衆芸能に入れ揚げる人とかね、投げ銭を多くする人はね、けっこう苦労した人が多いんよ。ギリヤーク尼ヶ崎[★注4]なんか見とったらわかるけれどね、一万円とかをね入れる人が多いん。それほどリッチでない人が多いんやね。なんかね自分の人生に照らし合わせて、自分でドラマ、物語をつくってしまうんやね。

林　ですからね、そういう人の期待に応えんとあかんなと思うようになったんですわ。

松本　なるほどな。

林　で、むかし見てた松本さんの芝居なんかは、最前列に一升瓶を抱えた人らが座っててね。芝居の途中から半分寝た状態、始まる前から飲んでますもん。でもねこの人ら、夢を託してるんですわ。松本さんがなんか一発やってくれるんだとね。前衛的な芝居で大衆的なものじゃないと思ってたのが、これはひとつの大衆芸能やなと思いましたね。いまはそんなお客さんは来てませんけどね。

松本　いや、まだ来てるけどね（笑）。

そこにおる、ということ

林　『路地坂の祭り』のときもね、松本さんが役者としてここぞというときに出てきて、凧あげ風景みたいな場面、ほかはみんな少年ですが、松本さんただひとり、オジイチャンで出てくる。けっして表を向かない、客席をほとんど見ない。後ろ姿で素っ裸で、松本さんはケツみせながらひたすら凧をあげてるんです。そのとき、その焼酎を飲んでるお客さん連中がぱっと起きてね、「いよっ、マツモトー！」あっちこっちでマツモトコール（笑）。

松本　もともと僕は役者とは関係ないところから始めてきた。役者さんは長いセリフをもらって怒ったり泣いたりということを舞台の上でやれたら楽しいというのがあるらしいけど、僕はそんなことに興味ないし恥ずかしくてようせんから、ま、裸になるのはそんなに恥ずかしくないけれど（笑）。裸になって立ってるだけというのは逆にいえば野外でやるってことの発想に近い。

林　熱海の橋の上で仲間と長谷川伸[注5]の『瞼の母』を浪曲の語り入り芝居でやったんですけど、あんなとこで芝居なんかできないんですよ。酔っぱらいが通るとチャチャ入れるわ、セリフ言ってるときに「一緒に写真撮ってーや」（笑）。仲間は「いま芝居やってる最中だからやめてください」って怒るんだけれども、僕はそのときにはすでに「そんなんありでもええやんか」という神経になっとったんです。

松本　野外派やな。

林　特殊な状況なんですね、やっぱ。自分のメッセージを伝えたり、長セリフを言って自分のパーソナリティを出す快感、それはそういう世界もあるけれども、あくまでもひとつの特殊な世界であって、もっと演劇空間というのは無限にあって、そのひとつが松本さんやないかと思う。

松本　だから林と僕との接点を大きく括ったら風景とか芸術を超えたものがあると思うんやけどね。とにかくそこにおるんやと。どんな格好をしておるんやというたら、林はチンドンの格好してるし俺はスッポンポンで立ってると。それだけの現実がまずあって、それ以前に文学があるとか詩があるとか政治があるとか社会があるとかじゃなくて、ただそれだけの男が立ってると。その前後にはなにもないんだという。庶民的な認識というんかな、国定忠治やってて横からオバチャンが「サインして」というてくる、そんなんもあってもええんやね。

林　僕はハダカにはならんけれども、結局それはハダカになることなんですわ。松本さんみたいにケツ出すことはようせんけど（笑）。

松本　チンドン屋の写真が好きなんやけれども、チンドン屋の写真って写真にならないですよね。すごく空きが多すぎる。商店街で撮ってるんやけどもね、人物以外のところがスカスカなんやね。このスカスカ感がすごくいいねん。カメラマンとしてはもっとキメて撮りたいと思うよ、そうでないと写真にならない。でもね、おそらくそれがね、ひょっとしたら〈存在〉というコトバに一番近い風景ちゃうかなって思うね。

林　オレを見てくれ、とやってたらこんな空しいものはない。自分で劇場を借りてリサイタルやってたらいいんやから。それよりも「場」を作ろうと。空間がちょっと変化する、四ツ辻であったり自動販売機の横であったり動いてたら動いてたで、僕らがすーっと歩くことでまわりがふわーっと変わる、その楽しさを見てる人が味わうかどうかってことなんですね。

松本　だからほんと動く劇場なんやね。無駄なね、絵にならない雲であるとか、ほとんど店を閉めてる商店街とか、逆にね、それでなかったら絵にならないという、すごい世界やってると思うよな。僕らも野外でやってるけれども、だんだん劇場化してあんまり野外性ないですよね、うちの場合はね。林がやっている世界というのは見るものの認識によってはすごい劇場やから、そこまで見る眼力があるかっていうことを客が試されてるってところがあるね。チンドン屋を見たことがある人とない人ではおそらく風景の切り取り方が変わると思う。あらかじめ用意されて幕があいて、芝居やって幕がおりたら終わりだという劇場なんてものは、誰でも簡単にできると思うね。

（構成・文＝ぶうち古谷）

★注1……1986年、障子劇場として公演。

★注2……丸太と障子で作られた巨大劇場。

★注3……サーカスや無声映画の伴奏音楽。『天然の美』が有名。

★注4……1930年8月19日生まれ。北海道函館出身の大道芸人、舞踏家。海外（フランス、アメリカ、中国など）での公演も実施し、「最後の大道芸人」と賞賛されている。2016年にパーキンソン病、脊柱管狭窄症の疾患が判明。病を押して、現在も公演を続けている。松本雄吉とはカラビンカ等で、何席か酒の席を共にしている。

★注5……日本の劇作家・小説家。『瞼の母』、『関の弥太っぺ』など「股旅物」というジャンルの創設者。弟子のひとりとして池波正太郎がいる。

【初出】「胡散無産」vol.11　2001年／胡散無産社

海水浴

「チョージ、チョージ…」

約束どおりアカマツが起こしてくれた。真っ白の開襟シャツにピカピカの三角水筒を斜めに掛けている。

事務所に降りるとみんなが来ていた。ユタンポ、ワッペン、ジンマシン、カゲロウ君、イガラシ君。エレコ、ゲッセカイ、イシノさん。みんな早起きやなまだこんなに暗いのに。スズエはワニのウキブクロを膨らましている。端っこでモミさんとユキナさんが水着の繕いをしている。オオバヤシは腕まくりしてニギリメシに梅干しを埋めている。口の中が酸っぱくなった。マイさんはオカカの役。アサキッさんは胡瓜のキューーチャン。ジンタンは海苔。マイさんのが当たったらエエナ。

裏の工場はまだみんな働いていた。徹夜かぁ。オオタさん鼻の頭、油で黒うなってる。潜るときナ、石抱えて潜ったらエエネンこれくらい大きさのんナ。スパナ持った手でオオタさんが云った。石の重みでナ、ブクブクってえぇとこ迄潜ったら石離したらエエ、オオタさんは行けへんのんかトモガシマ、これかたづけてしまわんとナ、ショムナイな、チョージはクロールできるんか！奥でプレスしてるショーダさんが叫んだ、ショーダさんも行けへんのかぁ？　ワタシら来週、北極に泳ぎに行くからよって。ハッハッハッ！

テンノウリから天和線に乗り、虹市でバスに乗り換えた。勢いのいい入道雲がバスの窓から侵入してくる。アブラゼミが運転手の帽子でギャンギャン唸っている。僕らは出鱈目なユウラシアサイケソングを唄う。バスはスクラップバベルの細い峠を越え、鉄骨の森へ入り、ハリガネ林の暗い廊下を抜けると船着場に着いた。

船着場の揺れる桟橋にホーネンさんとオシカワさんが座っていた。二人とも焼酎を喇叭飲みしている。ホーネンさんはもうとっくに百歳は越えているのに元気に焼酎灼けした顔で鳥が啼くみたいに甲高い声でキャンキャン嗤う。ハハ、待っとったんやで、キャンハハキャンハハ。ホーネンさんは意味もなく嗤う癖がある。オシカワさんは花柄の曼陀羅アロハに赤いステテコ、年代物の麦藁をかぶっている。僕もアカマツもオシカワさんが苦手だ。

もう出来上がってるなオシカワさん、なんで海水浴行くのに日本刀持ってきとるんや、ニホントー？　左手にもっとんのあれきっと刀やで、怖いおっさんやな、早よ船に乗ろ。

乗客は僕らのグループだけだった。アカマツと僕とホーネンさんは甲板のプラスチックのベンチに腰掛けた。

アカマツはまだよう泳がんのんかぁキャハキャハ、ホーネンさんがオセエテやるよ、ニンゲンはドダイがオトト、キャハキャハ、チカラ抜いてドザエモンみたいになギャハハハ、ドザエモンよぅドザエモンキャンキャン、ドザエモンて何や？　死体のことや、シタイ？

トモガシマは戦争中要塞やったとこで煉瓦の崩れた砲台跡や森の中には弾薬庫が残っている。僕らは島の船着場から砲台跡を通って森に入り地下街みたいな弾薬庫の暗い通りを抜け東の入江に出た。「オーィ！・」太陽の中から誰かが手を振っている。イケヤンの声やアカマツが走って行った。数人の人影が海のなかにヤグラを建てている。イケヤンとオカ君、ケンさん、それに多分ハシバ君、キンジョウさん、皆昨日から来てたんや。

チョージ上がってこい！　ヤグラのテッペンからオカ君の声がした。跳び込み台やぞぉ！　高いなァ！　アメリカまで見えるでぇ！　僕跳び込み出来んよってぇ！

砂浜でフルカワ君が顔を真っ赤にしてビニールの象を膨らましている。デカイ象やな、ウンフゥーッ！　海に浮かべたらみんなで乗れるな、ウンフゥーッ！　フルカワ君の顔が象のお尻に埋まっていった。フルカワ君大丈夫か、ウンフゥーーッ！

ホーネンさんは入歯をマイさんに預けるとアカマツを連れて海に入った。ドザエモンドザエモン呪文みたいに繰り返しアカマツを仰向けに波に浮かべスウーッと沖の方に押し出した。「ア、浮いた！」アカマツは気持ち良さそうに流れた。ギャハハハハ！　ホーネンさんはバタフライで沖へ向かった。それから僕とアカマツは仰向けのシタイになって泳いだ。青い空に白い雲が猛烈な速さで流れている。

悪い予感が当たりオオバヤシの梅干しが歯にあたった。そっと砂の中に埋めた。オシカワさんはメシツブの付いた口で相変わらず焼酎を飲んでいる。みんなは海に向かい一列に並んでニギリメシを食べている。ホーネンさんだけが沖の方で泳いでいる。

フルカワ君の象が完成した。五メートルぐらいはある。フルカワ君は空気を抜かれたタイヤみたいにグッタリ目で砂浜に転がっている。ゲッセカイとカゲロウ君イガラシ君イケヤンの四人が象を海に運び海面に象を立たせようとするが象はだらしなく転びその度に縫い目のある腹を見せた。四人が工夫して何回やっても転んでしまう。「コオーケタァーコオーケタァー、ウミデェーゾウガァーコオーケタァーヨゥ」オシカワさんが踊りだした。焼酎を飲まされたジンタンが手拍子を打つ。シンクロナイズの練習をしていたオオバヤシとモミさんの太い足が二本水面に飛び出た。エレコとアカマツが立ち上がって拍手した。

夕方になってようやく象が立った。カゲロウ君が象の背中に乗っている。浜辺では焚火が始まった。マイさんが飴湯を入れてくれた。工場のオオタさんらも来たらよかったのに…。


夕日で真っ赤に染まった沖合から舟がやって来た。舳先の人影が手を振っている。ナンダ君や！舟を漕いでいるのはユミさんだ。何処行ってたんよー、タッカンを迎えになぁー。よく見ると後ろの方にトクナガ君に抱えられたタッカンがいる。タッカンは九十九歳まで生きた。生きている時は髪の毛があったのにいまはツンツルテンの禿頭になっている。タッカンもええ歳こいてイチビリやなぁー、「ホーイ、ホーイ」タッカンはカラスウリの提灯を禿頭の上で振り笑っている。


真っ暗になった浜辺で焚火がゴウゴウと燃えている。オカ君が跳び込み台のテッペンで三回連続して火を吹いた。「花ぁ火ぃのぉ宙返りぃー！」イガラシ君が叫び、赤青黄色の火花を撒き散らし二回転して海に跳び込んだ。

「コーシキエイホォー」ホーネンさんが横向きに腰を動かしてイルカみたいに泳ぐ。イケヤンとエレコとスズエがそれを真似して随《つ》いていく。「コーシキエイホォー」マイさんもユキナさんもイシノさんも随いていく。「コーシキエイホォー」ゲッセカイもジンタンもアサキッさんも随いていく。オオバヤシとモミさんの尻が浮かんでいる。オシカワさんは何か喚きながら日本刀で波を切っている。象の背中でカゲロウ君が潮を噴いている。全身白ヌリのキンジョウ君が傘をパラシュートにして跳び込んだ。

みんな思い切りイチビリや、イチビリだらけや、アカマツ、ユミさんの舟迎えに行こ！

僕らは夜の海に入った。足が夜光虫でキラッと光った。


【初出】「蒸気新聞」1990年8月／スチームプレス社／維新派

99年頃の演出ノートより（111頁まで）

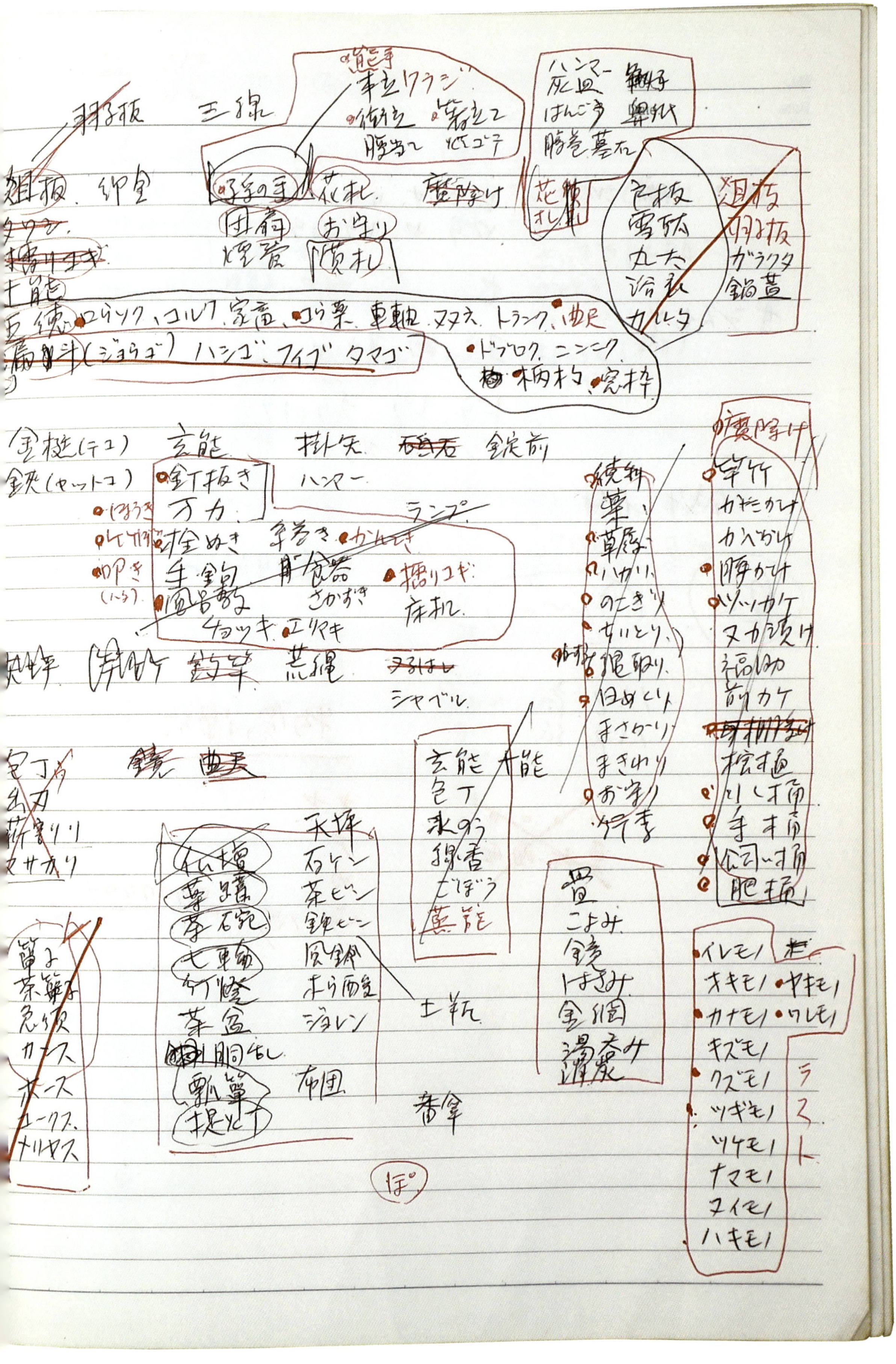

No.
Date.

吊棚
~~本棚~~
戸棚
本棚
神棚
ハコ

仏壇

椅子
障子
格子

砥石　水差し　状差し
煮干し　火箱
カツブシ
軽石
かんざし
茶こし
ソルバン
碁石

開き戸
引き戸

ケンダマ
襖
茶釜
竹筒　荷車

衝立　屏風　畳，ゴザ
花ゴザ

すだれ　木レ　鏡台　腰掛　床机
よしず　鏡台

木箱
重箱
筆箱
本箱
針箱
金ナ
草
下駄
折箱

金テコ
ヤットコ
針箱
ステテコ
ネコ
モッコ
スコ
ヒヨコ

米櫃
唐
長
飯
長持

火鉢
脚立
長靴

行李

水屋

状差し

仏

湯たんぽ

膳
酒
たん
墨

茶盆

お膳（マル）
シャベル　サンダル
酒樽　~~肥桶~~　金盥

~~水桶~~
~~手桶~~
~~金桶~~

提灯

竹籠
目
手
背籠
鳥

針刺

行李

胴巻し　氷のう　ガマ口

茶碗
丼
湯呑
飯

おり鉢
火鉢
ガマロ
カナヅチ
トンカチ

薬罐　~~茶瓶~~
鉄
土
茶釜
手鍋
土鍋

急須
鏡子（カンス）
~~柄杓~~
杓文字（シャモジ）

火のし
焼ゴテ

~~行火~~
小売火炉　炬燵

~~七輪~~
~~カンテキ~~
へっつい

~~提灯~~
ロウソク

帚
竹箒
手草

半纏
(ハン)

~~塵取り~~
~~ねずみ~~
~~槙~~

火鉢台
へっつい
たらい
盆栽
ちゃぶ台
座布
せんたくい
すじかい
雨樋

⑪

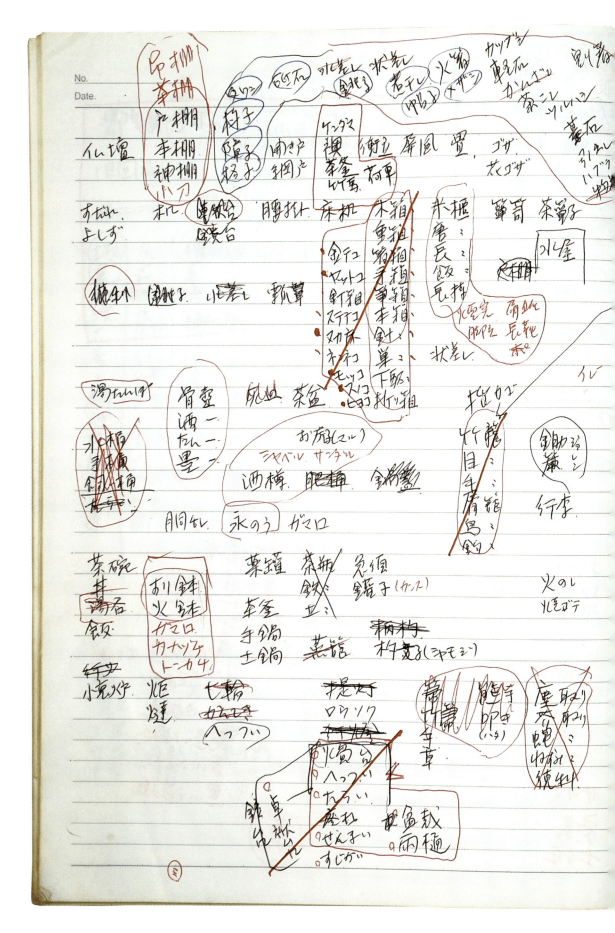

梳《ソ》棉《メン》機

緯入（ピッキング）
杼をステッキで打って飛走させ、杼の中の緯糸を経糸の間に残していく
ステッキは専用のタペットで動かす

緯打（ビーティング）

杼替　杼箱 ── Shuttle change

杼停止 ── Shuttle 停止 → 運転ハンドル

天井にある動力軸

梳棉(機)：混打綿工程を経たものを、繊維を開きながら、砂、枯葉、短繊維を除き、繊維を平行に揃えて篠綿《シノワタ》を造ること。

(Carding Engine)　スライバー（繊維の束）

No.

Date

◎機織(Loom)

綜絖(ソウコウ)ー ヘルド　　杼(Shuttle)

筬(オサ)ーリード

経通機(Drawing-in Frame) → (Reaching Frame)

糊付ビーム、綜絖枠、筬

経糸の前端は巻取リローラーに結へる

緯糸は杼に収めて杼箱に入れる

開口、緯入、緯打

送出、巻取

杼替　杼停止、経糸停止、緯糸停止、緯糸補充、起動制動

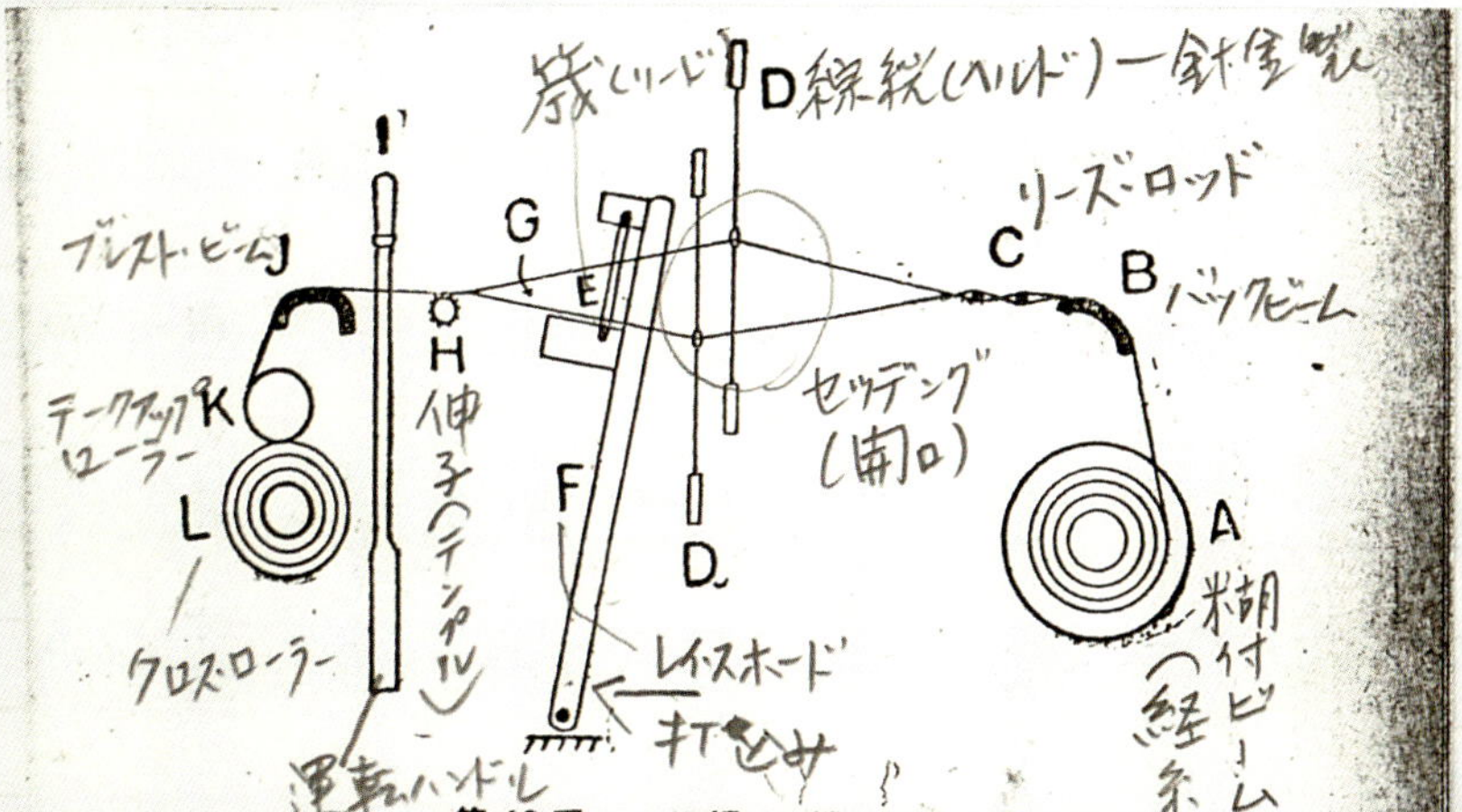

第16圖　織機の機能圖

1:::::::|...

マ ③ きんぎり ちりちり くちきり
はなおり さなり ふたなり
へびゆり やえなり

げんげら

No.
Date ①

㊅ な

りきばな
つまおばな
ばな
ひおばな
ばらけな、
れはな、
つばな、
いでつばな
えいばな
おばな
~~な~~
んまいはな
んがいばな
ろうばな
じばな
すぎな
まひこな。
らなづな
のはな
かんな
ぜんたちばな
ょうせんまめな
つりばな
つるな
なずな
なのはな
まないばな
にばな
こじばな
ずばはな
らなずな
こな

⑤ ら

いばら
うばら
むばら
うけら
ぼうぶら
くさびら
たまかづら
つづら
かみら
こみら
ただみら
おほみら
はこべら
じゃがたら
おほやがら
おほみら
さとにら
こなら
くらら
~~も~~ がらがら
さくら
すいかずら
いざよいばら
~~ももがしら~~
しもばしら
~~も~~
とべら
なら
のいばら
ふじざくら
~~やえざくら~~
のうぜんかづら
じゃがたら
ひめしゃら

④

あかがかち ⊙
㋐ のうち
かなめもち
からたち
かがち
まんぱち
うまのかちかち
かちかち
こちこち
げんげち
かぐつち
はなみち

こでまり
つるでまり
ひまわり
からゆり
まゆつり
ななひかり

ちょうせんさくら
あささくら

⑪ きり

しのぶもぢずり
いとうり
つちはり
かぼうり
どくぜり
ひまわり
~~つるでまり~~
~~ゆり~~、からゆり
てっぽうゆり
やまゆり
ささゆり
ひめゆり
~~かちぐり~~
きつねのかみそり
にわほこり
あおぎり
うばゆり
ひめさゆり
おとめゆり
まくり
かたくり
かのこゆり
かみかやつり
きゅうり
くるまゆり
くろゆり
~~つるでまり~~
さわぜり
せろり
なるこゆり
~~ひめゆり~~
むしかり
もぢずり
やまゆり
ゆいきり
~~さるすべり~~

⑬

けんごし
をみなへし
いんくんし
いちし
つくづくし
つくし
おみなえし
ぎしぎし
くちなし
しでこぶし
~~ねこじゃらし~~
のげし
ひなげし
やまぼうし
さんしし
あかがし
あし
いぬなし
ぎぼうし
えぞのぎしぎし
おおばぎぼうし
おとこえし
おにげし
おにのげし
さるなし
きぶし
こぶし
のげし
くちなし
しでこぶし
ほろべし(牡丹)

やまし
きつねのかんざし
やまならし
おやころし
けし
おみこし
かんざし
まぼろし
いぬがらし
花の汚物

きばな ―― 支那の
あかね ―― ムカシ
ましろ ―― ツユ
まさお ―― アレ

ム ベ ゲ ウ セ シ メ ヤ
ミ ホ リ * コ バ
キ

まくさ	あらくさ	ねなしぐさ	あおふかくさ	よし
ちくさ	にこぐさ	かたみぐさ	ゆふかげぐさ	いら
ちぐさ	にひぐさ	かがみぐさ	にひぬかくさ	ふーり
みくさ	はつくさ	さざれぐさ	いぬのたぐさ	をぎ
はくさ	かげぐさ	たまそぐさ	かぜききぐさ	がま
はぐさ	しりくさ	なにはぐさ	おとまいぐさ	かへ
	やまくさ	ひとばぐさ	かぜもちぐさ ま	たけ
	かまくさ	ひむろぐさ	~~とは~~	きみ
	ちめぐさ	とはれぐさ	ことなしぐさ	たな
	みすずくさ	ねからぐさ	めざましぐさ	つら
	かやぐさ	ねざめぐさ	しゃみせんぐさ	みら
	ちまくさ	ふみみぐさ	ぺんぺんぐさ	ひる
	かるくさ	をとこぐさ	たまのやぐさ	はす
	ふでぐさ	ねむりぐさ	たそがれぐさ	はひ
	つきくさ	おもぐさ	つくろいぐさ	こも
	あかくさ	わすれぐさ	たつのいぐさ	なぎ
	まきくさ	あきなぐさ	はなつめぐさ	らに
	にはぐさ	おきなぐさ	しろつめくさ	しい
	もちぐさ	おとよぐさ		こけ
	まねぐさ	かたみぐさ		せり
	こまくさ	しもみぐさ		ばら
		ちぎりぐさ		わた
		ちよみぐさ		
		はしみぐさ		
		まさりぐさ		
		しのぶぐさ		
		ふたよぐさ		
		ひかげぐさ		
		かすみぐさ		
		やいばぐさ		
		いはねぐさ		
		えびすぐさ		
		ははこぐさ		
		せいとぐさ		

しやかはな

はなしばな

ついばな
きゃらはな
おみこしばな
もーのはな
ほけきよはな
あめふーりばな
ぎんな
ねむりはな
かみなりはな

松本雄吉×金満里「はみだしているからこそ」

金満里 キム・マンリ

1953年生まれ。劇団態変・主宰、舞踊家、演出家。韓国古典芸能家・金紅珠の娘として生まれる。3歳でポリオに罹患、全身麻痺の重度身障者となる。70年代創設期の大阪青い芝の会に参加、活動する。1975年には関西では初めて24時間介護の自立生活を始めた。1983年身障者自身が演出し、演じる劇団として劇団態変を旗揚げ、ストーリー性と会話を重視した表現は指向せず、また「ダンス」でもなく、「舞踏」でもない、どこにもない独自の身体表現を追求する。1998年初めてのソロ作品『ウリ・オモニ』では大野一雄・大野慶人の監修で上演する。ケニアを皮切りにヨーロッパ、アジアと海外からの招聘公演も多数。

左・金満里　右・松本雄吉（写真提供＝劇団態変）

めちゃくちゃやる劇団

松本　金さんは維新派の芝居は？

金　初めて見たのは、『続・足の裏から冥王まで』（1978年）かな。それ以前から聞いていたんです。「逆さまから吊ってめちゃくちゃやりよる劇団があるで」っていうんで。うんこはするわ。

松本　それは僕だけやけどね。

金　うそ、一人だけ？

松本　うんこ食べとったんです。

小堀　「荒行の時代」と言われてましたから。

金　やっぱりうんこ好きなんですか。

松本　いや、どっちか言うたら、お芝居をしたいからといって始めたわけではないからね。芝居以外のことやったらなんでもしたるとかいうことで、うんこもするし。お酒飲んでゲロを吐くとかありましたから。だから「せりふとかは恥ずかしくて、よう言わん」みたいな時期やったね、そのころは。

小堀　いちばん初期というのはせりふ劇もやったんでしょ。

松本　いや、とっ走りは完全にパフォーマンス。梅田の歩道橋で葬式やったんです。六甲の山の中でみんなして裸で立って一日中遊ぶとか。

金　それを芝居として見せていたんですか。

松本　観客ゼロ。だから自分たちでやって自分たちで見る。

小堀　松本さんに影響を与えたというと関西の具体美術協会が有名だけど、当時は体全体を使ってアートするというか「ハプニング」と呼ばれた行為があったからね。いまでいうパフォーマンスよりもっと即興的で激しいものだったですね。

金　松本さん、何年でしたっけ？　維新派で。

松本　二十七年かな。長いですよね。

小堀　国宝やね。

金　いつぐらいから。

松本　二十四くらいからかな。大学へは行かない大学生で在籍だけして七年間いましたからね。

金　いい時代やんね。大阪教育大だそうですね。

小堀　当時は大阪学芸大と言ってましたね。どうして学芸大を選んだんですか。

松本　高校のころから絵を描いててアトリエがほしかったんです。結構広いアトリエがあって、独占できるという話だった。一人の部屋がちゃんとあって。

金　与えられるんですか。

司会・構成＝小堀純

松本　いや、もう勝手に、ここはおれのんっていって。年間で授業料五千円くらいやったから安い家賃ですよね。それも滞納してたけど。

原風景

金　ご出身は天草ですね。大阪には？

松本　小学校二年生のころから。

金　それじゃ、大阪人っていう感じですか。

松本　宮本輝原作の映画『泥の河』があるでしょ。あのあたりなんですよ。水上生活者もたくさんいましたよ。

金　私、阪大病院に入院してたから、あのドロのような川をいつも眺めて憧れてたんですよ、あの船上生活に。あんな生活したいなって。

松本　阪大病院といえば、あそこが病院をやめてから夜なんか勝手に稽古場に使っててん。しかも解剖室かなんかでね。

金　あそこ、犬の死骸とか脚とかが裏にいっぱい積んであったそうで。動物実験の残骸だったんでしょうね。

松本　ゴロゴロあったよね。

金　姉ちゃんが「あそこは動物がいっぱいおったやろ」って言うんやけど、よう覚えてへんわ。悲惨なところって覚えてへんよね、プッツて切れてて。

小堀　松本さんは天草のころの記憶っていうのは。

松本　結構ありますよ。僕らのときは学校へ行くのが馬車やからね。それで馬車賃のないぐらい貧しい家だから。馬が止まってうんこするんですよ。それをバケツで拾う役。それで日当がわりに馬車代がタダ。昭和20年代やね、すごいよ。だから食べるものは毎朝浜へ行って金槌を持ってカキを獲って、まったく自然生活なんやから。大阪へ来て水をよう飲まんかった、一ヵ月ぐらい苦しんで。雨水飲んでいた。雨水の方がおいしい。カルキの匂いで殺されると思ったからね。

金　天草の原風景というのもあるんでしょ、芝居では。

松本　家が造船所だったんですよ。工場の中に住んでいたから、家庭という感じではない。いまだにそういうことを続けているので、家がないんですよ。事務所に寝かしていただいているんです。

金　段ボールで仕切って。

松本　段ボールとちゃうちゃう、ベニヤ板！　田舎の造船所なんだけど、タンカーなんかも造っていて、ほとんど鉄でしょ。子ども心に何を造っているか、いっこもわからない。おやじがそこの従業員で、スパナとか色々置いていたので、子どものころに遊んで、わからんなりに、そういうものを使う職業につきたいと。いまやっと念願かなって。

見よう見まねで覚えた建築

金　職業というと、「シネ・ヌーヴォ」っていう映画館の内装やってはるって聞いたけど。

松本　プランだけ僕がやって、劇団の子が五〜六人で。今度のはいい場所なんで、ちょっとおもしろく造って、儲けさせたろって。

金　趣味と実益を兼ねて。理想ですやん。いつもでかいものを造って壊すだけかと思ってたら、お金儲けもして。

松本　でも芝居の場合は跡形なく潰して更地に戻すけどね、映画館は造ったら残るからなんか変な感じやね。やはりデザインの世界やから。

金　松本さんはデザインを専攻してたんですか？

松本　油絵をやっていたんだけど、いまやっていることとあまり関係ないね。

金　建築はどないして？

松本　見よう見まねで二十七年やからね、プロよ。ほかにおれへんもん。

小堀　一回劇場で実演（『ROMANCE』プレ公演、神戸アートビレッジセンター、

1996年）したね、丸太のしめ方って。人間国宝もんですよ、あれ。

金　初めは飯場に行ってとか。

松本　多少はね。だれかは鉄鋼屋に行って、だれかは土方へ行くと、みんなでそれぞれ修業に行って、おいしいところを持ち帰って。

金　でも危ないことってなかったですか。

松本　ありましたよ。実はこの間も上から一人落ちてね、クモ膜下出血に。もし重症やったら公演やめようと思ったからね。幸いにもなんともなかったの。

小堀　お祓いするもんやね。

金　お祓いやってるの？

松本　最近ずっとやっている。

金　信心深いやんか。

松本　いや、信心深くないんやけど、神さんにもイエスさんにも助けてもらって。

小堀　スケジュール表にちゃんと地鎮祭っていうのがあるもんね。

金　それは必要やね。

松本　やらなくて神さんのせいでと思われたらね。

あほさかげんが価値

金　今回の『南風』観に行きましたよ。やっぱり、あほさかげんから言うと、絶対にダントツやんね、維新派って。

松本　今回は九月の一日からほぼ三ヵ月やん。毎日火を焚いて、潮風がぶんぶん吹いて、テレビさえ見ない。ラジオも聞かない、電話もいやになってくる。本当に野外ぼけというかね。また規模もでかく造るから。今回の場合は部落の路地を造ったりしたから、そこの住民になりきるという感じやね。

金　私が態変を旗揚げしたとき、いまもやけど、あほ扱いされたけど、あほやないとそんなことできませんね。

松本　あんまり、あほあほ言っちゃいけませんよ。

金　あほというのがほめ言葉として通用するのが大阪のすごいとこやね。すごいとか超絶してるとか、そういう度肝を抜くあほさかげんに共感する大阪やからできることやね。

松本　小堀もどっかに書いていたけどね、関西にはとんでもない系譜外のものが出てくると。そういうことかな。

金　でも今回のってさ、もっと部落っていうのが出てくると思ってたけど、路地、路地っていうのしか出てこんかったから。もうちょっと出したほうがええと思って。中上健次を読んでいる人ばかりではないしさ。

松本　『奇蹟』というのが原作なんやが、その前の『千年の愉楽』っていうすごく好きなのがあって。それも部落の話で、すごくユートピア性の高い文学なんです。その影響がものすごくて。だから部落っていったって、変な事故とか奇形の子が生まれたりとかいっぱいあるんやけども、それが仏さんのように、きれいに書いてあるんですよ。

金　新聞にも書いてありましたよね。神格化された少年の、その神格化の部分がもう少し足りない。

松本　「聖」ね。それを書かれたから、次の日からすぐに変えたけどね。お釈迦さんの格好にしたった。簡単なことや。中上健次というのは半分冗談で書いているんではないかという部分があって、すごい下世話やねん。その下世話が、おもしろいことにギリシャ神話とかね、ああいう古典的な奥の深い、宇宙的なって言ったらいいんかな、そういうものに下がっていくんやね。

小堀　聖と俗が背中合わせになっているというかね。

松本　そのへんがやっぱり関西。

金　私もそれが好きやねん。

松本　関西弁でしかできへんというか。

金　私も態変なんかをやっているのは、芸術をやっているんではないんですよ、実は。言ってるだけで。

松本　いちおう言ってるんだ。

金　いちおう言ってて。芸術というのも下世話なひとつとして、茶化して言ってるようなもんです。「お芸術」をやって何が悪いんやって。

松本　僕が前に伊丹のアイホールで態変を観せていただいたときは、最後に金さんが座って挨拶をしたんです。

金　最後の役者紹介のことやね。

松本　それまではかっこつけて変なことをやっているんだけど、最後だけふっと客を見るときが、請求書を出すときのおばちゃんのような。

金　ひどいわ。

松本　あれが印象にあって。

小堀　その請求書、高いやろね。

松本　そうそうそう。

金　そんなことないですよぉ。

松本　だから舞台そのものの目線、請求書の目から見てみたら、なるほどなと。僕が観たのは、悪く言えば少女趣味的な森がテーマとか、絵に描いたようなというのがあってんけど、最後のあの目でゴロッと変わって。

金　どういう意味ですか。どうせ、私は少女趣味ですよ。

松本　そのときになって初めて、「あっ、この人ちょっと立つのが難儀なんやな」って。舞台観てるときはあまり思わなかったんよ。ふと、しらふでしゃべりだしてから、「あっそうか、この人がこの舞台を考えたのか」って。またあのときってのはすごく疲れ切った表情で、「本当に面倒くさいねんけど」っていう、投げやりな目線でという感じで。

金　最近は違いますよ。最後までテンション上げてますよ。

松本　唐十郎も役者紹介なんかをするときに、客にこんなこと（宝塚の役者紹介の手の仕草）しないよね。「早く帰りたい」みたいなね、そういうふうにするのがかえって色っぽい役者に見えたりして。

身体を見つめる

松本　いっとき身体を見つめるというのを一年ぐらいね、一人ひとりを一ヵ月つきっきりで、裸にして立たせてジワジワ眺めるわけですよ。そんなことをして「おまえは苦労したことないやろ」とかね。だんだん体というのが不思議に見えるんです。悪く言えば障碍者的に、立つというのはどんなことかなと。すべてに懐疑的になるんですよ。そうして見たら、僕なんかの体なんて黄金率からしてみたらいちばんはずれた体やなと。そのへんからすると、どんな動きができるのかなという、ほとんど振付は僕がやっているんですが、どっちかといったらそっちの発想でね。

金　それを言うのはみんなで言うんですか、松本さんが一人で言うんですか。

松本　だからみんなで。

金　言われた人はどんなことを言うんですか。

松本　結局自分の体についてそれほど考えたことがない。自分で自分の体は見てるんだろうけれども、他人からそういうふうにして見られるということはないでしょ。とにかく変わっていく、すごく。ストリップの女の子がストリップになると奇麗になるというのは、視線を浴びるから、むだな肉がとれたりしていくのと同じで。意識してそういう目線を言葉として（自分の中で）変えて、変わっていくことがあるんやろうね。

金　障碍者って街へ行くとたいがい一人だったりするから、電車に乗ってても、人の動きというのがものすごく自分に刺さっているんではないかと。なにげなくその人はパッと動いていても、「ワッ、なんか文句あるのかな」って。例えばの話で、そんなふうに自意識過剰気味に街に出るという新鮮な体験というのはありますやん。

松本　結構やはりそういう視線はあるものなんですか。

金　ものすごくある。

小堀　舞台の上での客の目線というのはどう

ですか。最近は意識は変わってきましたか、旗揚げのころから比べると。

金　舞台の上に上がってたらわからへん。出すばかりで、返ってくるという感じはない。ケニアに行ったときはありましたよ。みんな顔が黒いですやん。だから目がはっきりとこっち向いているってわかるんです。黒山の人だかりの中で、視線というのはすごくきついんですよ。それであの人ら子どももみんな目にパワーがあるので、バシーッて観てくるから、「ああ、刺さってる」というのがわかるんだけど、でも日本だと刺さってくるくらいの視線てないですよ。電車の中でもまっすぐでパーッとくる目線というのはほんまに感じたことない。

小堀　態変の海外公演は最初がケニアでしたね。あそこへ行った日本の劇団って態変だけやから。

関西だからこそできた

金　でも、海外へ出る出えへん関係なく、態変も維新派も東京向いてへんていう気がしてるんですけれど。「東京にあがるんだ」という感じではなく、「こんなことをやるんや、勝手に」というところがやはり関西からの世界発信と思うんですよ。

小堀　前に汐留でやってたとき（『少年街』１９９１年）に、東京のマスコミ関係の方に「維新派の〝来日公演〟だからよろしく」っていうふうに話をよくしてたんです。それぐらいインパクトがあったと思うんです。

金　例えば態変なんかね、やはり東京だと十五年間こういう形ではできへんかったやろな。いくら私の根性がきついからといって、きついだけではやはり持続できへんかったやろなっていう感じはしてるんですよ。

小堀　こっちでやってていちばんよかったというのはどういうとこですか。

金　よくわからへんけど、きっと関東やったら潰されてたというのがある。芝居関係者も障碍者の関係者もすごく多くて。

松本　多いよね。黒柳徹子が出てきたりするやろ。

金　「あなたこれはどういうことよ」とか「こういうふうにしなさい」っていう感じで。それとやっぱりすぐ売り物にされるっていうの、マスコミとかも、おもしろおかしくすぐ題材にしたがる。それに乗って踊ったら、まあ市場があるから踊れるやんってことで踊ってしまうだろうし。だからけっこう持続するよりも、すぐ分散させられ、割って入られ潰される。

小堀　大阪はそういうことでは、ほっといてくれる。

松本　ほっとかれすぎちゃうん。

金　もうちょっと態変もかまってほしいなって最近は思う。維新派はかまってもらってるやん。

松本　最近はね、最近ですよね。

金　例えば東京やったらまず敷地を探すのが大変なんでしょ。

松本　それは土地だけの問題だけではなくてね、さっきおっしゃったような馬鹿パワーというか、三ヵ月間やるような発想をまずはしないだろうからね。うちの場合だと素人っぽいやつが多いやんか。東京だともっと簡単にうまい役者は集まるやろ。そういう役者があれだけの生活をするかというと、ちょっとね。

金　若い役者というのは、関西だけやなくて地方からもやってくるんでしょ、東京からも。そういう関係をかえってなんか新しいという感じで求めているんじゃ？

松本　よその劇団の子なんかがうちに来ると、すぐ批判的な言い方をするのは、「役者にとってもあんなものおもしろくないんじゃないか」とか言うよね。みんな同じようなことをパーパーパーパー言って、いわゆるかっこいい役者冥利につきるシーンなんてないっていうことで。

金　「もっと他のんに出たらいいやん」って

言うんやね。「オーディション受けたら」とか。

松本　できたらNHKに出たいとか、有名俳優になりたいとかいう人が、下積み生活としての劇団生活というのがね。

小堀　社会の中のヒエラルキーで生きているみたいなね、東京はね。どんな舞台に立っているにせよね。

松本　そういうのを言わない役者ばっかりでやっているパワーというのもまた逆にパワーがある。おそらくそういうのは東京にはないやろうな。

金　もし態変が東京やったら、ちょっとスポットが当たったら、「障碍者一人でポンと出てほかの劇団つくってもいいやん、自分らと一緒につくろうや」っていうこともあったやろね。その点、力がつく間っていうのはほっといてくれた。その間にやられてたらバラバラになってたやろな。けっこう東京ではあるんですよ。劇団をパッとつくる。「障碍者もともに一緒にやるんだ」とか言って、健常者が主導しているのが多いんですけど、そういうのは、結局障碍者は消える運命みたい。「障碍者を中心に」と言っても、健常者が入ってたら健常者が中心でやっていくんですよ。だからなかなか障碍者のペースでゆっくりでも煮詰まる、熟成するまで自分たちのペースでというほっとき方はない。

小堀　大阪の場合は、生活するのにもちょうどいいような大きさだし、古い街だから文化の伝統もありますでしょ。それがやっぱりものを表現していくには、いいペースで暮らしていけるのではないかな。例えば同じような大きさでもね、昔からの伝統や文化の蓄積がなかったら、やはり街がこんなになっていなかったかもしれない。それと言葉が、よそから来た人がすんなり入っていける言葉でしょ。関西人にすぐなれるというかさ。

金　なんか「ええやんか」みたいな。そうでありながら変な人間というか、きつい人間というか、個性のある人間というのも育ってくるというか。

普通という感覚

金　裏方も変わってきているんでしょ。どんどん変わってきてます？

松本　うん。だんだん平坦になってきた。むずかしいことを一切避けてきて、あほばっかりやねん、本当に。

小堀　若い人が増えたということですか。

松本　そういう人種が、逆に時代錯誤に陥りそうな。ひと時代前のタイプのやつが多いの。

金　年は若くても？

松本　「これやったら方法は色々あるよ」というようなことは一切言わない。おれらの若いときの発想で、何もかもベニヤでやろうとしたりとか。

金　でもそのへんの裏とかの見切りのことになると、長年連れ添って来た裏方のほうがいいのか、やはり頭を切り替えていかないかんのかという切れ目って、劇団にはありますよね。

松本　スタッフがおもしろがるシーンというのはほかも喜ぶんですよ。またそういうところはスタッフもものすごく力をかけるし、すごくそういう意味では正直な舞台づくりができるんです。だからかけるシーンには力をかけるし、おもろないシーンはだれもつくろうとせえへん。しゃあないから僕がそのシーンを書き直してみる。音楽もいっぱい作曲してあるんだけれども、いやな音楽は稽古せえへんやん。正直なんや。

小堀　この間、毎日放送が維新派のドキュメントをしてたでしょ。あれを見たんだけど。若い役者にインタビューしてて、「いまは維新派が好きだからやってるけど、先のことはわからないよ」と言う。東京の劇団だとまず、そこの劇団にいる役者は言わないわな。そう思ってても、決して言えないような雰囲気があるよ。

松本　だいぶカットされてたけれども、おれ、編集前のを見てるねん。「松本さんをどう思いますか」、「ただのスケベおやじ」ってむちゃくちゃ言いよるで。まあそうやねんけどね。こういうことを言われる演出家もおれへんやろなって、そのへんがすごく普通やねん。

小堀　その「普通」という感覚が大阪の表現者の人の特長だと思いますけどね。

七五調は大阪弁がおもしろい

松本　芸術を大阪弁で、吉本っぽいやり方でやっているようなことを冗談で言ったんです。そのうちに吉本が売れてきて、大阪弁がもっている下世話さというのかね、メロディアスに作品の中で音楽的になってきて、もう少し大阪におったらできるのかなと。口承芸能というか、口伝みたいなものをもう少し勉強して、ちょっとミュージカル化したいなと。

小堀　昔の俄《にわか》（江戸時代に始まった即興芝居）みたいなね。

松本　そうやね。浪花節もそうやし、ものすごく七五調が好きなんよ。今回も七五調を使いまくったから、ものすごく気持ちよかった。あれって標準語でやったらおもしろくないの。七五調は大阪弁がおもしろい。

金　いまはちょっと下火やけど、ラップとかさ、東京の人とかがやってたけど、あれより先にやってたの？

小堀　標準語のラップって聞いてたらはずかしいじゃない。近田春夫がやってたけど、あれってはずかしいよ。

松本　文章に書いたことをしゃべるなって感じ。

小堀　聞いてられへんよね。

金　せりふを単語にして曲をつけ出したというのは、維新派が先とかいうことではないの？

小堀　はい、維新派が最初です。特許をとってもいいぐらい。

金　維新派が日本語のラップをやり出したというのは、東京にとってもインパクトが強くて、関東弁でやってもいいんじゃないかというのが出てきたんとちゃうんかな。

松本　あれは江州《ごうしゅう》音頭から考え出したの。七五調の、これでもかこれでもかというぐらい「か」の字づくしとかね。「き」づくしとか、「け」づくしなんてエグイもんね。ああいうのはレコードでは聞かれへんもんね。盆踊りとか公民館で聞いたりね。

金　七五調と河内音頭とはまた違うよね。

松本　また違う。ああいうのはやっぱり楽器の音を聞かされてたからね。ガチャガチャいうのはいややったからね。気味の悪い、ガラが悪くて、「民謡をエレキで弾くなんて何事や」ってね。考えられへんよね。それがこの歳になるとよさがわかってきて。

金　だからやっぱり西洋のミュージカルというのにみんな毒されているやんか、いま。猫も杓子もみんなミュージカルやりたい言うて。合えへん、ちゅう感じありますやん。日本人は日本人、アジアはアジアというか。

松本　僕らもどうしても、タルコフスキーの映画のような、ああいう風景とか、映画ファンやからヨーロッパのああいう風景とかに憧れるやん。そういうのもちょっとあるねん、芝居作りで。ちょっと霧がかかったような、リズムがあって変化があってと。でもやっぱり今回、中上（健次）なんかをやってみたら、基本的には大阪の下世話。それもすごく古典芸能につながるような土壌に育てられているから、もう少し意識してやっていこうかなって。

小堀　下世話であると同時に言葉に現代《いま》のリズムがあるよね。

金　私らのは何やろな。

松本　舞台を見てるとやっぱりヨーロッパやと思うわ。

金　でもやってることはものすごくアジア的やと思うけどね。体そのものは横につながる感じ。上に伸びるという縦だけやなく。だから横に引っ張ってくる感じとか、横にドテッと寝る感じが好き。だから寝転がってても違和感、感じへん。縦と横をつなげられたらいいと思うけど。横やったら横ばっかりでなく、どうしても舞台設定というのがあって、縦の線を出そうとしてるけど、私らの体自体はやっぱり横の動きかな。

舞踏の影響？

松本　ただホールでやっていると、横の動きでもスポットライトが上からこうくるでしょ。どんな下手なことをやってても、スポットが上から落ちてきたらかっこいいよね。

金　その役者もいい気分やろうしね。

松本　そのへんがちょっと横のよさを案外だめにしてるんじゃないかな。特にアイホールではね、そういう空間は大事なところやね。

小堀　江戸時代の歌舞伎の小屋って直接、光（照明）が当たらないもんね。

松本　そうだよね。踊りの場合は、例えば山海塾をやっている天児牛大《あまがつうしお》はものすごく照明と美術に気を使うんですよ。舞踏は、明かりと音楽と美術で見せていくしかない。かっこよくターンしてるからそれを見せてるわけじゃない。そのあとの一秒ぐらいのものを見せているから、それは肉体では見せられへん。照明と音楽と美術がそれを生かしていく要素として絶対に不可欠だから、ものすごくうるさいの。照明には「〇・一秒遅かった」とか言いよるからね。「そこは風が吹くように照明して」とか、そういう言い方をするんですよ。おれら陰で、「おい、照明って風吹くかあ」って。それでいま、岩村原太君てのがやっているんだけど、最初のころは泣いてたもん、「松本さんわかりますか、『切るような照明』とかって言うんですよ」って。

小堀　陰影とかにうるさいんよ。

松本　うるさい。

小堀　見ててそれは思うわ。

金　大野さんのとこもそうやもんね。

松本　そうでしょうね。

金　「照明が大事だから」っていうような感じで。私らとても舞踏とはちゃうしね、態変は。ヨーロッパへ行ったら「舞踏」ってよう言われるんやけどね。「どんな影響を受けましたか？」とか。

松本　私らが与えたんやっちゅうに。

金　そう。「こっちが先にしたんです」って。

松本　先天的に。

金　「先天的舞踏家です」って。舞踏っていうのはバレエに対するアンチとかね、陰影がありますからね。あるいは逆に俗っぽいものを否定して洗練されたものをね。もともと方向性がありますからね。維新派ももともと舞踏ですか？

松本　舞踏っぽかったよね。結構ね、そういう要素は下敷きになっているよな。だから役によってね、背の高い女の子は舞踏っぽいことをやらせて。だから男の連中がそれをうらやましがってね。「僕らもあんなことをしたい」って。「似合わへんからやめとけ」って。

金　なんで？　背の高い女の子を舞踏っぽいことに。

松本　そういう役柄にたまたまなるからやろね。天女の役をやるとか死者の役とか。

職人の動きを盗む

金　軍隊というのもあるんですか、松本さんの中には。

松本　ない。

金　ダンスの中にわりと。

松本　ああファシズムっぽいな。

金　チャッチャッと動き出しやすいようなリズムをつけてるというのは。

松本　ああ、そういうのはロボットみたいなものをものすごく意識しているから、文楽みたいにね。人間やから人間の役、近道するなという考え方。だから文楽の人形が一生懸命人間に近づこうとするような所作があるやんか。そういう回路を経てこじつけているところがあるので、そのへんが軍隊の動きのように見えるのかな。

金　年代的にいうと軍隊は過ぎてますよね。でもなんかそういう感じがするねん、趣味的に。

小堀　ほんまは戦争とか行ってたんとちゃうの？

松本　日露のときは（笑）。

金　でも振り付けるときというのはやっぱりあの拍子というのは付けやすいんですよね。

松本　結構同じことのリフレインが好きやから。リフレインさせて発展させていくと、知らん間に変わっていくという。

小堀　繰り返しのトリックみたいなものがありますよね。

松本　昔はちょっと市場なんかへ行ったら、魚屋の兄ちゃんのあの動きを盗んだれとか、豆腐を切るときの包丁の入れ方とかね、力かげんとか、あの感じで動こうと。参考書みたいなヒントが飛び込んできたんだけど、最近は全然そういう感性というのがなくなって、いま稽古場で何も見ずにつくっている状態やから。

金　人間が生活の中でやっている必然的な動きというのはきれいですよね。

松本　そうやね、うん。

金　態変もわりとはっきりしているから、体の動きとして。こうしか動かれへんとか、こっちへ行くときにはこっちの手はこう振るんだとかね。ああいうのってきれいやなあ。

松本　シンプル・イズ・ベストというか。色々できへんもんね。

金　「なんでここでこの足が動くんや」というような振りが、思わぬ方向に動いてたりすると、フェイントかましてこっちとか。そういうときのバランスいうのはむだがないんですよ。

松本　美術の用語で言ったらね、彫刻にも二つあって、彫刻と彫塑があるんです。「彫塑」というのは粘土をつけるもので、「刻」というのはもともとこんなものを削ってこんなんを作ろうと。

金　彫刻ね。

松本　うん、「刻」のほうね。つけていくんじゃなくて、できることだけを探していくと。色々はできないけど。

金　だから同じ動きでも、観客にとっては「なんやまた同じ動きやん」と思われるような動きでも、私なんかは飽きへんねんけどね。これはここに絶妙に入っているんや。

台車で役者を出す

金　維新派って以前は「日本維新派」やったでしょ。なんで「日本」をとったんですか。

松本　なんかね、維新派って変な感じで、大勢でいつもパーッてやってるから、けっこう自分らのものであって自分らのものではないというところがあるんですよ。みんな勝手に腰袋さげて、台本も読まんとパンパンパンパンとものをつくったりするんです。お互い名前も知らん者同士がね。そういう人というのは勝手に維新派像というのを自分の感性でつくっている。維新派流、維新派流ってみんなが言うときにね、「日本で」とちゃうでこれは、と。

金　そうか。態変流とかいうこともあるらしくて。

松本　あるよ、それは。作品を作るたびに、作品が一つの体質を生んでいくということがあるじゃない。だからそのへんは流れに身をまかす。ようわからんねんけどね。なんとなく合言葉としてはね、金さんと同じだけど、芸術っぽいことはできるだけやめようやと。

金　やってるやん。

松本　そうかな。

金　芸術してるやん。私んところは芸術と言いながら、芸術っぽいものをやってもやらへんでもどっちでもいいんとちゃうって思っているんですけど。

小堀　だからよくおれは（維新派は）「大演

劇」って言うんだよね。「大日本帝国」の「大」じゃないけど、「大」をつけるとある種、ちょっと大時代的というか。表現がちょっと突き抜けた感じがしますでしょ。まあ、絶対、「小劇場」ではないわけだし。

金　あれぐらいのセットで本当に見せるということになると、毎回毎回どういう構想してるんやろ。どういう頭をしてるんやろと。

松本　一つの作品をつくったら、それが教えてくれるというか、セオリーみたいなんがあって。例えば、「下手な鉄砲、数打ちゃ当たる」というんやないけれども、一つかっこいいものをつくるんやったら、しょうもないものでも百個ぐらいつくって並べたほうがおもしろいとか。

金　奥から風景を出してくるための幅と奥行き。あれだけの舞台を支えてる裏方は人数的にはすごいんでしょう。

松本　今回の舞台は出演者が三十九名で裏方が四〇人ぐらいかな。

金　訓練やってるんですか。

松本　それはすごいよ。ここからここまで何秒で走れとか。

金　すごくきっちり決めへんかったらあんだけのものはできへんやろね。

松本　だからリハーサルが大変なんよね。最近はうまくなったけどね。昔は初日、ようこけたりしてね。

金　そうやろね。

松本　態変もすごく動いているよね。歌舞伎の黒子さんが動いているような感じですよね。

金　文楽の人形遣いみたいな感じでしょ。

松本　大事に扱っているという感じ。うちのスタッフは乱暴やから。

金　道具を扱うのと違う。直接、人間ですからね。

松本　あれはおもしろいなと思ったわ。態変は役者を抱えて出てくるやんか、黒子さんが。僕がいちばん最初に芝居を体験したのはね、ベケットの『ゴドーを待ちながら』なんですけど、冒頭に無理やり出されるようなところがある。「いやや、いやや」言うてる年寄りの役者を後ろから足で蹴って、出ていかしたものの、自分には芸がないから何ぞやらないかんというようなね。実は舞台というのは非常に暇で退屈なもので、無理やり出されたから何かしないとしゃあない。その時間と空間を埋めるのがベケットの演劇だという、それに近いような話で。自分の意志で出てきたんではなくて……。

金　いつも何かを待っているんだと、こんなはずではなかったんだと。実感ですね。

松本　おもしろいなと思って。文楽の人形なんかもそうやろね、無理やり。

金　台車で役者を出すというのもやりました。横から押していくんですよ、台車の上からコロンと転がって位置につくわけですよ。それから台車を引っこめるんです。

松本　それおもしろいな。

金　今度は維新派に態変の野外劇をやってもらいたいんですよ。

松本　それは大変やな。

金　客席を動かすというのはどうですか？

松本　そういう客席を作って、イタリアかどこかで、お客さんを船の上に乗せて、その船を引っ張ってっていうのがあったな。

金　維新派と態変の野外演劇。態変なんかが出ると、遠くでやるときというのは寝たきりは不利やん、見えにくいし。だから遠近法を使ったでかい野外の見せ方というのは、障碍者だけやったら無理やろな。健常者も一緒に出るような芝居でないと無理やろな。

〈1998年4月
大阪市東淀川区・態変事務所にて収録〉

【初出】「イマージュ」vol.12・1998年春号／劇団態変（『劇団態変の世界』2017年　論創社にも収録）

［写真］北川幸三　［襖絵］油利裕豪　［デザイン・孔版］高下泰

戯曲（日本維新派上演台本）

『蟹殿下』

作・演出　松本雄吉

登場人物

シャワーを浴びる男
穴を掘る男一、二、三
樹に寝ている男
バケツリレーの男一、二
股旅風の男
望遠鏡の男
飯の女
真白の少女
化粧する昆虫たち
鶏のトサカの男たち
夏服の幼女たち
フレームを持った男たち
豚の演出家
溝を掘る男
衣裳を抱えた女
散水する男
照明機材を運ぶ男
石を運ぶ男
畳を運ぶ男
僧侶たち
剣道着姿の少女たち
最後の観客
放浪の男たち
ホルモン屋の二人
シーラカンス
女学生たち

記憶の男たち
赤いカフェの女
青いカフェの女
緑のカフェの女
黄色のカフェの女
桃色のカフェの女
金色のカフェの女
ピエロ
ヒゲの将軍
女装の男
ゴリラ
チャップリン
泥酔の浪曲師
よいよい老人
クラゲ通信兵
フナムシ少佐
ヤドカリ大尉
ウツボ大佐
フジツボ軍曹

蟹殿下
馬にのった兵士一、二
蛇口から出る男一、二
ブリキの男一、二、三
侍の暴走集団
マラソンランナー
太鼓の少年たち
人魚の花嫁

第一章「劇場へ」

〈下足札のような座席券〉を握って…。

夕景。
海からの風の舞う、殺風景な土地。
薄闇のなか、皎皎とした明りに照し出され、巨大な白い一通の封筒。
地面に突き刺さるようにして、或いは、地表を突き破って出でたかの如く。
貼られた切手、半ばはがれかけ、風に心細くはためく…。
宛名、大きく、「蟹殿下」。

封筒の指し示す方向。海の近く、森のようなこんもりとした膨らみ、地の瘤のようにその土地に相応しく、また、不似合にある。
あれが、「劇場」。

〈封筒〉から縄づたいに、かなりの歩行を経て、「劇場」へ到る。

鬱蒼たる「劇場」は建造物というより、寧ろ〈森〉に近いおもむき。
一本々々の柱は上のほうで大きな黒い膨みを冠き、他の柱とやわらかく繋がる。

音楽
「郵便配達のテーマ」（演奏のみ） spm1

柱と柱の間、濃密な闇。
その闇の気配に誘はれて…。

ＳＥ「汽車の疾走音」sp1

ぐねぐねの廻廊。
右へ。
左へ。
上へ。
下へ。

○楽屋①

真暗な部屋。
シャワーを浴びる男。
入念な入念な洗体。
水滴の激しく飛び散る音。

○楽屋②

銀色の部屋。金属製の衣裳が所狭しとばかりに吊るされている。それぞれに役名の札。「蟹殿下」「ヤドカリ大尉」「ハマグリ姫」「ウツボ大佐」「フナムシ少佐」「クラゲ通信兵」「フジツボ軍曹」

アルコール中毒の老人による九州訛りの場内アナウンス sp2
「本日は、本日は、遠路は、はるばるの御来場、誠には、有難ふございます、ぐびっ！フッ！素面では、御足元、御足元は気をつけて、気をつけて、グビ！フッ！大丈夫なように、ゆっくり、お進み下さいましェ」

関西訛りの現場監督のアナウンス sp m2
「クレーン車の運転手、クレーン車の運転手、はよ、クレーン車に戻って！」

○楽屋③

土間。
裸電球。
男一人、黙々と穴を掘っている。
ほぼ、全身穴の中。スコップの土にささる音。
吹き上がる冷気。

○楽屋④

土間。
裸電球。同じく穴を掘っている男。掘り出した石が、
穴の回りに積まれてある。

○楽屋⑤

土間。同じく穴を掘っている男。穴には水が湧いてい
る。

○楽屋⑥

真白な壁に真白な男子用便器。
貼り紙。
〈スペイン語による注意書〉

SE「酔っぱらいの会話」sp3

音楽「郵便配達のテーマ」続く。

現場監督「ハイ、オーライ、オーライ!ストップ、ストップ!ダンプ上げて!ダンプ上げて!上げて、上げて、上げて…ストップ!」

アル中老人「遠路はるばるは、ようこそ、ようこそ、グビッフッ!おいで下さいました。ゆっくりと、ゆっくりとグビ!フッ!大丈夫なように、お気をつけてお進み下さいましェ」

○楽屋⑦

土間。
巨大な樹を思わせる樹の根が、部屋中を占領している。
絡まるようにして寝ている男。

ＳＥ「汽車の疾走音」

○勝手口
二人の男。火事のバケツリレーのような猛烈なスピードで、海水を運んでいる。

○通路
土のでこぼこした細い通路。

○売店
出演者のブロマイド。
おでん、酒等。

ＳＥ「汽車の疾走音」

○楽屋⑧
鬘をつけ、股旅風の衣裳の男。
後向きに座り縄をたぐっている。
「カラカラカラカラ」

現場監督
「クレーン車の運転手、クレーン車の運転手、はよ来て」

アル中老人
「遠路はるばるは、ようこそ、ようこそ、グビッ！フッ！おいで下さいました。ゆっくりと、ゆっくりとグビ！フッ！大丈夫なように、お気をつけてお進み下さいましぇ」

音楽
「郵便配達のテーマ」続く。

現場監督
「クレーン車の運転手、クレーン車の運転手、はよ来て」

○楽屋⑨

望遠鏡を見ている男。
壁に突き刺った舟。その舟尾。
壁に突き刺った魚。その尾。
壁に突き刺った犬。その尻。

SE「オウムの中国語」sp4

○楽屋⑩

湯気の立つ飯を全身にこすりつけ、転げ回っている女。

○楽屋⑪

真白のドレス。真白の髪飾り、真白の靴。真白の化粧をしている少女二人。真白の壁。真白の太鼓。真白の台本より繰り返し、小さな女声。
「ちがうやろー…。ちがうやろー…。ちがうやろー…」sp5

○楽屋⑫

二畳の間。
中央に扇風機。
首を振り回っている。

現場監督
「ハイ、オーライ、オーライ!ストップ、ストップ!ダンプ上げて!ダンプ上げて、上げて、上げて…ストップ!」

現場監督
「ライト。21番、22番、23番点検。…………21番、OK!………22番、OK!………23番、OK!」

フランス訛りの若い女のカン高い場内アナウンス
「座席は全て指定席となっております。お手持ちの券の座席番号の数字にお座りください」

短冊に「杉の葉」「松の葉」「楓の葉」「葵の葉」と書かれ、壁に。

○楽屋⑬

一坪の土間。
土盛り。
土間の山、乳型。
山の間、水を張った洗面器、金魚が泳ぐ。
裸電球。

○楽屋⑭

昆虫たちの楽屋。
髪飾りをつける天道虫。紅をひく蟷螂。
襦袢を着る赤蜻蛉。
鬘をつける玉虫。
マネキアをする甲虫。
ストッキングをはく蝶。
等々。

○通路

○階段

現場監督
「クレーン車、クレーン車、海側へ、海側へクレーン車、クレーン車、海側へ、海側へ」

場内アナウンス
「座席は全て指定席となっております。お手持ちの券の座席番号の数字にお座りください」

現場監督
「クレーン車、クレーン車、海側へ、海側へクレーン車、クレーン車、海側へ、海側へ」

○客席
段々の桟敷。

碁の盤面のように白く円い紙がびっしりと敷きつめてある。その円い紙に壱、弐、参、四、五、六と数字、席番が指定されている。

中央に花道らしきもの、両側には暗幕。

○舞台
かすかにまるみを帯びた土舞台。両側に、奥へと伸びる深い溝。ところどころ板でふさがれてある。

SE「ぜんまいを巻く音」 sp6

舞台装置の梱包物あちこち。

樹に凭れ、縄で吊るされ、地面に置かれ、そしてすでに開封された舞台装置が舞台の上を放浪している。

放浪する郵便ポスト。

放浪する芥箱。

放浪する石段。

放浪する自転車。

放浪する乳母車。

放浪する樹。

放浪するドラム缶。

放浪する死体。


「座席は全て指定席となっております。お手持ちの券の座席番号の数字にお座りください」

「お手持ちの券の座席番号の数字にお座りください」


「本日のご来場ありがとうございます。

トイレは舞台向かって左側、階段を降りた所にございます」

放浪する卓袱台。

放浪する招猫。

放浪する石。


SE「ヘリコプターのプロペラ音」　sp7

奥の方で、ダンプカーが土を落としている。頭に鶏のトサカをつけた男たち、落とされた土をならし、踏みしめている。


麦藁帽を被った白い夏服の幼女たち、半ば飛ぶように、大股に一歩ずつ踏みながら、たどたどしく歌う。

「で、で、でんちゅう。

でんちゅうの前。

で、で、でんちゅう。

でんちゅうの下。

で、で、でんちゅう。

でんちゅうの上。

で、で、でんちゅう。

でんちゅうの西。

で、で、でんちゅう。

でんちゅう東。

で、で、でんちゅう。

でんちゅう坂。

で、で、でんちゅう。

でんちゅうの森。

で、で、でんちゅう。

でんちゅう本舗。


「長井さん、長井さん楽屋まで。長井さん、長井さん楽屋まで」

SE「軍馬の駆ける音」

で、で、でんちゅう。
でんちゅう返し。
で、で、でんちゅう。
でんちゅうめくり。
で、で、でんちゅう。
でんちゅう影。
で、で、でんちゅう。
でんちゅう裏。
で、で、でんちゅう。
でんちゅう下り。
で、で、でんちゅう。
でんちゅうしぶき。
で、で、でんちゅう。
でんちゅう曲り。
で、で、でんちゅう。
でんちゅう戻し。
で、で、でんちゅう。
でんちゅうさがり。
で、で、でんちゅう。
でんちゅう隠し」

SE「ヘリコプターのプロペラ音」 sp7

花道より大きな額縁を思わせるフレームを持った二人。
二、三歩進んでは止まり、向きを変え静止し、歩き、止まり、向きを変え、舞台を練ってゆく。

SE「チンチン電車の音」

SE「踏切の音」

「長井さん、長井さん楽屋まで。長井さん、長井さん楽屋まで」

SE「車のエンジン音」sp8

SE「鳥の群れが飛びたつ音」sp9

SE「杭を打ち込む音」sp10

SE「舟のドラの音」sp11

木蔭。

オートバイに乗り、エンジンをふかしながら僧服を着けた豚のぬいぐるみの演出家が、記者のインタビューに答えている。

豚の演出家

「いわゆる深層心理学に於るコンパスと女の股との〈間〉の存在、静止の森と運動する街は表札の表と裏に回って見る本質的雌雄関係を連動して海の波とたらいの垢の望遠的相関を司祭する母性の実在であり非在する中世的悲劇の系譜怖は、すなわち、あっちでもなければこっちでもない、そっちでもなければどっちでもないという悪徳遊戯性に相似する夥しい不在のモーメントの超原子的結合による貴種珍在の闇の〈間〉、間、間、間に於ける暴力的原始性の和解による創出の歪曲する私は、（いきなり、演出助手に指示する）その自転車の車輪の走り影、影、影、もっと楕円形に。楕円！楕円！楕円！楕円！ふにゃふにゃ、ふにゃ

「座席は全て指定席となっております。お手持ちの券の座席番号の数字にお座りください」

「本日のご来場ありがとうございます。トイレは舞台向かって左側、階段を降りた所にございます」

「座席は全て指定席となっております。お手持ちの券の座席番号の数字にお座りください」

ふにゃ、ふにゃ、ふにゃ、ふにゃふにゃ、（記者に）歪曲する私は、土星の影と水星の影の交差する電車道の凝結したマンホールの蓋の巨人的歩幅を媒介として、評価表現主義から無評価昼寝主義の時代的移行の動向を戦略する偏在性の事実の表層を剝製する闇市のオートマティスムの原理より昼夜天地を分別せぬオールオーバーな縦横無尽ズムとしてすなわち、肉屋にぶら下げられようが、小刻みにされミンチにされようが、お好み焼に入れられようが、ラーメンのスープに浮かぼうが、まんじゅうの中に詰められようが、ホルモンにされ焼かれようが、諦念の螺旋運動の永遠逃亡システムを加速する自転車のペダルに於るチェーンの暴力的活用が、（助手に）ペダルのチェーン、チェーンの輪！チェーンの輪！楕円！楕円！楕円！楕円！楕円！楕円！クネーッ！クネーッ！クネーッ！クネーッ！クネーッ！（記者に）その暴力的活用が環境の不在に存在する物質の圧政と物質の形骸に不在する人情を輪転する解釈の自動精算機より有用と無用を識別する交差点での脱線事故による交通の封鎖、にたむろする歴史的習慣から来る喪失の臭気による地上的有限性より天上的無限性へ致る恒常的営為の没主観性の魔術的電線で休息する凧、百円玉の美醜を問題にする自動販売機、交尾の時しか灯かない電球、団扇であおがれる扇風機、緊縛嗜好の襖、倒立する座布団、うたた寝のヤカン、同性愛の便器、脱臼した帽子、ジャンプするフライパン、下痢する蚊取線香、尻もちをつく時計の針、ゲップをする剃刀、刺青をした布団、脱糞する靴、女装の灰皿、ボクシングする三面鏡、腹式呼吸の洗面器、アル中の歯ブラシ、二日酔の鬼瓦、（助手に）鬼瓦！鬼

「本日のご来場ありがとうございます。トイレは舞台向かって左側、階段を降りた所にございます」

「長井さん、長井さん楽屋まで。長井さん、長井さん楽屋まで」

「神戸生田区からお越しの金森様、神戸生田区からお越しの金森様、劇場入口までお越し下さい、お友達がお待ちです」

瓦！鬼瓦！鬼瓦の影！影！そう、楕円をまとめて、楕円をまとめて、くにゃ～あ、くにゃ～、くにゃ～あ、（記者に）よしんば鬼瓦の空虚を蟻の封印に校門する針という針の鼓笛隊による耳鼻咽喉科の墓穴に通底する金坑銀坑炭坑鉄坑の最前線で蛇口を溶接するマルチプレイヤーの剽窃と瓢箪の論理から来る万全の的確自動記述は三日三晩の大雨による洪水の歩きとうても歩かれへん、出掛けとうても出掛けられへん、着替えとうても着替えられん、しゃがみとうてもしゃがまれん、寝よう思ても寝られやせん、やりとうてもやられへん、焼きとうにも焼かれへん、家賃払おうにも払われへん、ヤカンあげよ思てもやられへん、（助手に）ヤカン！ヤカン！ヤカンのフタ転がして！転がして！転がして！楕円に！転がして楕円！　クニャー！クニャー！クニャー！（記者に）すべからくやろう思うてもやられへんという肯定的悲憤の集積から来る普遍的様相の無常感と消滅の過程に於る心理学的残尿感を自慰する現実的起伏の切断面より噴出する卵型の裂傷風景の営為そのものの技術過程に於る戦慄の渦巻を征服する聖杯獲得者の孤独歩行の抑制的終末感へ到る偏見と野望の教訓を接点として間借主義から間男主義へと真接する散文的紛争の有意義性を絶対視する談合の座布団は、……………………………………………………………………………………………………。

時折、オートバイのエンジンを噴かせながら、延々と喋り続ける豚の演出家。

梱包を解かれた装置、手際よくあちこちに並べられて

「座席は全て指定席となっております。お手持ちの券の座席番号の数字にお座りください」

「エー、和歌山から淀屋橋までの定期券を、エー、売店の前で落とされた方、劇場入口で、エー、お預りしております」

「長井さん、長井さん楽屋まで。長井さん、長井さん楽屋まで」

いく。

両側の溝。

それぞれに男。

スコップにて、奥へ奥へと溝を伸ばしてゆく。

衣裳を両腕一杯に抱えて舞台を横切る女。

ＳＥ「ポンポン蒸気の音」　sp12

舞台に散水する男。

ＳＥ「航路案内するフェリーのアナウンス」　sp13

「座席は全て指定席となっております。お手持ちの券の座席番号の数字にお座りください」

照明器材を運ぶ男たち。
大きな石を運ぶ男たち。
リヤカーで畳を運ぶ男たち。

ＳＥ「ヘリコプターのプロペラ音」

花道より舞台奥へ、足で歩幅を計る男。

ＳＥ「金属を打つ音」　sp14

花道より僧侶たち、読経、太鼓を叩き、舞台奥へ通り過ぎてゆく。

ＳＥ「ヘリコプターのプロペラ音」

「長井さん、長井さん楽屋まで。長井さん、長井さん楽屋まで」

あちこちに樹が立っている。

桃を思わせる一本の樹。
果実のように夥しい電球がぶら下っている。その樹の下の水溜り、剣道の練習着姿の少女達、電球を灯けながら歌う。

剣道着姿の少女たち
（葉尽し）

はやし、はぶたえ、はこめがね、
はこぶね、はこにわ、はなあかり。

はっか、はりばこ、はりねずみ、
はらまき、はらおび、はらくだし。

はおと、はかいし、はかまいり、
はがさね、はがくれ、はぎのもち。

はさみ、はとまめ、はとどけい、
はくせい、はくちょう、はくないしょう。

はんぱ、はいしゃ、はとのまめ、
はいいろ、はいえん、はいおとし。

はにわ、はちのこ、はたかざり、
はたざお、はたはた、はだじゅばん。

はしご、はきもの、はえはらい、
はえぎわ、はえのこ、はえじごく。

はかま、はるさめ、はしがかり、
はじかみ、はしおき、はじけまめ。

地階の通路で、　ＳＥ　観客の賑やかに通過する音、笑い声、等。

地階の通路で、ＳＥ「踏切の音」

はしら、はぼたん、はなあらし、
はなかご、はいかき、はなどけい。
はなび、はいかき、はなことば、
はないけ、はないれ、はなかるた。
はもん、はめこみ、はなぐもり、
はなたび、はなたけ、はなでんしゃ。
はりこ、はたばこ、はなキャベツ、
はなくそ、はないき、はったいこ。
はだし、はしくれ、はしまくら、
はんげつ、はんじょう、はんちんぐ。
はりえ、はりがみ、はりのあな、
はりやま、はりたこ、はりせんぼん。
はんこ、はれもの、はぎあわせ、
はきぐち、はきだめ、はきぐすり。
はもの、はけさき、はげぃとう、
はけぐち、はげちょろ、はげあたま。
はかり、はいすい、はいかぐら、
はいにょう、はいべん、はぃぴっち。
はまべ、はごいた、はたんきょう、
はまぐり、はまなす、はあもにか。

はりめ、はえなわ、はえざかり、
はえうち、はえとり、はえすべり。
はちく、はちのす、はちのみつ、
はしたて、はしばこ、はえたたき。
はたち、はたとせ、はねぶとん、
はねおと、はねつき、はねかざり。
はおり、はかいし、はりおうぎ、
はりいた、はりあな、はたねずみ。
はんし、はじかみ、はなごよみ、
はこずし、はこぜん、はこぢょうちん。
はがき、はみがき、はらくだし、
はぜだま、はちまき、はしのいえ。

少女達、樹の下で休息する。

奥の方でダンプ、着々と土を落とし舞台を
伸ばしている。

SE「地階の笑い声」

豚の演出家、延々と喋り続けている。
唸るオートバイのエンジン。
たちこめる排煙。

《最後の観客》、下足札のような座席券をしっかり握り、
キョロキョロしながら客席を通過し、舞台へ。

逆光のライト、徐々に点灯。
〈強烈な夕陽〉を思わせる。

《最後の観客》、舞台に消える。

舞台、見えなくなる。

SE「海鳴りの音」 sp15

SE「規則正しい太鼓の音」 sp16

音楽「郵便配達のテーマ」

「長井さん、長井さん…………長井さん、長井さん
…………長井さん、長井さん…………」

第二章「ジャンジャン横丁より—動物園前通り—今池—東天下茶屋—聖天坂—天神の森へ…」

逆光。客席、強烈な明るさ。舞台、見えなくなる。
客席の両側の暗幕、後から順に前へ、落ちてゆく。
原色の商店街。
立ち並ぶ店、店、店。
あらゆる騒音、人の声、乱れる。
(入口より客席へ到るまでの楽屋①〜⑭の裏側が、通りの表側となっている)

客席後方より右側
○表①
パチンコ屋。
花輪、桜の造花、自転車。

SE「軍艦マーチ」
「店内放送の男の声」
「チーンジャラジャラジャラ」

大音響。「軍艦マーチ」

SE「規則正しい太鼓の音」
—第二章を通じて低く低く続く—

SE「海鳴りの音」
—第二章を通じて低く低く続く—

客席後方より左側
○表②
鳥獣店。
籠に、いろいろな種類の鳥。
檻に、いろいろな種類の獣。

SE「鳥獣の鳴き声」
SE「中国語を繰り返すオウム」

店先の半畳程の空間を放浪する男①

○表③
地下映画館の入口。
地階へ通じる階段。
その上にピンク映画のポスター。

SE「映画の台詞と音楽」

店先の半畳程の空間を放浪する男③

○表⑤
食堂。
黒塗りの板に朱で、めし、うどん、丼物等の文字賑やか。

SE「注文する声、応対する声」
店先の半畳程の空間を放浪する男⑤

○表⑦
服屋。
無造作に吊り下げられた洋服。
バーゲン、安値等のポップ。
SE「安売りする店員の声」

店先の半畳程の空間を放浪する男②

○表④
叩き売り。
招猫。金メッキの鯉の置き物。鉄製の鷲。海に夕陽の掛軸。一万円札の立体。金太郎、等。

SE「叩き売りの声」

店先の半畳程の空間を放浪する男④

○表⑥
不動産屋。
白地に赤の飾り枠の紙。四畳半、三畳、二畳、八〇〇〇円、五〇〇〇円、風呂なし等。

SE「株式市況」
店先の半畳程の空間を放浪する男⑥

○表⑧
造花屋。
原色の造花。金、銀のモールや、赤青の玉。
SE「競馬中継」

店先の半畳程の空間を放浪する男⑦

○表⑨
肉屋。
肉。骨。数字。量り。包丁。新聞紙。

SE「客と店主のやりとり」

店先の半畳程の空間を放浪する男⑨

○表⑪
ホルモン屋。
大きな暖簾。煙。

SE「歌謡曲」

二人の男、A、B

A　あほか、おれももうゴミやで、もうゴミ、もうこんなんしゃあないおもうけど。

B　ねえさんなんぼ？　殺したろおもたけどやっぱり殺せんわ。

A　あほたれ。殺してみい殺人罪や。傷害と殺人罪とごっついちがいや。

B　汗水たらしてなタケやん…………。おれが××許したんはおれが悪かったけどな、まあ部屋で飲みやてゆうたんや。

店先の半畳程の空間を放浪する男⑧

○表⑩
魚屋。
魚。蠅取紙。吊り下げられた鍋。値段表。

SE「店員の呼び声」

店先の半畳程の空間を放浪する男⑩

○表⑫
串カツ屋。
大きな暖簾。

SE「浪曲」

A　やつみたいに友達の金、盗むやつはようけおるんやてゆうたやろおれ。あいつはいつもそうやねん。あいつは気イつけよて。部屋へ入ってきたら、水一杯くれやてゆうやろ。かさんぞう、われ言うやろ、それからひとっつも言えへん。
B　カバンに入れとってんやタケさん。
A　カバンのなか、
B　盗みやがってあのバカは…。
A　わたしつらかったでえ。盗みやがってなあ。
B　おまえそれサイフかい？
A　サイフでんがなこんなん。
B　えらいひっついとんのう。
A　ほっとけや。
ハッハッハッハ。ああビニールやんけこれ。それでひっつくんや。汗かいたらひっつくわ。ハッハッハッハ。銭ひっつくんやったらええねんけどなあ。
B　盗みやがって、あいつ、このまえ、盗みやがって。
A　（ママに）なんぼ？
マ　一一〇〇円。
B　一一〇〇円か。あいつ悪い男やった。
なんぼ足らん？
マ　三〇円。

B　タケやん三〇円出して。人の金盗みやがって、あいつは。一番信用しとった男がなあ。三〇円かしとって。人の金盗みやがった、ばかたれが。
A　やんどるで。
マ　もうあがるんちゃう。
A　（Cに）あんた四国か？
C　ぼくは加古川です。
A　ああ、やっぱりそやなあ。あっちの言葉や。なんで言うたらなあ、加古川いうたらな、「よんか」ていうの多いんや。
C　よんか？
A　食いよんか、ちゅうてな。
B　（ママに）ねえさん、まゆげ寄っとんなあ。まゆげ寄っとんなあ。
マ　毎日寄ってるわ。
A　食いよんか、ちゅうてな。
B　まゆげ寄っとんなあ。じわじわと。
A　あれ食いよんか。
B　おっさん、昭和七年か？　あのばかたれが！
C　四国とちゃうねん。
A　いや、よう似とんねん。
B　あのバカタレが！

A　いやちゃう、あれは徳島の…。
B　ねえさんすんません、あんまり飲まんと。マスターごめんな……（間）
うーん、まともにいくような男でないわい。なあタケダさん。
A　おまえさん、そやけど。
B　わいはタケやん一番好きやぞ。
A　マージャンばっかりしてもうけとんのに。
B　マージャン、おれは勝ったことない。
A　おれも勝ったことない。マージャンはもうやらん。
B　ニーヨン、ヨッパ、クンロク、イチサン、ザンニ、ロクヨン、イチニッパ。
A　その計算が早いんや、あんた。おらあ計算するから負けてまうんやど。
B　マージャンやったらおれ、絶対負けへん。
A　ええとなあ、ニッパのなんとやら。
B　ニッパ、ゴンロク。
A　いや、ちゃう。ちょう待て、それ、計算しとる間に向こうにごまかされて、ああ、しもたて。
B　ねえさん、マッチ貸して。
A　なんぼ借りとんねん？
B　ええ、いやいや八〇〇円、いやその半分。ねえさん、ごめんな。いや、借りてない。一銭の金も借りてない。
A　あのなあ友達に借りてんのとちゃうで。
B　いや借りてないて。
A　まじめの中のあほやねん。それくらいええ人間や。ほんまにそやで、ま、おそらくなあ、こんなやつはおらんよ。そやさかい、まじめの中のアホやねん。わかってくれ××やん。
A　ねえさん、帰ります。
マ　ありがとうございました。
A　マスター（ビールを飲む）
A　あら、ごっついやつでやってんやな。
B　人はそれ。
A　ばかもん。人にそうて馬に…。
B　人はそれ。
A　人にはそうてみ、馬にはのってみ、ちゅうんじゃ、アホ、何をゆうてんねんや。馬にはのってみ、人にはそうてみ、な、わかる？馬には乗らなアカン。
B　わかる。
A　人にはそうてみ、これが人間。どんな醜いやつでも、又、話しにくいやつでも、やっぱりそうてみたら、なるほどなあ、人間やと思う時はある。
B　おれ、そやけど幸せになりたいわ。
A　なるわいっ！なる。なる。おまえみたいに、いつもその、皮肉に皮肉にあの、ひねくれたらアカン。
B　マスター、ええー奥さんもうてさ。
A　今度マスターに文句つけてきたらアカンど。あ、マスターいっぺんその辺に水バケツ一杯ぱーっと

A 顔にかけといてくんなはれ。はははは、こら、さめたか？アホ、もっぺん出直してこいいうてな。
B おれは寂しいわ。
A あ、昔、フランク永井の『俺は寂しいんだ』ていう歌があったな。
B うーん。
A 昭和三二年、三一年かなあ、おまえも人間や。わしも人間や。みんな強い。よーう生きてきよった。
B 生きてきたなあ。
A まだこれから、生きられる道はようけあるし、又、開ける道もある。
B もう疲れたで、タケダさん。
A いやいや疲れるのはなあ、疲れるのは精神的だけ。体力はまだ…。
B 肉体的に疲れた。
A 何をいうてけつかんねん。あほんだら、おまえらまだ子供じゃ、あほ。四四や五でのう、そんなこというてたらあかん。
B いや個人的体力が…。
A あかん、まだまだ。四四、五いうたらな、わしらやったら、そのじぶんやったらいえんど。
B いやそら個人差ありまんがな。
A 一〇年のまえいうんやから。おれは今ゴンゴウ(五五)や、わしはな。もう七つの鐘鳴ってみい。六やぞ、えらいこっちゃ。それでも、個人差はあってもあんたみたいにタフな人間は××や。あんたはタフや。うん、頭もさえるし…。
B もうあかん、学もないしな。

(間)

A おい、あんたおったとこ、向こうの…。
B あんた×××か？
A ちゃうわい。もっと向こう。ヒトイチ。
B ああ、ヒトヨシ、九州か？
A ヒトイチ。
B ああ、あの、クマクダリなあ。
A ヒトイチじゃ、あほ。
B ヒトヨシやからクマクダリや。
A ちゃうわ。
B あれはミヤコノセンからのってるんじゃ。
A ミヤコノジョウから？

B　ミヤコノジョウからなあ…　マスター、帰りますわ。
マ　ハーイ、ありがとう。
A　帰ってコロッと寝えよ。
B　うーん。元気でえ。ぼく死んだら、線香の一本あげてくれよ。
A　ああ、あほ、あげへん。
B　あげへんのん？
A　あほか。
B　ほんなら、さよならいわんわ。
A　あげるてなんやねん？なんで線香あげないかんねや？あほ。
B　マスター帰ります。
マ　ハイハイ
A　もう来んなよ。
B　マスターさん、もう来ないぞ。
マ　はいはいはい、あとから入るお客さんのじゃまになる…。
B　もう来ないぞ。
マ　はいはい。
B　前のつけ、どうすんじゃ？
マ　大丈夫、大丈夫、取りにいくから。
A　死ぬ人間が、おまえ、え、これからけえへん人間が前の借金心配しとる。やっぱり人間やな。ええこや。な。
B　ねえさん帰ります。

マ　ハイ。
B　タケダさん、どうもすんませんでした。
A　ああ、もう帰れよ。はよ帰って、ねさらせ。あほ。
B　楽になります。
A　え？
B　楽になります。
A　あほなこというな。はよせんかいな。
B　みなさん、きょうすんませんでしたねえ…タケダさん、ほんならもう帰ります。
マ　はい、ありがとうございました。
B　タケダさん、帰ります。
A　帰りや。（他の客と話）
B　みなさん、すんません。もう帰ります。タケダさんすんません。
A　もういぬんか？
もう…マスター、帰りますわー。
マ　ハイ
A　ほんだらマスター、おおきに。ごっそうさん。ママ、おおきに。
マ　はい、ありがとうございました。
B　おおきに。
マ　ハイ、またどうぞ。

（AとB帰る）

○表⑬
古本屋。
家の壁を突き破って巨きな樹。
半ばモノクローム。
店先の半畳程の空間を放浪する男⑬

ＳＥ「規則正しい太鼓の音」
ＳＥ「海鳴りの音」

徐々に大きく――。

花道、ぱくりと裂ける、放出する水。
巨大な封筒が首を出す。

ＯＦＦ　女の声「親愛なる路地の殿下へ………
　　親愛なる路地の殿下へ………」

ＳＥ「自転車のブレーキ」

封筒ゆっくりとせり上がる。

ＳＥ「パチンコ屋の音」

さらに大きく、
ＳＥ「映画館の音」
ＳＥ「鳥獣の鳴き声」

○表⑭
眼鏡屋。
家の壁を突き破って、舟首。犬の首。
半ばモノクローム。
店先の半畳程の空間を放浪する男⑭

ＯＦＦ　音楽「郵便配達夫のテーマ」

「犬の影。
犬の影。
犬の影。
犬の影。
犬の影。
　あれは、屋根の影。
これは、俺の影。

封筒ゆっくりせり上がる、
地下から照明強烈に。

ＳＥ「安売りの声」さらに大
ＳＥ「競馬中継」さらに大
ＳＥ「太鼓」「海鳴り」

客席の照明徐々に落ちる。
放浪の男たち舞台へ、ふらふらと。

ＳＥ「叩き売り」さらに大
ＳＥ「歌謡曲」さらに大

せり上がる封筒。
ＳＥ「自転車のブレーキ」

客席の照明落ちる。
原色の街並み、薄明りのなか、殆どモノクロームに。
音のみ賑やか。

ＯＦＦ　女の声「親愛なる路地の殿下へ、
　　親愛なる路地の殿下へ……」

ＳＥ「自転車のブレーキ」

さらに封筒せり上がり、宛名見える。

屋根の影。
屋根の影。
屋根の影。
屋根の影。
屋根の影。
あれは、電柱の影。

電柱の影。
電柱の影。
電柱の影。
電柱の影。
電柱の影。
あれは、ポプラの影。
これは、俺の影。
ポプラの影。
ポプラの影。
ポプラの影。
ポプラの影。
ポプラの影。
あれは、家の影。
これは、俺の影。
家の影。
家の影。
家の影。
家の影。
家の影。
あれは、煙突の影。

「蟹殿下」

舞台、ボウ、と明るくなる。
放浪の男たち、路地へ入る。

SE「遠い踏切の音」
　チーンチン、チーンチン、チーンチン。

これは、俺の影。
煙突の影。
煙突の影。
煙突の影。
煙突の影。
あれは、猫の影。
これは、俺の影。

第三章「路地へ」

商店街のけばけばしい原色から、モノクロームの舞台へ。
放浪の男たち、ふらふらと入る。

〈路地〉
客席後方から舞台奥へ逆遠近。
立体と半立体と平面の混在、融合する舞台。

濃密な蔭のモザイク。

照明、影を浮かびあがらせるように、ゆるやかに灯る。
無時刻の薄明。
SE「遠い踏切りの音」

大きな格子戸。中より光洩れて…
大きな芥箱。半ば土に埋れて…
大きな蛇口。下に小さな水溜りを作り…
大きな看板の文字。壁に影を曳いて…
大きな電柱。柱に大きな指紋をつけて…
半ば平面とあいまいな石壇。白の上の灰色。
灰色の地蔵。真紅の胸当て。

SE「商店の音」遠のく。
猫の影。
猫の影。
猫の影。
猫の影。
猫の影。
あれは、雲の影。
これは、帽子の影。
雲の影。
雲の影。
雲の影。
雲の影。
雲の影。
あれは、電線の影。
これは、帽子の影。
電線の影。
電線の影。
電線の影。
電線の影。
電線の影。
あれは、鳥の影。
これは、帽子の影。
鳥の影。
鳥の影。
鳥の影。

家と家とのさかい、闇にておぼろ。
あちらこちら板塀をまたぎ路地へ木が延びている。
芙蓉に似た白い花が下る。

舞台奥。
路地の曲り角、闇にておぼろ。〈壱の奥の蔭〉
SE「オルガン演奏」
女の歌声、聞こえる。〈我は海の子〉

ドイツ語
「我は海の子」

幾年ここに鍛えたる
鉄より堅き腕あり
吹く潮風に黒みたる
肌は赤銅さながらに

「封筒」の中より、水しぶきを上げて
〈四匹のシーラカンス〉が現れる。
口に手紙をくわえている。
四匹のシーラカンスの泳ぎ。
路地の溝を泳ぎゆく。

〈壱の奥の蔭〉崩れ、〈弐の奥の蔭〉が現れる。
〈弐の奥の蔭〉の前、水溜りに生えた木の下、
数名の女学生たち、歌っている。
鮮やかな紫色のセーラー服姿。

鳥の影。
あれは、旗の影。
これは、鼻の影。
旗の影。
旗の影。
旗の影。
旗の影。
旗の影。
あれは、石の影。
これは、鼻の影。
石の影。
石の影。
石の影。
石の影。
あれは、紐の影。
これは、鼻の影。
紐の影。
紐の影。
紐の影。
紐の影。
紐の影。
あれは、橋の影。
これは、鼻の影。
橋の影。
橋の影。
橋の影。
橋の影。
橋の影。

頭に貝や珊瑚の髪飾り。切れ長の目。
全身びしょ濡れに光る。
そのあたり、ひときわ明るい光。

SE「オルガンの演奏」

女学生達「親愛なる路地の殿下よ…
　親愛なる路地の殿下よ…」

SE「スペイン語」

女学生「美しき、路地の殿下よ。
　とまや貝にて眠るひとよ。
いそばなにて戯れるひとよ。
ひめだいと泳ぐひとよ。
さくらがいと話すひとよ。
えぼしがいと唄うひとよ。
さんご摘みするひとよ。
美しき、路地の殿下よ」

SE「オルガン演奏」

〈弐の奥の蔭〉、崩れ〈参の奥の蔭〉現る。
女学生たち、木の下より出る。
放浪の男たち、ゆっくりと奥へ歩む。

「丈余の櫓櫓操りて

橋の影。
犬の影。
犬の影。
犬の影。
犬の影。
犬の影。
　あれは、屋根の影。
これは、俺の影。
屋根の影。
屋根の影。
屋根の影。
屋根の影。
屋根の影。
あれは、電柱の影。

これは、俺の影。
電柱の影。
電柱の影。
電柱の影。
電柱の影。
電柱の影。
あれは、ポプラの影。
これは、俺の影。
ポプラの影。
ポプラの影。

行く手定めぬ波枕
百尋千尋海の底
遊び慣れたる庭広し」

SE「イタリア語」
女学生「逞しき、路地の殿下よ。
馬にまたがれるひとよ。
馬車にゆられしひとよ。
汽車にのれるひとよ。
バスにゆられしひとよ。
車にゆられしひとよ。
自転車にまたがれるひとよ。
逞しき、路地の殿下よ」

「高く鼻つく磯の香に
不断の花の薫りあり
渚の松に吹く風を
いみじき楽と我は聴く」

女学生たち前へ進む。
放浪の男たち、ゆっくりと奥へ歩む。

SE「中国語」
女学生「強暴な、路地の殿下よ。
でんちゅうの前のひとよ。
でんちゅうの下のひとよ。
でんちゅうのうしろのひとよ。
でんちゅうの影のひとよ。
でんちゅうの西のひとよ。

ポプラの影。
ポプラの影。

ポプラの影。
あれは、家の影。
これは、俺の影。
家の影。
家の影。
家の影。
家の影。
家の影。
あれは、煙突の影。
これは、俺の影。
煙突の影。
煙突の影。
煙突の影。
煙突の影。
煙突の影。
あれは、猫の影。
猫の影。
猫の影。

でんちゅうの裏のひとよ。
強暴な路地の殿下よ」
「生まれて潮に湯浴みして
波を子守の歌と聴き
千里寄せ来る海の気を
吸いて童となりにけり」
SE「朝鮮語」
女学生「哀愁の路地の殿下よ
いり豆、嚙むひとよ
砂糖きび、しがむひとよ
はったい粉、吸うひとよ
芋飴、しゃぶるひとよ
金平糖、舐めるひとよ
黒砂糖、かじるひとよ
哀愁の路地の殿下よ」
「我は海の子、白波の
さわぐ磯辺の松原に
煙たなびく苫屋こそ
我がなつかしき住処なり」
女学生たち前へ。
放浪の男たち、ゆっくりと奥へ。
SE「日本語」
女学生「追憶の路地の殿下よ

猫の影。
猫の影。
猫の影。
あれは、雲の影。
これは、帽子の影。
雲の影。
雲の影。
雲の影。
雲の影。
雲の影。
あれは、電線の影。

蓮の実、噛めるひとよ
ほおずき、噛めるひとよ
銀杏、噛めるひとよ
あおうめ、噛めるひとよ
かしのみ、噛めるひとよ
ぬばたま、噛めるひとよ
けし、噛めるひとよ
追憶の草蔭のひとよ」

SE「日本語」

「追憶の路地の殿下よ
指、噛みしひとよ
忘れしひとよ
耳、噛みしひとよ
消えしひとよ
くちびる、噛みしひとよ
流れしひとよ
肌、噛みしひとよ
澱みしひとよ
追憶の火影のひとよ」

SE「日本語」

「追憶の路地の殿下よ
夢、噛みしひとよ
降りてゆきしひとよ
夢、噛みしひとよ
曲りゆくひとよ
夢、噛みしひとよ

これは帽子の影。
電線の影。
電線の影。
電線の影。
電線の影。
あれは、鳥の影。
これは、帽子の影。
鳥の影。
鳥の影。
鳥の影。
鳥の影。
あれは、旗の影。
これは、鼻の影。
旗の影。
旗の影。
旗の影。
旗の影。
あれは、石の影。
これは、鼻の影。
石の影。
石の影。

くねりゆくひとよ
夢、噛みしひとよ
降りゆくひとよ
追憶の蔭の殿下よ」

女学生たち、花道に辿り着く。

放浪の男たち、それぞれ家の軒下に入る。軒の蔭と男たちの蔭、融けておぼろ。女学生たち、裂けた花道の中を覗き見る下からの強烈な光。

女学生たちの白い顔の光の波紋が揺れる。

女学生たち、その深い深い底の奥の鏡をみるように化粧をはじめる。

女学生「スズメ啼ケ啼ケ、スズメ啼ケ啼ケ、千匹啼ケ万匹啼ケ、千匹啼ケ万匹啼ケ、デンチュウノ前ノヒトニ啼ケ」

女学生「セミ啼ケ啼ケ、セミ啼ケ啼ケ、千匹啼ケ万匹啼ケ、千匹啼ケ万匹啼ケ、デンチュウノ下ノヒトニ啼ケ」

女学生「カモメ啼ケ啼ケ、カモメ啼ケ啼ケ、千匹啼ケ万匹啼ケ、千匹啼ケ万匹啼ケ、デンチュウノ裏ノヒトニ啼ケ」

石の影。


石の影。

石の影。

あれは、紐の影。

これは、鼻の影。

紐の影。

紐の影。

紐の影。

紐の影。

あれは、橋の影。

これは、鼻の影。

橋の影。

橋の影。

橋の影。

女学生たち、いきなり立ち上り、踵をかえし舞台へと走り、それぞれに家の前に立つ。

女一「ここは、大阪市西成区東天下茶屋三丁目一三番地、浦田次郎さんのお宅ですか」
男一「いいえ、ここは、大阪市西成区東天下茶屋三丁目一三番地、浦田次郎さんのお宅ではありません」
女三「ここは、大阪市西成区動物園前三丁目一二番地、浦辺四郎さんのお宅ですか」
男三「いいえ、ここは、大阪市西成区動物園前三丁目一二番地、浦辺四郎さんのお宅ではありません」
女五「ここは、大阪市西成区萩之茶屋五丁目一番地、浦河二郎さんのお宅ですか」
男五「いいえ、ここは、大阪市西成区萩之茶屋五丁目一番地、浦河二郎さんのお宅ではありません」
女一「決して嘘などつかないでください、ここは、大阪市西成区東天下茶屋三丁目一三番地、浦田次郎さんのお宅でしょう」
男一「いいえ、ここは、大阪市西成区東天下茶屋三丁目一三番地、浦田次郎さんのお宅ではありません」
女二「ここは、大阪市西成区今池四丁目五番地、浦山太市さんのお宅ですか」
男二「いいえ、ここは、大阪市西成区今池四丁目五番地、浦山太市さんのお宅ではありません」
女四「ここは、大阪市西成区岸の里七丁目二三番地、浦野二郎さんのお宅ですか」
男四「いいえ、ここは、大阪市西成区岸の里七丁目二三番地、浦野二郎さんのお宅ではありません」
女六「ここは、大阪市西成区山王町三丁目二番地、浦上一郎さんのお宅ですか」
男六「いいえ、ここは、大阪市西成区山王町三丁目二番地、浦上一郎さんのお宅ではありません」
女二「決して嘘などつかないでください、ここは、大阪市西成区今池四丁目五番地、浦山太市さんのお宅でしょう」
男二「いいえ、ここは、大阪市西成区今池四丁目五番地、浦山太市さんのお宅ではありません」
女四「決して嘘などつかないでください、ここは、大阪市西成区岸の里七丁目二三番地、浦野二郎さんのお宅でしょう」
男四「いいえ、ここは、大阪市西成区岸の里七丁目二三番地、浦野二郎さんのお宅ではありません」
女三「決して嘘などつかないでください、ここは、大阪市西成区動物園前三丁目一二番地、浦辺四郎さんのお宅でしょう」
男三「いいえ、ここは、大阪市西成区動物園前三丁目一二番地、浦辺四郎さんのお宅ではありません」

女五「決して嘘などつかないでください、ここは、大阪市西成区萩之茶屋五丁目一番地、浦河二郎さんのお宅でしょう」
男五「いいえ、ここは、大阪市西成区萩之茶屋五丁目一番地、浦河二郎さんのお宅ではありません」
女一「もう一度お聞きします、ここは、大阪市西成区東天下茶屋三丁目一三番地、浦田次郎さんのお宅ですか」
男一「いいえ、ここは、大阪市西成区東天下茶屋三丁目一三番地、浦田次郎さんのお宅ではありません」
女三「もう一度お聞きします、ここは、大阪市西成区動物園前三丁目一二番地、浦辺四郎さんのお宅ですか」
男三「いいえ、ここは、大阪市西成区動物園前三丁目一二番地、浦辺四郎さんのお宅ではありません」
女六「決して嘘などつかないでください、ここは、大阪市西成区山王町三丁目二番地、浦上一郎さんのお宅でしょう」
男六「いいえ、ここは、大阪市西成区山王町三丁目二番地、浦上一郎さんのお宅ではありません」
女二「もう一度お聞きします、ここは、大阪市西成区今池四丁目五番地、浦山太市さんのお宅ですか」
男二「いいえ、ここは、大阪市西成区今池四丁目五番地、浦山太市さんのお宅ではありません」
女四「もう一度お聞きします、ここは、大阪市西成区岸の里七丁目二三番地、浦野二郎さんのお宅ですか」
男四「いいえ、ここは、大阪市西成区岸の里七丁目二三番地、浦野二郎さんのお宅ではありません」
女六「もう一度お聞きします、ここは、大阪市西成区山王町三丁目二番地、浦上一郎さんのお宅ですか」
男六「いいえ、ここは、大阪市西成区山王町三丁目二番地、浦上一郎さんのお宅ではありません」
女五「もう一度お聞きします、ここは、大阪市西成区萩之茶屋五丁目一番地、浦河二郎さんのお宅ですか」
男五「いいえ、ここは、大阪市西成区萩之茶屋五丁目一番地、浦河二郎さんのお宅ではありません」

女学生たち、あきらめて、路地の中央に縦一列に並ぶ。
しばらくの間。
ポケットから看護婦の帽子を取りだし被り、大声で。
女学生「みなさーん、只今、五時三〇分ですー。夕方
　のラジオ体操をはじめましょう～」

右手に団扇。
左手に、杖のような細い剣のような、もの。
裸の体、深い傷痕。
頭には、錆びた兜。
腰に鉦や太鼓等を下げ。
褌姿。
男たち出てくる。
SE「ラジオ体操の曲」

SE「ラジオ体操のアナウンサー」
「今日も太陽が西の海に落ちようとしています。長い
長い一日の終りです。さあ、みんな揃って、夕方のラ
ジオ体操を始めましょう！まずは背伸びの運動から、
ハイッ！」
SE「ピアノ曲」

男たち、記憶のラジオ体操を始める。
看護婦の女学生たち体操の教官よろしくリードするが、
どことなくぎこちない。
ラジオ体操、終る。
SE「遠い踏切の音」

女一「(笛を鳴らし) さあ、体操のあとは散歩の時間です。右の足と左の足を上手に前後させ、全身を使って歩きましょう。(歌う) 歩くのなんか平気だよ平気だよ、ほら平気だよ
ワッハハワッハ、ワッハハワッハ
天気がいいからうれしいね
うれしいね、ほらうれしいね
仔犬もあとからついてくる
たのしい仲間、ほらついてくる
小鳥もまけずについてくる
愉快な仲間、ほらうれしいね」

男たち。バラバラに別の歌をうたう。

SE「散歩の音楽」

男女それぞれペアになり歩きはじめる。
規則正しい女の歩き、それに随《つ》いてゆくように男の頼りなげな歩き。
信号待ちのように時々止まりまた歩く。
歩きながら奇妙に符合する調子の哄笑。
男、時々列を離れ、家の中へ入り、しばらくしてから出てきてまた列に加わる。
静寂のなか、虚ろな歩行。
SE「信号の、盲人用の曲(遠き山に陽は落ちて)」

女一　あしのうえにあるものは？
男一　……へそ。
女一　へそのうえにあるものは？
男一　……あばらぼね。
女一　あばらぼねのうえにあるものは？
男一　……ちくび。
女一　ちくびのうえにあるものは？
男一　……あご。
女一　あごのうえにあるものは？
男一　……まつげ。
女一　まつげのうえにあるものは？
男一　……あたま。
女一　あたまのうえにあるものは？
男一　……ぼうし、は、ない。
女一　あたまのうえにあるものは？
男一　……しらが。
女一　しらが。
男一　しらが。
女一　しらが。
男一　しらが。
女一　しらがのうえにあるものは？
男一　……ふけ。
女一　ふけのうえにあるものは？
男一　………………。

女二　まゆげのしたにあるものは？
男二　……きず。
女二　きずのしたにあるものは？
男二　……はな。
女二　はなのしたにあるものは？
男二　……むしば。
女二　むしばのしたにあるものは？
男二　……くちびる。
女二　くちびるのしたにあるものは？
男二　……ひげ。
女二　ひげのしたにあるものは？
男二　……のどぼとけ。
女二　のどぼとけのしたにあるものは？

女一　ふけのうえにあるものは？
男一　…………。
女一　ふけのうえにあるものは？
男一　………わすれた。
女一　ふけのうえにあるものは？
男一　わすれた。
女一　ふけのうえにあるものは？
男一　……………………………………。

SE　「プレス工場の音」

女三　にっぽんのうらにあるくには？
男三　……ぶらじる。
女三　ぶらじるのうらにあるくには？
男三　……かんこく。
女三　かんこくのうらにあるくには？
男三　……ぼりびあ。
女三　ぼりびあのうらにあるくには？
男三　……もんごる。
女三　もんごるのうらにあるくには？
男三　……あるぜんちん。
女三　あるぜんちんのうらにあるくには？
男三　……そびえと。

男二　……はら。
女二　はらのしたにあるものは？
男二　……いんもう。
女二　いんもうのしたにあるものは？
男二　……ひざ。
女二　ひざのしたにあるものは？
男二　……あし。
女二　あしのしたにあるものは？
男二　……くつ、は、ない。
女二　あしのしたにあるものは？
男二　……うおのめ。
女二　うおのめ。
男二　うおのめ。
女二　うおのめ。
男二　うおのめ。
女二　うおのめのしたにあるものは？
男二　……。
女二　うおのめのしたにあるものは？
男二　……………………………………。

SE　「犬の鳴き声」

女四　やかんのよこにあるものは？
男四　……はしたて。
女四　はしたてのよこにあるものは？
男四　……がらすこっぷ。
女四　がらすこっぷのよこにあるものは？
男四　……はいざら。

女三　そびえとのうらにあるくには？
男三　……にゅうじらんど。
女三　にゅうじらんどのうらにあるくには？
男三　……かなだ。
女三　かなだのうらにあるくには？
男三　……すりらんか。
女三　すりらんかのうらにあるくには？
男三　……えるさるばどる。
女三　えるさるばどるのうらにあるくには？
男三　……ねぱーる。
女三　ねぱーるのうらにあるくには？
男三　……にからぐあ。
女三　にからぐあ。
男三　にからぐあ。
女三　にからぐあのうらにあるくには？
男三　……いんど。
女三　いんどのうらにあるくには？
男三　……ころんびあ。
女三　ころんびあのうらにあるくには？
男三　……びるま。
女三　びるまのうらにあるくには？
男三　……べねずえら。
女三　べねずえらのうらにあるくには？
男三　……ふぃりぴん。
女三　ふぃりぴんのうらにあるくには？
男三　……ぶらじる。
女三　ぶらじるのうらにあるくには？
男三　……。

女四　はいざらのよこにあるものは？
男四　……ゆのみ。
女四　ゆのみのよこにあるものは？
男四　……ちゃづつ。
女四　ちゃづつのよこにあるものは？
男四　……つくだに。
女四　つくだにのよこにあるものは？
男四　……おおたいさん。
女四　おおたいさんのよこにあるものは？
男四　……ねえさんのて。
女四　ねえさんのてのよこにあるものは？
男四　……おばさんのて。
女四　おばさんのてのよこにあるものは？
男四　……おじさんのて。
女四　おじさんのてのよこにあるものは？
男四　……ひばし。
女四　ひばしのよこにあるものは？
男四　……やかん。
女四　やかん。
男四　やかん。
女四　やかん。
男四　やかん。
女四　やかんのよこにあるものは？
男四　……はしたて。
女四　やかんのよこにあるものは？
男四　……わすれた。
女四　やかんのよこにあるものは？
男四　わすれた。

女三　ぶらじるのうらにあるくには？
男三　……わすれた。
女三　ぶらじるのうらにあるくには？
男三　……わすれた。
女三　ぶらじるのうらにあるくには？
男三　……………………………。

女五　ぞうさんのとなりは？
男五　……はくちょう。
女五　はくちょうのとなりは？
男五　……くま。
女五　くまのとなりは？
男五　……きゅうけいしょ。
女五　きゅうけいしょのとなりは？
男五　……しろくま。
女五　しろくまのとなりは？
男五　……さるじま。
女五　さるじまのとなりは？
男五　……くじゃく。
女五　くじゃくのとなりは？
男五　……あしかいけ。
女五　あしかいけのとなりは？
男五　……きりん。
女五　きりん。
男五　きりん。
女五　きりん。
男五　きりん。
女五　きりんのとなりは？

←

女四　やかんのよこにあるものは？
男四　わすれた。
女四　やかんのよこにあるものは？
男四　…………………………。

女六　かさのかげにいるのはだれ？
男六　……こおろぎ。
女六　くものかげにいるのはだれ？
男六　……かぶとむし。
女六　きのかげにいるのはだれ？
男六　……あかとんぼ。
女六　ひょうしきのかげにいるのはだれ？
男六　……ちょうせんこむらさき。
女六　でんちゅうのかげにいるのはだれ？
男六　……うすばかげろう。
女六　いたべいのかげにいるのはだれ？
男六　……てんとうむし。
女六　ぽすとのかげにいるのはだれ？
男六　……かたつむり。
女六　くるまのかげにいるのはだれ？
男六　……かまきり。
女六　ひまわりのかげにいるのはだれ？
男六　……なめくじ。
女六　ほどうきょうのかげにいるのはだれ？
男六　……むかで。
女六　かなあみのかげにいるのはだれ？
男六　……みみず。

←

男五　……さるあぱあと。
女五　さるあぱあとのとなりは？
男五　……おんなべんじょ。
女五　おんなべんじょのとなりは？
男五　……おとこべんじょ。
女五　おとこべんじょのとなりは？
男五　……ちかどう。
女五　ちかどう。
男五　ちかどう。
女五　ちかどう。
男五　ちかどう。
女五　ちかどうのとなりは？
男五　……ばいてん。
女五　ばいてんのとなりは？
男五　……まいごあずかり。
女五　まいごあずかりのとなりは？
男五　…………。
女五　まいごあずかりのとなりは？

男一　まなづる。まなづるは、アジア特産のうつくしいつるで、たんちょうづるよりやや小型で目の周囲が赤く、くちばしは緑色。冬には中国南部や、朝鮮半島に渡ります。でも、ここでは、オリのなかにいるのでどこへもいけません。
女全員（以下・女全）ん？
男一　まなづるのとなりは？

女六　てっきょうのかげにいるのはだれ？
男六　……とかげ。
女六　どらむかんのかげにいるのはだれ？
男六　……さそり。
女六　のれんのかげにいるのはだれ？
男六　……しゃくとりむし。
女六　しゃくとりむし。
男六　しゃくとりむし。
女六　しゃくとりむし。
男六　しゃくとりむし。
女六　えんとつのかげにいるのはだれ？
男六　……へび。
女六　せんたくもののかげにいるのはだれ？
男六　……やもり。
女六　ふねのかげにいるのはだれ？
男六　……かえる。
女六　あなたのかげにいるのはだれ？
男六　あなたのかげにいるのはだれ？
女六　……わすれた。
男六　わすれた。
あなたのかげにいるのはだれ？
あなたのかげにいるのはだれ？
…………………………………。

女全　とむそんがぜる、東あふりか。
男一　とむそんがぜるのとなりは？
女全　すぷりんぐぼっく、あんごら。
男一　すぷりんぐぼっくのとなりは？
女全　もうこれいよう、中国東北部。
男一　もうこれいようのとなりは？
女全　きよん、中国南部、台湾。
男一　きよんのとなりは？
女全　はいいろかんがるう、おーすとらりあ。
男一　はいいろかんがるうのとなりは？
女全　あかかんがるう、おーすとらりあ。
男二　あかかんがるうのとなりは？
女全　らま。
男二　らまは、らくだの仲間で、らくだのように背中にこぶはありませんが、らくだと同じように鼻を自由に閉じることができます。はい。
女全　らまのとなりは？
男三　けーぷぺんぎん。
女全　けーぷぺんぎんのとなりは？
男三　まぜらんぺんぎん。
女全　まぜらんぺんぎんのとなりは？
男三　ふんぼるとぺんぎん。
　　　ぺんぎんは、水中ではすばらしいすぴーどで泳ぎ毎時三六キロメートルに達します。立って歩く姿は燕尾服を着たようで、ちょこちょこ歩く姿は人気があり人鳥というおもしろい言葉もできました。は、は、は、は。
女全　ふんぼるとぺんぎんのとなりは？
男四　おらんうーたん。
　　　おらんうーたんとは、まれー語で〈森の人〉という意味です。ほかの類人猿にくらべて殆ど樹のうえで生活しています。でもここでは、こんくりのうえで、うつぶせになって寝てばかりいます。うん。
女全　おらんうーたんのとなりは？
男五　しろておながざる。
　　　かみつきます。注意、注意。
女全　しろておながざるのとなりは？
男六　ろーらんどごりら。西あふりか。
　　　おすの名前は、ごろーです。めすの名前は、らりです。ごりらは顔に似合わず神経質で、物に驚くとすぐ下痢します。興奮するとすぐうんこをする習性が観察されます。うん。おすのごろーは、見物客の顔ばかり見ていますが、めすのらりは、いつでも、窓から、通天閣を見ています。うん。
女全　めすの、らりは、いつでも、窓から、通天閣を見ている。
男全　めすの、らりは、いつでも、窓から、通天閣を、見ています。

SE「遠い踏切の音」
男たちの歩き方、だんだんと速くなる。
女全　通天閣の向こうがわは？
男全員（以下・男全）
　ジャンジャン横丁。
女全　ジャンジャン横丁の向こうがわは？
男全　まちだ胃腸病院。
女全　まちだ胃腸病院の向こうがわは？
男全　てんのじ村。
女全　てんのじ村の向こうがわは？
男全　飛田シネマ。
女全　飛田シネマの向こうがわは？
男全　今池市場。
女全　今池市場の向こうがわは？
男全　今池ロータリー。
女全　今池ロータリーの向こうがわは？
男全　すなお屋。
女全　すなお屋の向こうがわは？
男全　天下茶屋東一丁目。
女全　天下茶屋東一丁目の向こうがわは？
男全　天下茶屋東二丁目。
女全　天下茶屋東二丁目の向こうがわは？
男全　聖天下一丁目。
女全　聖天下一丁目の向こうがわは？
男全　聖天下二丁目。
女全　聖天下二丁目の向こうがわは？
男全　オンワードアパートメントハウス。
女全　オンワードアパートメントハウスの向こうがわは？
男全　聖天坂。
女全　聖天坂の向こうがわは？
男全　天神の森。
女全　天神の森の向こうがわは？
男全　岸の里。
女全　岸の里の向こうがわは？
男全　変電所。
女全　変電所の向こうがわは？
男全　粉浜。
女全　粉浜の向こうがわは？
男全　地下鉄玉出。
女全　地下鉄玉出の向こうがわは？
男全　回生橋。
女全　回生橋の向こうがわは？
男全　市立高等看護学院。
女全　市立高等看護学院の向こうがわは？
男全　あけぼの文化服装学院。
女全　あけぼの文化服装学院の向こうがわは？
男全　北加賀屋二丁目。
女全　北加賀屋二丁目の向こうがわは？
男全　ゼネラル石油。
女全　ゼネラル石油の向こうがわは？

男全　緑木一丁目。
女全　緑木一丁目の向こうがわは？
男全　大阪市動物管理センター。
女全　大阪市動物管理センターの向こうがわは？
男全　柴谷橋。
女全　柴谷橋の向こうがわは？
男全　関電大阪発電所。
女全　関電大阪発電所の向こうがわは？
男全　丸紅木材。
女全　丸紅木材の向こうがわは？
男全　貯木場。
女全　貯木場の向こうがわは？

男一　（逆立ちして）淡路島。
男二　（逆立ちして）男鹿島。
男三　（逆立ちして）家島。
（男たち、逆立ちを続ける）
　西ノ島。
　鹿久居島。
　小豆島。
　豊島。
　直島。

男全　平林大橋。
女全　平林大橋の向こうがわは？
男全　折鶴橋。
女全　折鶴橋の向こうがわは？
男全　ニュートラム。
女全　ニュートラムの向こうがわは？
男全　南港フェリー埠頭。
女全　南港フェリー埠頭の向こうがわは？

男四　（逆立ちして）友ヶ島。
男五　（逆立ちして）沖ノ島。
男六　（逆立ちして）初島。
（男たち、逆立ちを続ける）
　沼島。
　伊島。
　小松島。
　徳島。
　四阪島。

北木島。
因島。
大崎下島。
下蒲刈島。
由利島。
宇和島。
御五神島。
鵜来島。
島浦島。
青島。
鹿児島。
竹島。
種子島。
屋久島。
臥蛇島。
諏訪之瀬島。
悪石島。
徳之島。
沖縄島。
久米島。
多良間島。
西表島。
南大東島。
沖ノ鳥島。
アンガウル島。
エニウエトック島。
クェゼリン島。
ウォッジェ島。

大島。
大三島。
大崎上島。
上蒲刈島。
興居島。
日振島。
水ノ子島。
姫島。
枇榔島。
幸島。
桜島。
馬毛島。
口永良部島。
口之島。
平島。
鳥小島。
宝島。
奄美大島。
沖永良部島。
渡嘉敷島。
宮古島。
石垣島。
与那国島。
ラサ島。
ウラカス島。
ラモトレック島。
モルトロック島。
マサトル島。

エルモン島。
リキエブ島。
マキラ島。
タマナ島。
フナフティ島。
ヌクリ島。
ヌクヒバ島。
プカプア島。
オエノ島。

マヌス島。
ブリテン島。
レンネル島。
タンナ島。
ヌイ島。
ヌクラェラェ島。
ヴァヴァウ島。
リフ島。
マリ島。

逆立ちの散歩崩れ、男たち路地にへたりこむ。

SE「散歩の音楽」激しく。
夕陽に男たちのシルエット。
路地に浮かぶ島のように男たち小さい。

女たち、ゆるやかに、ゆるやかに、舟を漕ぐ仕種。
男たちの〈島〉の間を巡る。

そして女たち、路地のあちこちの〈蔭〉へ。
濃密な〈蔭〉の中に吸われるように立つ。
しばらくの間。

男たち立ちあがり、ふらふらと歩き、両側の溝に落ちる。
溝から顔だけを出し、お互いを見るぼんやりとした目つき。
内に底知れぬ孤独の苦み…………笑う。

男たち　明日も今日のままのあなたでいいですか。明日も今日のままのあなたでいいですか。
……明日こそは、もう少しよくなりましょう。明日こそは、もう少しよくなりましょう。

ゆっくりと溝からあがり、〈小さな放浪〉ののち、それぞれの〈家〉に入る。

〈蔭〉の前の女、振り返る。
日本髪にドレス、白いエプロン姿。
洒落たガラスコップを持ち微笑む。

〈蔭〉、崩れ、それぞれに、
〈赤いカフェ〉
〈青いカフェ〉
〈緑のカフェ〉
〈黄色のカフェ〉
〈桃色のカフェ〉
〈金色のカフェ〉
……………………………現れる。

第四章「嵐へ」

風。

路地の蔭から蔭へと縫うように風が巡る。

風を追うように、かすかな光が、路地のあちらこちらに、灯いては消え、灯いては消えしている。

SE「路地裏のタンゴ」

六人のチンドン屋、現る。


泥酔のピエロの扮装の男。

泥酔の股旅風の扮装の男。

泥酔のヒゲの将軍の扮装の男。

泥酔の女装の男。

泥酔のゴリラのぬいぐるみの男。

泥酔のチャップリンの扮装の男。


ふらふらとした足どり、音楽に合わせて、踊る。

路地に回転する独楽の静けさ、土を錐もみするように、踊る。


石につまずいて、倒れる。

それぞれに、帽子や鬘を脱ぎ、照れ呆けた表情。

路地の奥の方。緑の、黄色の、桃色の、金色のカフェの女たち。

女たち　はい、殿下、大将、社長、大統領、寄っていってえなあ、たんとサアビスやりまっせえ、女の真心こめまっせえ、いんぐりもんぐりやりまっせえ。

SE「路地裏のタンゴ」続く。

女たち　なあ、殿下、大将、社長、大統領、海のはまぐり、海の海苔、海のイワシに、海のタイ、海のヒラメに、海の幸、ようけ揃えておりまんねん。

男たち、尻もちのまま、それぞれに動く。

女たち　やあ、殿下、大将、社長、大統領、山のブドウに山のイモ、山のイチゴに山のモモ、山のゴボウに山のフキ、山の幸、あんじょ、こさえて、待ってまっせえ。

男たち、尻もちのまま、それぞれに動く

ヒゲの将軍

（叫ぶ）あっ！あっ！あっあああ！落としてしもた。落としてしもた。誰か拾うてくれ！誰か拾うてくれ！畜生！この溝に、わいの五〇〇円玉、落としてしもた。わいのピッカピカの五〇〇円玉落としてしもた。ほんまに、ここに、落としてしもた。五〇〇円玉！五〇〇円玉！あ、あ、あ、誰か五〇〇円玉拾うてくれえ！

女たち　あほんだら、よう探してみい。

将軍　あれへん、手え入れへん、ここに落としたんや。

女たち　ほんまに落としたんかいな。

将軍　手え入れへんのや。

女たち　はなっから持ってなかったんやろ。

将軍　落としたんや、ピッカピカの五〇〇円玉。

女たち　一緒に探したろか。

将軍　手え入れへん、穴が小さい。

女たち　そんなとこに、ほんまに落ちたんかいな。

将軍　落ちたんや、ピッカピカの五〇〇円玉。

女たち　ボーっとしてるさかいや。

将軍　ボーっとしとったんや。
女たち　ボーっとしとったらアカンがな。
将軍　ボーっとしとるなあ。
女たち　ボーっとしとる。
将軍　手え入れへん。

ＳＥ「路地裏のタンゴ」激しく。

女装の男（以下・女装）（読むように、叫ぶ）わたしのおかあさんは八十四歳で、ひとりで重い病気にかかって死にそうになっています。わたしのおかあさんは山梨県の山の奥の奥の村に住んでいますが、わたしは体が悪くて働けませんから、お金がありませんから山梨県の山の奥の奥の村まで行く汽車賃がありません。わたしはひとりで重い病気にかかって死にそうになっているおかあさんのところへ帰って親孝行がしたいです。お願いします、わたしに山梨県の山の奥の奥の村まで行く汽車賃をめぐんでください。
女たち　あほんだら、何をぐちゃぐちゃいうてんねん。
女装　汽車賃。
女たち　何が汽車賃や。
女装　体が悪くて働けないから。
女たち　汽車乗って立ち飲みにでも行くんか。
女装　山梨県の山の奥の奥の。
女たち　山梨県の山の奥の奥の飲み屋に、ツケでもあんのんか。
女装　病気のおかあさんが。
女たち　オカマのアケミちゃんか。
女装　わたしのおかあさんはフミノさんです。
女たち　ロンドンのフミノちゃんか。
女装　汽車賃を、汽車賃を。

ＳＥ「路地裏のタンゴ」激しく。

チャップリンの男
　勝手にこなことされたらどんならん、勝手にこなことされたらどんならん、勝手にこなことされたらどんならん。

チャップリンの男、スコップで路地に穴を掘る。

女たち　あほんだら、そなとこに穴掘ったらどんならんがな。

男　勝手にこなことされたらどんならん、勝手にこなことされたらどんならん、勝手にこなことされたらどんならん。

男、ブツブツ言いながら穴を掘る。

女たち　どんならん、どんならん言うてそんなとこに穴掘られたら、それこそ、どんならんがな。

男　ひとのもん勝手にされたらどんならん、ひとのもん勝手にされたらどんならん。

女たち　どんならんのは、あんたやないか。

男　どんならん、どんならん。

男、穴の中に入って、更に掘る。

女たち　何が出てくるんや。

男　ペコチャン。

女たち　飴ちゃんか。

男　金が入っとる。

女たち　貯金箱か。

男　マンションのオバンが勝手に埋めよって。

女たち　あほなこというとる。

男　どんならん、勝手に、人のもん、こなことして、どんならん。

SE「路地裏のタンゴ」更に、激しく。

ゴリラのぬいぐるみの男、電柱に昇る。

ゴリラ　こら！待て、三の介！ちょと待て、三の介こっち来い、こっちおいで、な、な、こっちおいで、ニャーゴ、ニャーゴ、ニャーゴ、ニャーゴ。

女たち　三の介て誰のことや。

ゴリラ　ええ子やから、こっちおいで。

ええ子やから、こっちおいで。

女たち　三の介て誰のことや。

ゴリラ　トウ、トウ、ト、ト、ト、ト。

女たち　三の介てどこの子や。

ゴリラ　三の介、三の介。

女たち　三の介てええしの子か。

ゴリラ　三の介、三の介。

男、どんどん電柱を昇る。

ゴリラ　給料や。
女たち　けったいな名前やなあ。
ゴリラ　もろたとこやで、三の介。
女たち　三の介か。
ゴリラ　返して、お願い、三の介、な、こっち来て、こっち来て、三の介、三の介、ニャーゴ、ニャーゴ、ニャーゴ、ニャーゴ、ニャーゴ。

ゴリラの男、電柱から屋根へと登っていく。

SE「路地裏のタンゴ」更に、激しく。

チャップリンの扮装の男、赤いカフェにたどりつく。

赤いカフェの女、〈大きな地球儀〉を貼る〈内職〉をしながら〈酒〉を飲んでいる。

回し、止め、塗り、貼り、回し、止め、塗り、貼り、回し、止め、塗り、貼り。

赤いカフェの女
　あー。また間違ごうた。そこ座って。（チャップリンの男、椅子に腰掛る）破れんように、破れんように、カ、ス、ピ、海、が、破れんように、破れんように。おしぼりそこよ。（男、自分でおしぼりを取る）ノ、ヴァ、ヤ、ゼ、ム、リ、ア、昭和基地、ペタ！コップそこね。（男、自分でコップを取る）、（女、酒を呑み、地球儀を回転させ、指で止め）ベ、ー、リ、ン、グ、海、峡、…………ロス海、ペタッ！ビール？お酒？ウィスキー？（男、自分でウィスキーの瓶を取り注ぐ）お店がね、ヒマやからね、内職、内職してるの、ペタ！あー、また間違うた、フランスの横にモンゴル貼ってしもた、あほ、あほやなあ、水はそこね、（男、水を注ぐ）破れんように、破れんように、中、華、人、民、共、和、国、が破れんように、破れんように、破れんように、フェリーのるの？セ、ゲ、イ、キ、ー、フ、諸島、スマトラ、クィーンメリー海岸、フェリーにのるんやろ？ペタッ！（酒を飲む）ブ、リ、ヤ、ー、ト、自、然、共、和、国、ホ、ー、チ、ミ、ン、ジャ、カルタ、何時のフェリー？ペタッ！（酒を呑む）何か食べる？ラ、プ、テ、フ、海、邦、フィ、リ、ピ、ン、オー、ス、ト、ラ、そこにスルメがあるよ（男、スルメを取り、食う）ペタ！何処まで行くの？あー、また間違うた、あんた無口やねえ。

SE「路地裏のタンゴ」

緑の、黄色の、桃色の、金色のカフェの女たち、

「特級酒三五〇エン、一級酒二五〇エン、二級酒二〇〇エン、ビール大三八〇エン、ビール小二五〇エン、ビール黒二七〇エン、キリン生ビール三五〇円、一級ウィスキー大三八〇エン、小二〇〇エン、ウィスキー大一四〇エン、小一〇〇エン、陶々酒一五〇エン、原酒二〇〇エン、ブドウ酒一八〇エン、マグロ造り三八〇エン、エビフライ三八〇エン、トリモモ焼三八〇エン、トンカツ三八〇エン、トロロ三〇〇エン、かしわ唐揚三〇〇エン、酢ダコ二五〇エン、ニライタメ一八〇エン、きずし一五〇エン、納豆一五〇エン、トマト一五〇エン、なます一五〇エン、高野豆腐一〇〇エン、冷ヤッコ一〇〇エン」

「路地裏のタンゴ」

SE「風」

青いカフェ。

夥しい数の銀色の魚の干物。

あちこちに雨漏りの滴、雨受けに鍋やヤカンが置いてある。

巻紙の手紙を読んでいる女。

青いカフェの女

「あなたのどこが好きなのと、私は私に聞いてみました。目じゃないわ、耳じゃないわ、いじわるなあなたの口じゃないわ、あなたの体の半分が、私のような気がするのです。あなた、どこまで降りていくのですか？ゲイジュツは、もうやめてください。雨、雨、雨、雨、そこにも雨、ここにも雨、そこにも雨、ここにも雨、そこも雨、ここも雨ほんとに、雨だけが、ほ、ん、と、う、お客さん、よく降るねえ。」

ピエロの扮装の男、青いカフェに入る。

SE「路地裏のタンゴ」

赤いカフェの女
　わぁー、また間違うた、オーストラリアの真中に日本が来てしもた。イワシあるよ、（男、自分でイワシを取り、食う）破らんように、破らんように、カロリン群島、破れんように、フェリーのって田舎、帰んの？ハバロフスク、樺太、火山列島、メルボルン、ペタッ！（酒を呑む）ちょっと、そこの窓開けて（男、開ける）ラプテフ海、レナ川、朝鮮民主主義人民共和国、大韓民国………外見てんのん、あんた田舎何処よ？福岡、奄美、大島、大ヴィクトリア砂漠、ペタッ！サザエあるよ（男、サザエを食う）田舎帰るの久し振り？北、回帰線と北回帰線、を合わせて……ペタッ！（酒を呑む）わぁー、また間違うた、北回帰線と、赤道くっつけてしもた。ああ、あほや。

SE「路地裏のタンゴ」

緑の、黄色の、桃色の、金色のカフェの女たち、上半身、裸になっている。

「エビ塩焼三八〇エン、トンテキ三八〇エン、エビフライ三八〇エン、はまち造り三八〇エン、冷しそうめん二五〇エン、あゆ塩焼三八〇エン、焼魚時価、八宝菜二〇〇エン、枝豆二〇〇エン、あさりバタ焼き二五〇エン、サラダ一二〇エン、新鮮果実二〇〇エンより、焼ナス一八〇エン、小芋煮一五〇エン、カボチャ一五〇エン、イカ煮付一五〇エン、ハンバーグ一五〇エン、ソーセージ滋味満点一五〇エン」

SE「路地裏のタンゴ」

青いカフェ。

巻紙の手紙、床まで届いている。

青いカフェの女
「あなた。なんにもしらない一五がありました。みいんな覚えた二十歳がありました。どうすりゃいいのさ二十五過ぎは。あなた、どこまで上っていくのですか、ゲイジュツは、もうやめてください。また、雨、また雨、ここに雨、そこに雨、ここに雨、そこに雨、雨、雨、雨、雨、雨だけがほ、ん、と、う、お客さん、ほんとに、よく降るねえ」

SE「路地裏のタンゴ」

赤いカフェ。更に地球儀が増えている。

赤いカフェの女「春には、柿の花が咲いて、サンフランシスコ、秋には柿の実が熟れて、ロスアンジェルス、柿の木坂は、駅まで三里でしょ。ペタッ!(酒を飲む)よう知ってるやろ、思いだすでしょ、故郷、マグロあるよ、(男、マグロを取り食う)わあ!また間違ごうた。東京の横にニューヨーク貼ってしもた。ああ、あほ、あほ」

SE「路地裏のタンゴ」

緑の、黄色の、桃色の、金色のカフェの女たち、全裸。

「もずく一五〇エン、きゅうりもみ一三〇エン、卵豆腐一二〇エン、煮豆一二〇エン、うにくらげ一五〇エン、ラッキョ五〇エン、玉子焼一五〇エン、チーズ一〇〇エン、ギョーザ一〇〇エン、皮クジラ一二〇エン」

SE「路地裏のタンゴ」

青いカフェの女「秋に別れの木枯らし吹いて、燃えた紅色消していく、あなた淋しくないですか、人のぬくもり恋しい季節です、別れたあの日も寒い朝でしたね、あれから一年たちました。あなた、どこまで逃げていくのですか、あなた、ゲイジュツはもうやめてください」

男　な、なにか、こう、ねえ、わ、わずかなね、き、きっかけのような、ものがね。

女　街にチラチラ粉雪舞って、人はコートの襟立てています、あなた淋しくないですか、いつも心に吹いてる風が、あなたのせいだと知りました、あれから一年たちました。あなた、どこまで曲っていくのですか、もうゲイジュツはやめてください。

男　と、とにかくね、す、すこしでもね、往きたい、というのがね。

女　雨だけがほんと、よく降る雨ねえ。

SE「路地裏のタンゴ」

赤いカフェの女
　わあ!イランが皺くちゃになってしもた、アイロン取って（男、アイロンを渡す）イラン、イラン、イラン、伸ばして、伸ばして、（酒を飲む）春には、青いめじろ追い、イラン伸ばして、伸ばして、秋には赤いトンボ取り、懐かしいでしょ、シミジミと、（酒を飲む）ここに返るでしょ、幼い夢が、はは、はは、わあ!サウジアラビア、焦がしてしもた、ああ、あほ、あほ。

SE「路地裏のタンゴ」

緑の、黄色の、桃色の、金色のカフェの女たち、それぞれに、ヒゲ将軍、女装、股旅風、ゴリラの胸に抱かれて眠っている。

女たち　（寝言のように）はやし、はぶたえ、はこめがね、はこぶね、はこにわ、はなあかり。はっか、はりばこ、はりねずみ、はらまき、はらおび、はらくだし。はおと、はかいし、はかまいり、はがさね、はがくれ、はぎのもち。路地の殿下に、はぎのもちあげよ。

SE「路地裏のタンゴ」

青いカフェ。部屋中、手紙。

青いカフェの女
「どこで生きても、風は吹きます、どこで生きても、雨は降ります、どこで生きても、ひとり花です、どこで生きても、いつか散ります、あなた、帰ってきてください、もうゲイジュツはやめてください」

男　ト、トンネルのね、む、むこうがわにね。

女　「あなたひとりにすがりたい、あなたひとりに甘えたい、あなたひとりにこの命、あなたひとりに捧げたい。あなた、帰ってきてください、もうゲイジュツはやめてください」

男　ぐ、ぐるぐる、と、回り回ってね。

女　ああ、雨、雨、雨、雨。

男　こ、これくらいの、あ、あながね。

女　お客さん、よく降るねえ。

SE　「路地裏のタンゴ」

赤いカフェの女　春来りゃ偲ぶ馬の市、(酒を飲む) 秋来りゃ恋し村祭、(酒を飲む) 逢ってみたいいい娘がいるんでしょ。ペタッ!わああ、また間違うた、カナダの上に領収書、貼ってしもた、ああ、あほ、あほ。

SE　「路地裏のタンゴ」

女たち　はさみ、はとまめ、はとどけい、はくせい、はくちょう、はくないしょう、はんぱ、はいしゃ、はとのまめ、はいいろ、はいえん、はいおとし、はにわ、はちのこ、はたかざり、はたざお、はたはた、はあもにか、路地の殿下に、はあもにか、あげよ。

SE　「路地裏のタンゴ」

青いカフェの女　「愛するといったのはあなたです、愛されたのは私です、抱きしめたのは、あなたです、許したのは私です、誰が悪いのでもありません、あなた、どこまで続けるのですか、もうゲイジュツは、やめてください」

男　「シ、シャワーがねえ、ザ、ザァーッとねえ」

女　「変らぬといったのはあなたです、おぼえていたのは私です、忘れていたのはあなたです。泣かされたのは私です、誰が悪いのでもありません、あなた、いつまで続けるのですか、もうゲイジュツはやめてください」

男　ど、土間にねえ、つ、冷たい風がねえ、わーっとね。
女　別れると云ったのはあなたです。うつむいたのは私です。肩に手をかけたのはあなたです。涙、落としたのは私です。誰が悪いのでもありません。あなたどこまで堕ちてゆくのですか、お願いですからゲイジュツはやめてください。
男　み、水が湧いて来ましてねえ。
女　よく降るねえ。
SE「路地裏のタンゴ」
赤いカフェの女
　領収書はがして、領収書、わあー、はがれてしもた、カ、ナ、ダ、はがれてしもた、ああ、あほ、あほ。
SE「路地裏のタンゴ」
緑の、黄色の、桃色の、金色のカフェの女たち
　路地の殿下に、昭和九年の、室戸台風、あげよ。
青い女　（猛烈なスピードで読む）あなた、思いだしてほしいことが、ひとつあります。
赤い女　わあ、エチオピアはがれた。
女たち　路地の殿下に、昭和二〇年の、枕崎台風、あげよ。
青い女　あなた、思いだしてほしいことが、ひとつあります。
赤い女　わあ、パキスタンはがれた。
女たち　路地の殿下に、昭和二二年の、カスリン台風、あげよ。
青い女　あなた、思いだしてほしいことが、ひとつあります。
赤い女　わあ、タンザニアはがれた。
女たち　路地の殿下に、昭和二五年の、ジェーン台風、あげよ。
青い女　あなた、思いだしてほしいことが、ひとつあります。
赤い女　わあ、タイがはがれた。
女たち　路地の殿下に、昭和二八年の、テス台風、あげよ。
青い女　あなた、思いだしてほしいことが、ひとつあります。
赤い女　わあ、メキシコはがれた。
女たち　路地の殿下に、昭和三四年の、伊勢湾台風、あげよ。

青い女　あなた、思いだしてほしいことがほんとうに、
　　ほんとうに、ひとつだけ、あります。

SE「強烈な風の音」

男たち、女たちを地面に下す。
六人の男たち、それぞれの場所で〈放浪〉する。

男たち　(吐くように、つぶやく) は、貼り紙を、は、
　　貼り紙を、
女たち　(地面を打つように、跳ぶ)
男たち　き、汽車に、は、はじめて乗って、
女たち　(地面を打つように、跳ぶ)
男たち　め、飯粒を、あ、あっちこっち、つけて、
女たち　(地面を打つように、跳ぶ)
男たち　(花道へ) ち、蝶が、す、ストッキング、は、
　　はいて、
女たち　(地面を打つように、跳ぶ)
男たち　(それぞれ、商店の前へ) か、兜虫が、ま、マ
　　ネキアをつけて、
女たち　(地面を打つように、跳ぶ)
男たち　(商店の前で) た、玉虫が、か、かつらを、つ
　　けて、
女たち　(地面を打つように、跳ぶ)
男たち　あ、あかとんぼが、じ、じゅばんをきて、
女たち　(地面を打つように、跳ぶ)
男たち　て、てんとうむしが、か、かみかざりをつけ
　　て、
女たち　(地面を打つように、跳ぶ)
男たち　か、かまきりが、く、くちべにぬって、
女たち　(消える)
男たち　(商店の中に消える)

SE「強烈な風の音」

舞台、空になる。

風、更に激しく。
雨、更に激しく。

激しい琵琶の音。

SE「台風情報のラジオ」

路地の一角より、泥酔の浪曲師、登場。

浪曲師　〽ここは新世界、庶民の街、憩の街、人のふ
　　れあい大切にする街、許すな暴力、持たすな
　　凶器、
　　「うおーい、酔うた酔うた酔うた酔うた、酔っ
　　ぱらったでえー」
　　〽見上げる夜空に通天閣の、時計の、長い針
　　と短い針が (両腕を十時の格好にして) こん

な格好して、早よ帰れ、早よ帰れ、早よいんで寝てしまえと、いいやがる。

風、更に激しく、雨、更に激しく。

「わかった、わかった、もう飲まれへんよう、もうこれいじょう飲めませんよう、帰ります、帰ります、帰ります」

〽うしろへ恵比須町、左まがれば動物園、まっすぐすすめばジャンジャン横丁でございます。

「よーし、まっすぐ行ったろ」

風、更に激しく、雨、更に激しく。

〽酔うた、酔うたでふらふら行けば、左に見えるニューサウナラジウム温泉、右に見えるは通天閣囲碁将棋センター、そこに見えるはそらなんや、奈良競輪向日町競輪びわこ競輪岸和田競輪アパート大隈赤川権利金保証金なしすぐそこか、よーい、よーい、末広マッサージのおとなりはパチンコA・B・C串カツZ、パチンコ一、二、三、パチンコダイエー、ビデオセンター、ビリヤードのマルコ、ハマソー、焼きうどん、おでん、めんるい、丼物の看板が、カタカタカタカタ揺れている。

「えげつない風やなあ」

風、更に激しく、雨、更に激しく。

〽カタカタ揺れる看板は、こっちのはしからノンキヤさん、ノンキヤさんのとなりは、ますやさん、ますやさんのむかいは、新世界グランド劇場よ、その前、アレンジボール、その横桃太郎、くすりの丸美堂、写真撮影ニコニコプロポート、新世界ヌード劇場。歌謡スタジオ一〇一。

「おっ、おっ、おっ、おっ、おまえ、えー、こんなとこに亀がおるやないか、えー、こんなとこに亀がおる、えー、おまえ、こら、こら、こら、首だして、手えだして、足だして、尻尾だして、どこからきたんや、どこからきたんや、山からか、海からか、天王寺さんの池からか」

〽どこからきたんやなあ亀よ、なんぞ道でもまちごうて、風のつよいこんな日に、犬の影と魚の影とまちごうたんか、屋根の影と雲の影とをまちごうたんか、電柱の影と木の影まちごうたんか、映画館の影と海とをまちごうてしもたんか。

風、更に激しく、雨、更に激しく。

「かわいそうになあ、こんなとこにおったらここらのゴンタに悪さされるでえ、酔っぱらいに踏まれてしまうでえ、公害にやられてしまうで、愛人バンクに売られてしまうでえ、かわいそうになあ、かわいそうになあ、よーし、俺が連れて帰ったる、海まで連れて行ったる、まかしとけ、ジャンジャン横丁案内して、海まで連れて行ったる、まかしとけ、まかしとけ、ちょっと酔うてはおるけどなあ、海まで行く道はよう知っとんのや、さ、行くでえ、随いといでえ」

〽こっちへおいで、こっちへおいで、そっち行ったらあかんがな、見てみいそこはホルモン屋、来てみいここがインドカレーの食堂や、ゆっくり歩きゆっくり歩き、そこはジュースの専門店、そこはあまとうのぜんざい屋、そこは将棋クラブの王将や、そこはゲームセンター春日やで、そこは甘党喫茶のデンスケや、こっちへおいでこっちへおいでそれ信号や、危ないで、危ないで、こっちへおいで、さあおのり、俺の手にのれ、遠慮はいらん、さあさおのり、お前うまれた海までおのり。

「よーし、よーし、海までなあ、海までなあ、まかしとけ、よーし、よーし、あー、酔うた、酔うた、酔うた！」

風、更に激しく、雨、更に激しく。

泥酔の浪曲師、路地の奥に消える。

二匹のシーラカンス、路地の溝からゆっくりと這いだし、泥酔の浪曲師の後を追う。

風、雨、おさまる。

第五章「月へ」

一切の音、なくなる。

路地の奥、チェーンブロックのガラ、ガラ、ガラという生音。

風に揺れて〈巨きな月〉が、あがる。

花道より、帽子を被った、よいよいの老人。
走るように小刻みに歩き、家の玄関にて止り、帽子を脱ぎ、一礼し〈報告〉をする。
〈報告〉を済ませると、脇に抱えている束から一本抜き〈三日月の国旗〉を家の玄関の柱に立て、一礼して、帽子を被り、再び走るように小刻みに歩き、家から家へと路地を回る。

一切の音なく、老人の、路地を走るように小刻みに歩く音のみせわしなく。

老人　（内緒話のように）月がでました。眠れますか？朝露のない日は、天気がくずれますよ。（隣の家へ行く）

月がでました。眠れますか？雨が頭のつむじにおちたら「今、十二時だ」といってくださいね。

月がでました。眠れますか？日食はね、お天道様が人間に代ってね、病気してるんですよ。

月がでました。眠れますか？鳩がね、木の低いところに巣をかける年はね、風が強いですよ。

月がでました。眠れますか？家からね、急にねずみがいなくなると、火事になりますよ。

月がでました。眠れますか？朝グモを見るとね、お客さんが来ますよ。

月がでました。眠れますか？夜グモを見たら泥棒に注意してくださいよ。

月がでました。眠れますか？へびを見て、どっちへ逃げました。こっち（懐に手を入れて）逃げれば金が入りますよ。こっち（手を、左胸から右胸に滑らし）逃げれば金が出ていきますよ。

月がでました。眠れますか？つばめがね、来なかった年は不幸になりますよ。

月がでました。眠れますか？馬糞を踏むとね、髪の毛が黒くなりますよ。

月がでました。眠れますか？葬式に会った夢をみるとね、いいことがありますよ。

月がでました。眠れますか？井戸水の心配する夢をみるとね、住所が変りますよ。

月がでました。眠れますか？火事の夢を見るとね、お友達と喧嘩しますよ。

月がでました。眠れますか？歯の抜けた夢を見るとね、身内に不幸が起きますよ。

月がでました。眠れますか？初ものを食べる時にはね、東の空を見てね（空を見る）「ははは」と笑って食べてください。（食う格好をして、隣の家へ）

月がでました。眠れますか？栗のね双子を食べたら双子が生まれますよ。

月がでました。眠れますか？赤飯におつゆをかけて食べるとね、結婚式に雨が降りますよ。

月がでました。眠れますか？生理の時はね、（手を振り）梅干をいじってはいけませんよ。

月がでました。眠れますか？見たものを食べないと目が腐りますよ。（うなずく）

月がでました。眠れますか？火事の時にね、赤い腰巻き振るとね、火事が自分の家に来ませんよ。

月がでました。眠れますか？かんざし拾う時にはね、三回踏んでから拾ってください。

月がでました。眠れますか？はじめての下駄をおろす時はね、まず、便所にはいていってくださいよ。

月がでました。眠れますか？大工の道具は女にまたがせてはいけませんよ。

月がでました。眠れますか？部屋のまん中に寝ては駄目ですよ。まん中は、神様の通り道だから、よけて寝てくださいよ。

月がでました。眠れますか？三人で写真を撮る時ね、まん中の人は早死するから、何かものをね、入れてくださいよ。（両手で、押し分ける仕種）

月がでました。眠れますか？水の中にお湯は入れないでください。

月がでました。眠れますか？妊娠している時火事見るとね、ほくろとか赤あざの子が生まれますよ。（首を振る）

月がでました。眠れますか？仏様に着物を着せてやる時はね、上下を反対にしてくださいよ。

月がでました。眠れますか？乳歯が抜けたらね、上の歯ならどぶ（どぶへ歯を捨てる仕種）、下の歯なら屋根の上に投げてください。（屋根に歯を投げる仕種）

よいよい孝人、几帳面に〈報告〉を続け、路地の奥に消える。

〈三日月の国旗〉、路地に揺れる。

ＳＥ「爆発音」

路地の左の、とある家の二階の窓の蔭、崩れる。
二畳の間、現れる。
マイクを前にシャワーを浴びながら、無線を打っている男〈クラゲ通信兵〉
浮世絵の艶襖。

クラゲ「コチラ、クラゲ通信兵、コチラ、クラゲ通信兵、ドウゾ、ドウゾ」

ＳＥ「蟹殿下の進軍」

路地の右の、とある家の二階の窓の蔭、崩れる。
二畳の間、現れる。
望遠鏡を見ながらマイクに向い、無線を打っている男〈フナムシ少佐〉
壁に突き刺さった舟、その舟尾。
壁に突き刺さった魚、その尾。
壁に突き刺さった犬、その尻。

フナムシ「コチラ、フナムシ少佐、コチラ、フナムシ少佐、ドウゾ、ドウゾ」

路地のマンホールの蓋、三つ開く。
穴よりスカートを履き上半身裸の三人の男たち首を出す。
〈ヤドカリ大尉〉
〈ウツボ大佐〉
〈フジツボ軍曹〉

更にもうひとつのマンホールの蓋、開く。
穴よりスカートを履き上半身裸の男、首を出す。
〈蟹殿下〉

クラゲ　ツ、ツ、ツウ、ツウ、ツ、ツ、ツウ、ツウ、
確認シマス、確認シマス、ソノ猫ノ横ノ影
ハ何デスカ?ドウゾ。

フナムシ　ツ、ツ、ツウ、ツウ、ツ、ツ、ツウ、ツウ、
報告シマス、報告シマス、ソノ猫ノ横ノ影
ハ雲ノ影デス、ドウゾ。

クラゲ　ツ、ツ、ツウ、ツウ、ツ、ツ、ツウ、ツウ、
確認シマス、確認シマス、ソノ雲ノ横ノ影
ハ何デスカ?ドウゾ。

フナムシ　ツ、ツ、ツウ、ツウ、ツ、ツ、ツウ、ツウ、
報告シマス、報告シマス、ソノ雲ノ横ノ影
ハ帽子ノ影デス、ドウゾ。

クラゲ　ツ、ツ、ツウ、ツウ、ツ、ツ、ツウ、ツウ、
確認シマス、確認シマス、ソノ帽子ノ横ノ
影ハ何デスカ?ドウゾ。

フナムシ　ツ、ツ、ツウ、ツウ、ツ、ツ、ツウ、ツウ、
報告シマス、報告シマス、ソノ帽子ノ横ノ
影ハ電線ノ影デス、ドウゾ。

クラゲ　ツ、ツ、ツウ、ツウ、ツ、ツ、ツウ、ツウ、
確認シマス、確認シマス、ソノ電線ノ横ノ
影ハ何デスカ?ドウゾ。

〈ヤドカリ大尉〉
〈ウツボ大佐〉
〈フジツボ軍曹〉、首をへっこめる。
〈蟹殿下〉、首をへっこめる。

＊繰り返し、行う。

フナムシ　ツ、ツ、ツウ、ツウ、ツ、ツ、ツウ、ツウ、
報告シマス、報告シマス、ソノ電線ノ横ノ
影ハ鳥ノ影デス、ドウゾ。

クラゲ　ツ、ツ、ツウ、ツウ、ツ、ツ、ツウ、ツウ、
確認シマス、確認シマス、ソノ鳥ノ横ノ影
ハ何デスカ?ドウゾ。

フナムシ　ツ、ツ、ツウ、ツウ、ツ、ツ、ツウ、ツウ、
報告シマス、報告シマス、ソノ鳥ノ横ノ影
ハ旗ノ影デス、ドウゾ。

クラゲ　ツ、ツ、ツウ、ツウ、ツ、ツ、ツウ、ツウ、
確認シマス、確認シマス、ソノ旗ノ横ノ影
ハ何デスカ?ドウゾ。

フナムシ　ツ、ツ、ツウ、ツウ、ツ、ツ、ツウ、ツウ、
報告シマス、報告シマス、ソノ旗ノ横ノ影
ハ石ノ影デス、ドウゾ。

クラゲ　ツ、ツ、ツウ、ツウ、ツ、ツ、ツウ、ツウ、
確認シマス、確認シマス、ソノ石ノ横ノ影
ハ何デスカ?ドウゾ。

フナムシ　ツ、ツ、ツウ、ツウ、ツ、ツ、ツウ、ツウ、
報告シマス、報告シマス、ソノ石ノ横ノ影
ハ橋ノ影デス、ドウゾ。

＊繰り返し、穴から、交互に首を出す四人。

四人、向きを変え、首を出す。

クラゲ　ツ、ツ、ツウ、ツウ、ツ、ツ、ツウ、ツウ、確認シマス、確認シマス、ソノ橋ノ横ノ影ハ何デスカ？ドウゾ。

フナムシ　ツ、ツ、ツウ、ツウ、ツ、ツ、ツウ、ツウ、報告シマス、報告シマス、ソノ橋ノ横ノ影ハ犬ノ影デス、ドウゾ。

クラゲ　ツ、ツ、ツウ、ツウ、ツ、ツ、ツウ、ツウ、確認シマス、確認シマス、ソノ犬ノ横ノ影ハ何デスカ？ドウゾ。

フナムシ　ツ、ツ、ツウ、ツウ、ツ、ツ、ツウ、ツウ、報告シマス、報告シマス、ソノ犬ノ横ノ影ハ電柱ノ影デス、ドウゾ。

クラゲ　電柱ノ影ネ、ドウゾ。

フナムシ　電柱ノ影デス、ドウゾ。

クラゲ　電柱ノ影デスカ、ドウゾ。

フナムシ　電柱ノ影デスヨ、ドウゾ。

クラゲ　電柱ノ影ネエ、ドウゾ。

フナムシ　電柱ノ影デス、ドウゾ。

クラゲ通信兵、無線をやめ、シャワーに専念する。

フナムシ少佐、無線をやめ、望遠鏡に専念する。

ヤドカリ大尉、ウツボ大佐、フジツボ軍曹、穴から出る。

それぞれ手にスコップを持っている。

SE「蟹殿下の進軍」、激しく。

三人、空中に〈穴〉を掘っていく。
ぐねぐねと伸びていく〈空中の地下道〉。

蟹殿下、穴より出る。
水の入った洗面器を持っている。
地面に洗面器を置き、洗顔する。

三人、〈空中の地下道〉を逆戻りして、蟹殿下に近づく。

三人　殿下、はるさめで編みました、銀メッキの手拭いです。どうぞ。
蟹殿下　あう、あう（顔を拭く仕種）。
三人　殿下、はげいとうを乾かして作りました、銀メッキの衣紋掛です。どうぞ。
蟹殿下　あう、あう（前へ出る）。
三人　殿下、はなかるたつないだ銀メッキの褌です。どうぞ。
蟹殿下　あう、あう（褌をする仕種）。
三人　殿下、はなキャベツつむいだ銀メッキの腹巻です。どうぞ。
蟹殿下　あう、あう（腹巻をする仕種）。
三人　殿下、はごいたつないだ銀メッキの長襦袢です。どうぞ。
蟹殿下　あう、あう（長襦袢着る仕種）。
三人　殿下、はちの巣入れた銀メッキの綿入れです。どうぞ。
蟹殿下　あう、あう（綿入れ着る仕種）。
三人　殿下、はえたたき結んだ銀メッキの帯です。どうぞ。
蟹殿下　あう、あう（帯しめる仕種）。
三人　殿下、はあもにか百綴《ももつづり》の銀メッキの馬乗袴です。どうぞ。
蟹殿下　あう、あう（袴はく仕種）。
三人　殿下、はみがき塗り込めた銀メッキの更羅子《きゃらこ》足袋です。どうぞ。
蟹殿下　あう、あう（足袋はく仕種）。
三人　殿下、はんちんぐ改造した銀メッキの鎧草履です。どうぞ。
蟹殿下　あう、あう（草履はく仕種）。
三人　殿下、はとどけい改造した銀メッキの鎧です。どうぞ。
蟹殿下　あう、あう（鎧つける仕種）。
三人　殿下、はさみで編んだ銀メッキの陣羽織です。どうぞ。
蟹殿下　あう、あう（羽織着る仕種）。
三人　殿下、はりやままとめて盛った銀メッキの兜です。どうぞ。
蟹殿下　あう、あう（兜つける仕種）。
三人　殿下、はがき藍染めした銀メッキの頬当です。

どうぞ。

蟹殿下　あう、あう（頬当する仕種）。

三人　殿下、はかりばらして作った銀メッキの扇です。どうぞ。

蟹殿下　あう、あう（扇を取る仕種）。

三人　殿下、はかいし削ってこさえた銀メッキの刀です。どうぞ。

蟹殿下　あう、あう（刀を取る仕種）。

三人　殿下、はえとりで編んだ銀メッキの雨衣です。これは私たちが持ちます。

蟹殿下　あう、あう。

三人　殿下、はったいこ、はったいこが口についております、お取りください。

蟹殿下　あう、あう（口のまわりを拭く仕種）。

三人　殿下、はしおきつないだ銀メッキの潜水服です。これは私たちが持っていきます。

蟹殿下　あう、あう。

三人　殿下、はなくそ、はなくそをお取りください。

蟹殿下　あう、あう（はなくそを取る仕種）。

三人　はしのいえの老人の白髪で編んだ銀メッキの花分衣、草分衣、水分衣、火分衣、土分衣、石分衣、砂分衣、これらは私たちが持って参ります。殿下、殿下、御指揮を。

蟹殿下　ひひゃふへんはま、ほ、ひひゅうほ、ほんはいひ、ふる、ひほうはひはひひ、ほうひほほひひは、ひははひ、へんひゅう、ふひふへ、はおはへふ、へんふうひ、ひんはふひほうほ、ふふは、ほうひふふふ、はふほん、ふははへほ、ははん、ほほへひはひほ、へんひ……………………。

四人、「ワアー」と鬨の声を上げ、路地を走りまわる。

花道、両側の家の壁破れ、中から、〈ブリキの衣裳を着た男たち三、四、五〉登場。

ガタガタと音をさせ、花道より舞台へ進む。

花道より路地の奥へ、〈侍の暴走集団〉、猛烈な音と煙を立てて走り抜ける。

花道より、〈三日月のゼッケンを胸につけたマラソンランナー〉、路地の奥へ走り抜ける。

花道より、ひとつの太鼓を四方から抱え、ばちを持った四人の少年、登場。

ＳＥ　「蟹殿下の進軍」、激しく。

路地、両側の溝より、馬に乗った〈兵士一、二〉現れ、溝を進む。

路地の一角、大きな水道の蛇口より、水しぶき、蛇口の中より〈男二人〉。

蛇口より出た男たち。戦いながら路地をゆき、〈月〉に体当りして路地を戻る。

蟹殿下の四人、「ワアー」と鬨の声を上げ、路地を走りまわる。

ブリキの衣裳を着た男たち三、四、五、途中から蟹殿下の走りに、加わっている。

フナムシ　（マイクに向い内緒話）ネエ、眠レル？ドウゾ。

クラゲ　（同じく）眠レナイノ、ドウゾ。

フナムシ　眠レナイノ？ドウゾ。

クラゲ　眠リタイケド眠レナイノ、ドウゾ。

フナムシ　眠リタイノ？ドウゾ。

クラゲ　眠ラナイノ？ドウゾ。

フナムシ　眠レルケド、眠ラナイノ、ドウゾ。

祭礼の衣裳。

少年たち「おう！」と声を発し、太鼓をひとつ叩く。

少年Ａ　ちがうやろ、………ちがうやろ、………ちがうやろ、……もう、頭来るなあ。

他の少年たち、じっと少年Ａを見る。

そして「おう！」と発し太鼓を叩く。

少年Ａ　……………ちがうやろ、…………ちがうやろ、何遍いうたらわかんねん…………ふなぐらに………ダン！

クラゲ　眠レルケド、眠ラナイノ?ドウゾ。
フナムシ　夜明ケマデ、アト何時間?ドウゾ。
クラゲ　夜明ケマデ、アト七時間、ドウゾ。

クラゲ　ネエ、見エル?ドウゾ。
フナムシ　見エナイノ、ドウゾ。
クラゲ　見エナイノ?ドウゾ。
フナムシ　見タイケド、見エナイノ、ドウゾ。
クラゲ　見タイノ?ドウゾ。
フナムシ　見ナイノ?ドウゾ。
クラゲ　見レルケド、見ナイノ、ドウゾ。
フナムシ　見レルケド、見ナイノ?ドウゾ。
クラゲ　夜明ケマデ、アト何時間?ドウゾ。
フナムシ　夜明ケマデ、アト六時聞、ドウゾ。

フナムシ　ネエ、触レル?ドウゾ。
クラゲ　触レナイノ、ドウゾ。
フナムシ　触レナイノ?ドウゾ。

他の少年たち、汗をぬぐい、じっと少年を見つめる。
そしてまた「おう!」と発し、太鼓を叩く。
路地の角より、少年E。
ひとりで腰に太鼓をつけ「おう!」と発し、太鼓を叩く。
また別の路地の角より、少年F。
ひとりで腰に太鼓をつけ「おう!」と発し、太鼓を叩く。

E、F　ちがうやろ、………ちがうやろ、………
時間ないのに、………そこをまがって、…
………ダン!

少年E、F、それぞれに太鼓をはさんで自分の前の空想のパートナーに指示する。
「おう!」太鼓を叩く。

少年A　………ちがうやろ、………ちがうやろ、何遍いうたらわかんねん………ふなぐらに………ダン!

クラゲ　触リタイケド、触レナイノ、ドウゾ。
フナムシ　触リタイノ?ドウゾ。
クラゲ　触ラナイノ?ドウゾ。
フナムシ　触レルケド、触ラナイノ、ドウゾ。
クラゲ　触レルケド、触ラナイノ?ドウゾ。
フナムシ　夜明ケマデ、アト何時間?ドウゾ。
クラゲ　夜明ケマデ、アト五時間、ドウゾ。
クラゲ　ネエ、往ケル?ドウゾ。
フナムシ　往ケナイノ、ドウゾ。
クラゲ　往ケナイノ?ドウゾ。
フナムシ　往キタイケド、往ケナイノ、ドウゾ。
クラゲ　往キタイノ?ドウゾ。
フナムシ　往カナイノ?ドウゾ。
クラゲ　往ケルケド、往カナイノ、ドウゾ。
フナムシ　往ケルケド、往カナイノ?ドウゾ。
クラゲ　夜明ケマデ、アト何時間?ドウゾ。
フナムシ　夜明ケマデ、アト四時間、ドウゾ。

少年E　ちがうやろ、………ちがうやろ、………
時間ないのに、………そこをまがって、…
……ダン!
少年F　ちがうやろ、………ちがうやろ、………
ひとのまねもできんのか、………そこをま
がって、………ダン!
少年たち、それぞれに太鼓を叩く。
少年A　………ちがうやろ、………ちがうや
ろ、さみしいな、………ふなぐらに………
…ダン!
少年E　ちがうやろ、………ちがうやろ、………
かんたつなあ、………そこをまがって、…
……ダン!
少年F　ちがうやろ、………ちがうやろ………
じれったいなあ、………そこをまがって、…
……ダン!

フナムシ　ネエ、酔エル？ドウゾ。
クラゲ　酔エナイノ、ドウゾ。
フナムシ　酔エナイノ？ドウゾ。
クラゲ　酔イタイケド、酔エナイノ、ドウゾ。
フナムシ　酔イタイノ？ドウゾ。
クラゲ　酔ワナイノ？ドウゾ。
フナムシ　酔エルケド、酔ワナイノ、ドウゾ。
クラゲ　酔エルケド、酔ワナイノ？ドウゾ。
フナムシ　夜明ケマデ、アト何時間？ドウゾ。
クラゲ　夜明ケマデ、アト三時間、ドウゾ。

クラゲ　ネエ、書ケル？ドウゾ。
フナムシ　書ケナイノ、ドウゾ。
クラゲ　書ケナイノ？ドウゾ。
フナムシ　書キタイケド、書ケナイノ、ドウゾ。
クラゲ　書キタイノ？ドウゾ。
フナムシ　書カナイノ？ドウゾ。
クラゲ　書ケルケド、書カナイノ、ドウゾ。
フナムシ　書ケルケド、書カナイノ？ドウゾ。

←

少年A　………ちがうやろ、………ちがうやろ、いんきななあ、………ふなぐらに………ダン！
少年E　ちがうやろ、………ちがうやろ、………さいのないなあ、………そこをまがって、…………ダン！
少年F　ちがうやろ、………ちがうやろ、………にぶいなあ、………そこをまがって、………ダン！
少年A　………ちがうやろ、………ちがうやろ、こどくななあ、………ふなぐらに………ダン！
少年E　ちがうやろ、………ちがうやろ、………かわっとるなあ、………そこをまがって、…………ダン！
少年F　ちがうやろ………ちがうやろ、………

←

クラゲ　夜明ケマデ、アト何時間?ドウゾ。
フナムシ　夜明ケマデ、アト二時間、ドウゾ。

フナムシ　ネエ、ハッキリ出来ル?ドウゾ。
クラゲ　ハッキリ出来ナイノ、ドウゾ。
フナムシ　ハッキリ出来ナイノ?ドウゾ。
クラゲ　ハッキリシタイケド、ハッキリ出来ナイノ、ドウゾ。
フナムシ　ハッキリシタイノ?ドウゾ。
クラゲ　ハッキリサセナイノ?ドウゾ。
フナムシ　ハッキリ出来ルケド、ハッキリサセナイノ、ドウゾ。
クラゲ　ハッキリ出来ルケド、ハッキリサセナイノ?ドウゾ。
フナムシ　夜明ケマデ、アト何時間?ドウゾ。
クラゲ　夜明ケマデ、アト一時間、ドウゾ。

クラゲ　ネエ、話セル?ドウゾ。
フナムシ　話セナイノ、ドウゾ。
クラゲ　話セナイノ?ドウゾ。
フナムシ　話シタイケド、話セナイノ、ドウゾ。

ふつうやないなあ。…………そこをまがって、
………………ダン！

少年A　…………ちがうやろ、…………ちがうやろ、わるさやなあ、…………ふなぐらに………ダン！

少年E　ちがうやろ、…………ちがうやろ、…………ひとのまねもできんのか、…………そこをまがって、…………ダン！

少年F　ちがうやろ、…………ちがうやろ、…………ええとしこいて、…………そこをまがって、………………ダン！

少年A　…………ちがうやろ…………ちがうやろ、たのしいやっちゃなあ。にぎやかなやっちゃなあ、うるさいやっちゃなあ、やかましいやっちゃなあ、…………ふなぐらに…………ダン！

少年E　ちがうやろ、…………ちがうやろ、…………あいそええやっちゃなあ、おちょうしもんやなあ、…………そこをまがって、……………ダン！

クラゲ　話シタイノ?ドウゾ。
フナムシ　話サナイノ?ドウゾ。
クラゲ　話セルケド、話サナイノ、ドウゾ。
フナムシ　話セルケド、話サナイノ?ドウゾ。
クラゲ　夜明ケマデ、アト何時間?ドウゾ。
フナムシ　夜明ケマデ、アト三〇分、ドウゾ。

フナムシ　ネエ、食ベレル?ドウゾ。
クラゲ　食ベレナイノ、ドウゾ。
フナムシ　食ベレナイノ?ドウゾ。
クラゲ　食ベタイケド、食ベレナイノ、ドウゾ。
フナムシ　食ベタイノ?ドウゾ。
クラゲ　食ベナイノ?ドウゾ。
フナムシ　食ベレルケド、食ベナイノ、ドウゾ。
クラゲ　食ベレルケド、食ベナイノ?ドウゾ。
フナムシ　夜明ケマデ、アト何分?ドウゾ。
クラゲ　夜明ケマデ、アト一五分、ドウゾ。
クラゲ　ネエ、破ブレル?ドウゾ。

少年Ｆ　ちがうやろ、…………ちがうやろ、…………がんこなやっちゃなあ、かなわんやっちゃなあ、こまったやっちゃなあ、…………そこをまがって、………………ダン!

少年たち、それぞれに太鼓を叩き、路地の穴に消える。

蟹殿下たち、「ワアー」と鬨の声を上げ、路地を走りまわる。

フナムシ　破ブレナイノ、ドウゾ。
クラゲ　破ブレナイノ?ドウゾ。
フナムシ　破ブリタイケド、破ブレナイノ、ドウゾ。
クラゲ　破ブリタイノ?ドウゾ。
フナムシ　破ブラナイノ?ドウゾ。
クラゲ　破ブレルケド、破ブラナイノ、ドウゾ。
フナムシ　破ブレルケド、破ブラナイノ?ドウゾ。
クラゲ　夜明ケマデ、アト何分?ドウゾ。
フナムシ　夜明ケマデ、アト五分、ドウゾ。
フナムシ　ネエ、ヤレル?ドウゾ。
クラゲ　ヤレナイノ、ドウゾ。
フナムシ　ヤレナイノ?ドウゾ。
クラゲ　ヤリタイケド、ヤレナイノ、ドウゾ。
フナムシ　ヤリタイノ?ドウゾ。
クラゲ　ヤラナイノ?ドウゾ。
フナムシ　ヤレルケド、ヤラナイノ、ドウゾ。
クラゲ　ヤレルケド、ヤラナイノ?ドウゾ。
フナムシ　夜明ケマデ、アト何分?ドウゾ。
クラゲ　夜明ケマデ、アト三分、ドウゾ。

蟹殿下たち路地の蔭から蔭へと鬨の声を上げ、路地を走りまわる。

クラゲ　ネエ、死ネル？ドウゾ。
フナムシ　死ネナイノ、ドウゾ。
クラゲ　死ネナイノ？ドウゾ。
フナムシ　死ニタイケド、死ネナイノ、ドウゾ。
クラゲ　死ニタイノ？ドウゾ。
フナムシ　死ナナイノ？ドウゾ。
クラゲ　死ネルケド、死ナナイノ、ドウゾ。
フナムシ　死ネルケド、死ナナイノ？ドウゾ。
クラゲ　夜明ケマデ、アト何分？ドウゾ。
フナムシ　夜明ケマデ、アト一分、ドウゾ。

男たち路地の奥に一団になり低く構えている。頭に六角形の被りもの、それぞれ手にスコップを持っている。微かに腕を動かし、スコップを使う。

クラゲ　夜明ケマデ、アト何分？ドウゾ。
フナムシ　夜明ケマデ、アト五〇秒、ドウゾ。

〈スコップの男たち〉、前に進む。
クラゲ　夜明ケマデ、アト何秒？ドウゾ。
フナムシ　夜明ケマデ、アト四〇秒、ドウゾ。
〈スコップの男たち〉、前に進む。
クラゲ　夜明ケマデ、アト何秒？ドウゾ。
フナムシ　夜明ケマデ、アト三〇秒、ドウゾ。
〈スコップの男たち〉、前に進む。
クラゲ　夜明ケマデ、アト何秒？ドウゾ。
フナムシ　夜明ケマデ、アト二〇秒、ドウゾ。
〈スコップの男たち〉、前に進む。
クラゲ　夜明ケマデ、アト何秒？ドウゾ。
フナムシ　夜明ケマデ、アト二〇秒、ドウゾ。

〈スコップの男たち〉、前に進む。
クラゲ　夜明ケマデ、アト何秒?ドウゾ。
フナムシ　夜明ケマデ、アト一〇秒、ドウゾ。
〈スコップの男たち〉、前に進む。
クラゲ　夜明ケマデ、アト何秒?ドウゾ。
フナムシ　夜明ケマデ、アト九秒、ドウゾ。
〈スコップの男たち〉、前に進む。
クラゲ　夜明ケマデ、アト何ヒョウ?ドウゾ。
フナムシ　夜明ケマデ、アトアチヒヨウ、ドウゾ。
〈スコップの男たち〉、前に進む。
クラゲ　ヒョ明ケマデ、アト何ヒョフ?ドウゾ。
フナムシ　夜明ケマデ、アトヒチヒヨウ、ドウゾ。

〈スコップの男たち〉、前に進む。
クラゲ　ヒョ明ケマデ、アト何ヒョフ?ドウゾ。
フナムシ　夜明ケマデ、アトヒチヒヨウ、ドウゾ。
〈スコップの男たち〉、前に進む。
クラゲ　ヒョハケハデ、ハトハンヒョフ?ホウゾ。
フナムシ　……デ、アトヒチヒヨフ、ドウゾ。
〈スコップの男たち〉、舞台前面にたどりつく。スコップの動き早くなり、それにつれて体が大きく揺れる。
クラゲ　……………トハンヒョフ?ホウゾ。
フナムシ　…………ハトイチヒヨフ、ホフソ。
男たち、止まる。
巨きな穴に入るように体を前に傾ける。

SE「強烈な地滑り音。落盤の音」

第六章「海へ」

花道の両側より商店の音。

男たち、スコップを持ち、転げるように路地をキリキリ舞いしながら叫ぶ。

男たち　丹羽。

山下。　藤本。

池内。

藤條。　永沢。

松本。　岩田。　望月。

東。

玉置。　荒木。

隅井。

岡本。

路地のセット、一枚一枚はがれるようになくなっていく。

全てのセットなくなり、地面と〈月〉のみ。

男たち、〈月〉の前に体寄せ合う。

男たちの頭の被り物、寄り合って亀の甲羅になる。

SE「軍艦マーチ」、「チーンジャラジャラ」、「中国語を繰り返すオウム」、「鳥獣の鳴き声」、「映画の台詞と音楽」、「叩き売りの声」、「安売りする店員の声」、「株式市況」、「競馬中継」、「歌謡曲」、「浪曲」、「二人の男の会話」等、ときには近く、ときには遠くに聞える。

客席から懸け声。

客席　丹羽。

山下。　藤本。

池内。

藤條。　永沢。　松本。

岩田。　望月。

東。　玉置。

荒木。　隅井。

岡本。

〈月〉から逃げるようにして男たちの〈亀〉、ゆっくりと花道をめざして歩く。

ＳＥ「水道管の破裂音」

ＳＥ「海の花嫁」

地面、あちこちに水が吹き出る。

〈月〉、割れて落ちる。

花嫁を載せた舟、現れる。

花嫁のうしろに女学生たち。

女学生　美しき、路地の殿下よ。
とまや貝にて眠るひとよ。
いそばなにて戯れるひとよ。
ひめだいと泳ぐひとよ。
さくらがいと話すひとよ。
えぼしがいと唄うひとよ。
さんご摘みするひとよ。
美しき、路地の殿下よ。
逞しき、路地の殿下よ。
馬にまたがれるひとよ。
馬車にゆられしひとよ。
汽車にのれるひとよ。
バスにゆられしひとよ。
車にゆられしひとよ。
自転車にまたがれるひとよ。
逞しき、路地の殿下よ。

吹きあがる水。
男たちの亀、ゆっくりと花道へ。
花嫁の舟、亀を追うように進む。

女学生　強暴な、路地の殿下よ。
でんちゅうの前のひとよ。
でんちゅうの下のひとよ。
でんちゅうのうしろのひとよ。
でんちゅうの影のひとよ。
でんちゅうの西のひとよ。
でんちゅうの裏のひとよ。
強暴な路地の殿下よ。
哀愁の路地の殿下よ。
いり豆、嚙むひとよ。
砂糖きび、しがむひとよ。
はったい粉、吸うひとよ。
芋飴、しゃぶるひとよ。
金平糖、舐めるひとよ。
黒砂糖、かじるひとよ。

哀愁の路地の殿下よ。

吹きあがる水。地面、水びたしになる。
男たちの亀、花道の手前で、とまる。

女学生　追憶の路地の殿下よ。
　　　蓮の実、噛めるひとよ。
　　　ほおずき、噛めるひとよ。
　　　銀杏、噛めるひとよ。
　　　あおうめ、噛めるひとよ。
　　　かしのみ、噛めるひとよ。
　　　ぬばたま、噛めるひとよ。
　　　けし、噛めるひとよ。
　　　追憶の草蔭のひとよ。

　　　追憶の路地の殿下よ。
　　　指、噛みしひとよ。
　　　忘れしひとよ。
　　　耳、噛みしひとよ。
　　　消えしひとよ。
　　　くちびる、噛みしひとよ。
　　　流れしひとよ。
　　　肌、噛みしひとよ。
　　　澱みしひとよ。
　　　追憶の火影のひとよ。

　　　追憶の路地の殿下よ。
　　　夢、噛みしひとよ。
　　　降りてゆきしひとよ。
　　　夢、噛みしひとよ。
　　　曲りゆくひとよ。
　　　夢、噛みしひとよ。
　　　くねりゆくひとよ。
　　　夢、噛みしひとよ。
　　　降りゆくひとよ。
　　　追憶の蔭の殿下よ。

ＳＥ「海の花嫁」、激しく。
打ちあがる花火。
花嫁の衣裳とれ、人魚の姿態。
舟、大きくゆれて近づく。
ＳＥ「大鈴の音」

女学生　スズメ啼ケ啼ケ、スズメ啼ケ啼ケ、千匹啼ケ万匹啼ケ、千匹啼ケ万匹啼ケ、千匹啼ケ万匹啼ケ、デンチュウノ下ノ人ニ啼ケ。
　　　セミ啼ケ啼ケ、セミ啼ケ啼ケ、千匹啼ケ万匹啼ケ、千匹啼ケ万匹啼ケ、千匹啼ケ万匹啼ケ、デンチュウノ下ノ人ニ啼ケ。

カモメ啼ケ啼ケ、カモメ啼ケ啼ケ、千匹啼ケ万匹啼ケ、千匹啼ケ万匹啼ケ、千匹啼ケ万匹啼ケ、デンチュウノ下ノ人ニ啼ケ。

男たちの亀、裂ける、銀色の姿態。
男たち走り、それぞれ丸太のところへ。
丸太を登る。落ちる。

女学生の服とれ、鱗衣裳。
手に貝や珊瑚を持っている。

男たち、丸太を登る、落ちるの繰り返しののち天辺まで登り、逆さ吊りになり大鼾をかく。

SE「海の花嫁」、男たちの大鼾と呼応して激しく、さらに音量を上げて……。

照明、ゆるやかに消えてゆく。

［写真］北川幸三………日本維新派『蟹殿下』

上演記録

日本維新派『蟹殿下』
1984年11月2日〜4日、9日〜11日
大阪・南港フェリーターミナル広場〈丸太仮設大劇場〉

製作　長谷剛史
　　　オフィス竹馬
　　　松竹芸能
作・演出　松本雄吉
美術　油利裕豪
造形　高下　泰
　　　村上善夫
　　　坪山　誠
P・A　鈴木　勉
照明　落合英司
写真　北川幸三
　　　河瀬公夫
作品参加　小谷高明
作曲　杉本裕一
演奏　マーブルオーケストラ
録音　シャンソニエスタジオ
劇場設計　化身塾

出演　松本雄吉
　　　池内琢磨
　　　白藤茜
　　　藤條虫丸
　　　藤本御稔
　　　山下義彦
　　　丹羽弘一
　　　玉置稔
　　　塚本修
　　　久保井孝司
　　　隅井土門
　　　望月武郎
　　　東　政幸
　　　荒木安雄
　　　永沢コヲジ
　　　岩田幸利
　　　水谷充生

　　　結城恵子
　　　小野潤子
　　　吉沢　緑
　　　海崎都史子
　　　春名厚子
　　　きのもとまゆ
　　　源平祐子

　　　京山幸若
　　　(松竹芸能)

協力　大阪造形センター
　　　富田建設株式会社
　　　大阪港振興協会
　　　株式会社図羅
　　　動物園前一番街
　　　今池市場
　　　飛田本通南商店会
　　　天下茶屋駅前商店会
　　　新世界ジャンジャン横町
　　　高知「予言の鳥」社

松本雄吉のオリジナル台本のレイアウト、言葉づかいを基本に構成しています。
上段と下段で台詞が同時進行するところは［ ← ］を入れています

スケッチブックより／劇場デザイン・デッサン

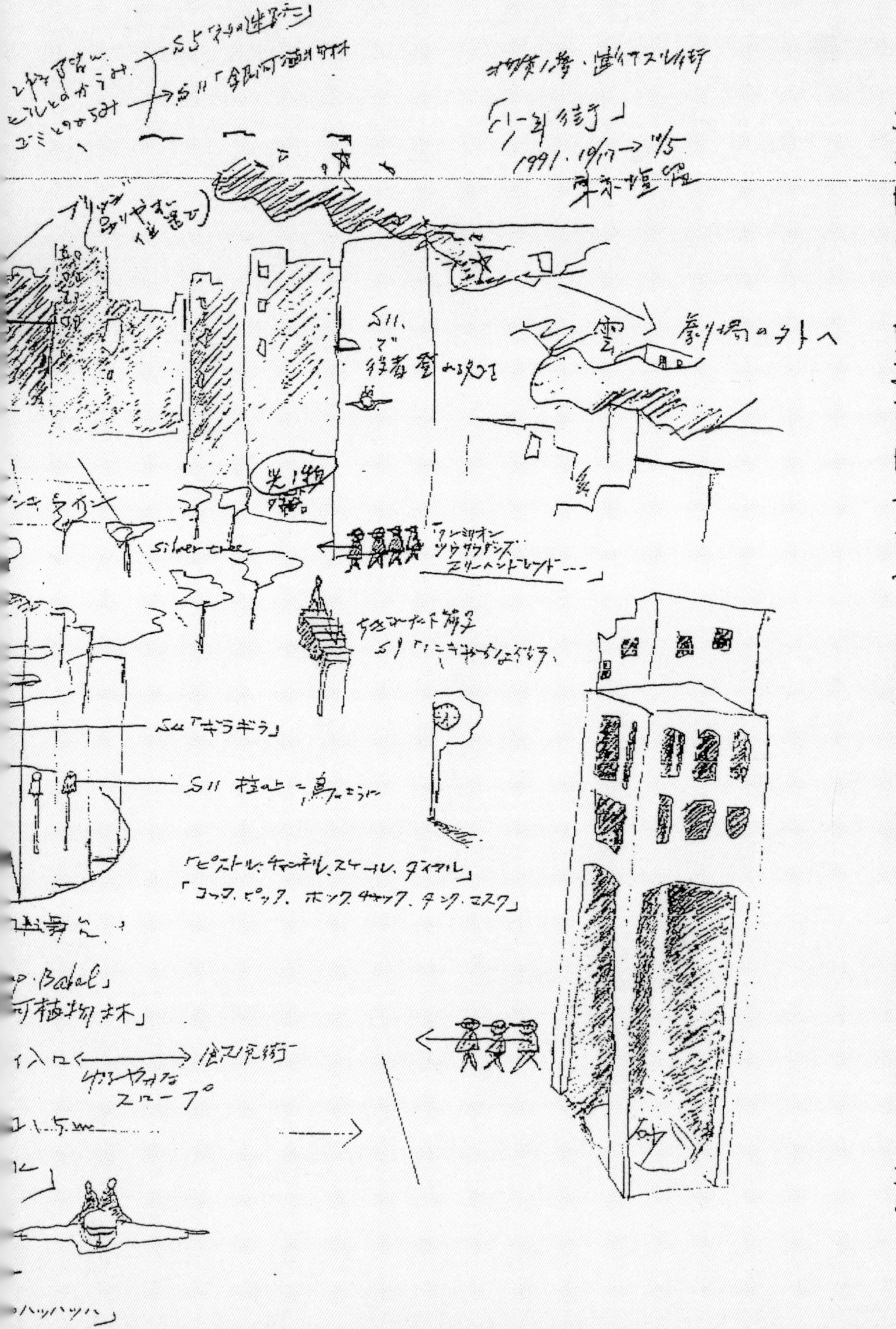
「小さな街」
1991. 10/17→11/5
ブリッジ
雲
劇場の外へ
silver tree
S4「ギラギラ」
「ピストル、チャンネル、スケール、タイマル」
「コップ、ピック、ホック、サック、タンク、マスク」
ゆるやかな
スロープ

『少年街』 1991年／舞台プラン・デッサン

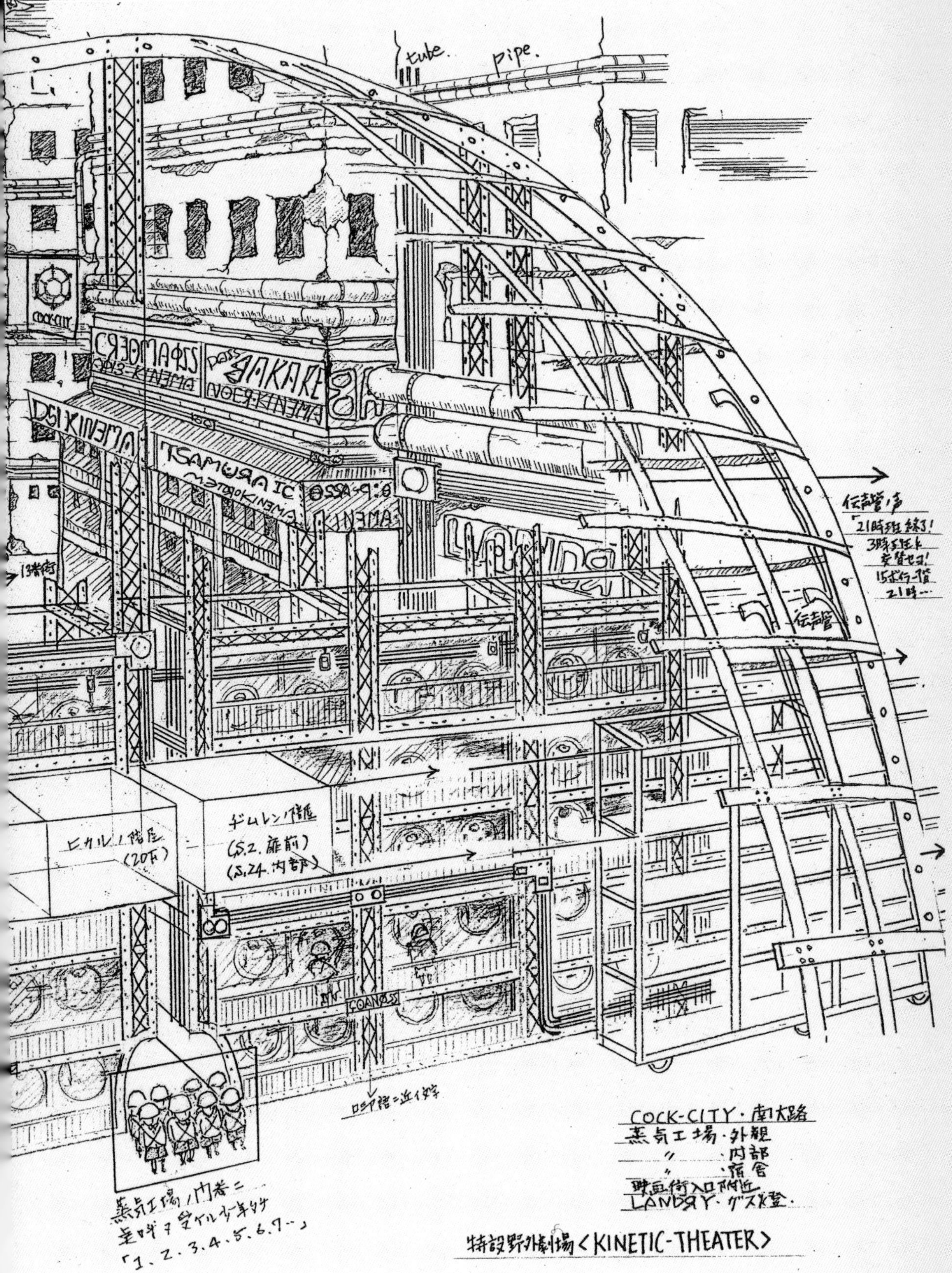
tube.
pipe.
COCK-CITY
BAKARE
TSAMURAIC
13番街
伝声管
伝声管ノ声
「21時班 終了!
3時班ト
交替セヨ!
15ボイラー階
21時…
ヒカルノ階屋
(20F)
ヂムレンノ階屋
(S.2. 扉前)
(S.24. 内部)
ロシア語ニ近イ文字
蒸気工場ノ門番ニ
点呼ヲ受ケル少年タチ
「1、2、3、4、5、6、7…」
COCK-CITY・南大路
蒸気工場・外観
〃・内部
〃・宿舎
映画街入口附近
LANDRY・グス太登・
特設野外劇場<KINETIC-THEATER>

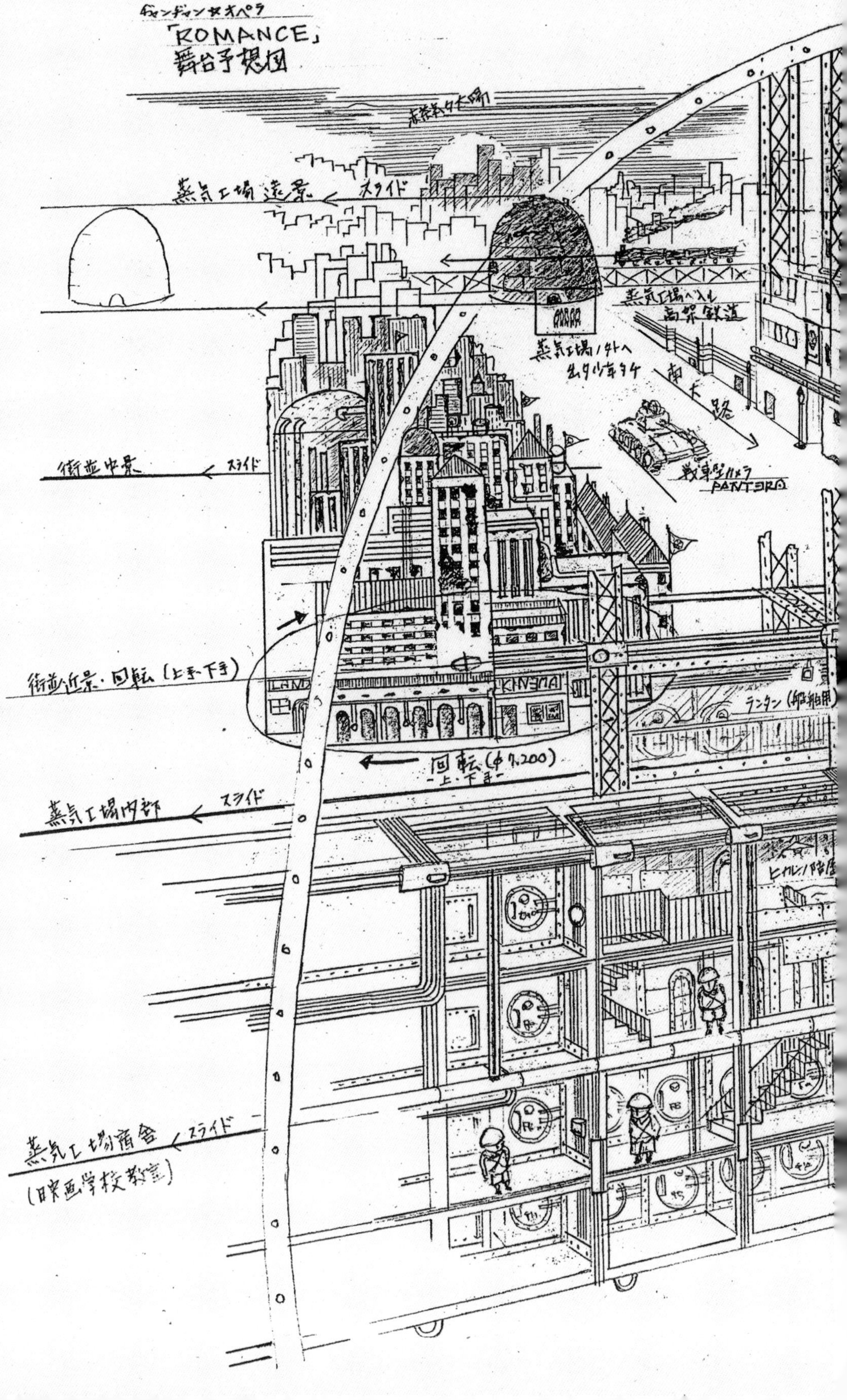

『ROMANCE』1996年／舞台プラン・デッサン

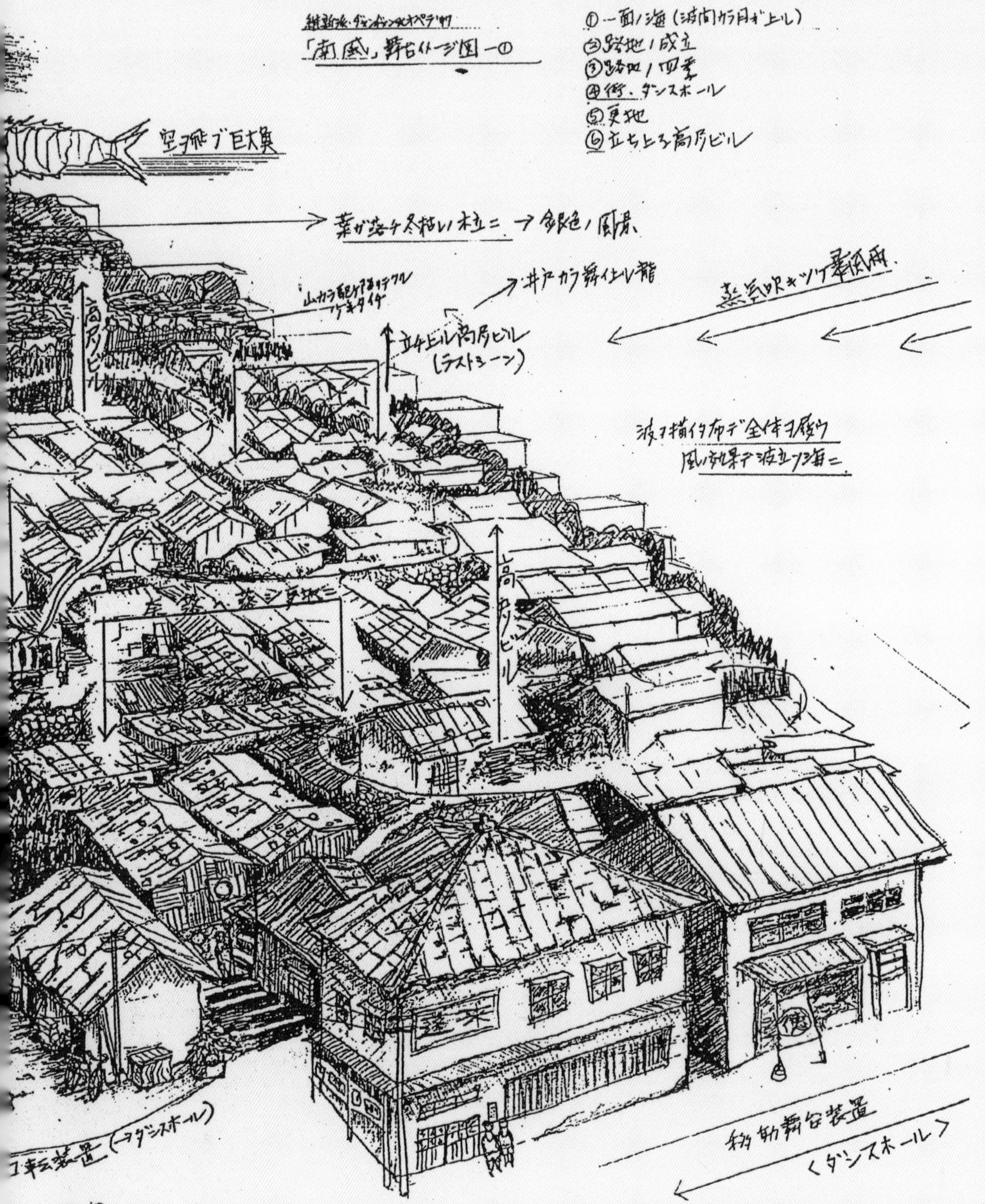

「南風」舞台イメージ図—①
①一面ノ海（波間カラ月ガ上ル）
②路地ノ成立
③路地ノ四季
④街・ダンスホール
⑤更地
⑥立チ上ル高層ビル
空ヲ飛ブ巨大魚
葉ガ落チ冬枯レノ木立ニ → 銀色ノ風景
井戸カラ舞イ上ル龍
立チ上ル高層ビル
（ラストシーン）
波ヲ描イタ布デ全体ヲ覆ウ
風ノ効果デ波立ツ海ニ
高層ビル
移動舞台装置
＜ダンスホール＞
回転装置（→ダンスホール）

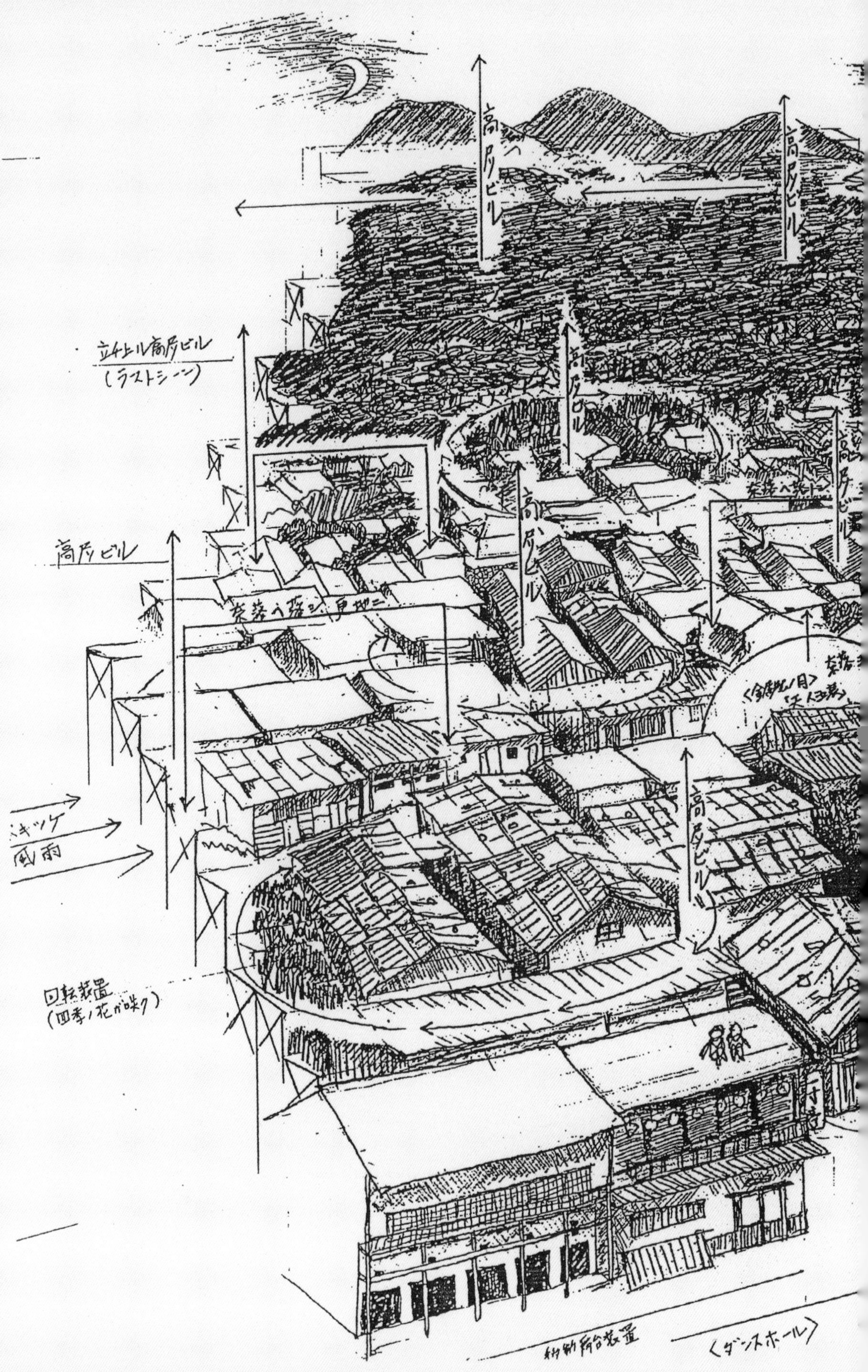

『南風』1997年／舞台プラン・デッサン

2001年／ヨーロッパの街角のデッサン・鉛筆画

『カンカラ』２００２年／公演ポスターのためのデッサン・鉛筆画

『足の裏から冥王まで』1975年

あの淀の河原に今、ひとつの神話が生まれようとしている。
それぞれの道を血走っていた面々が、
今、この河原を共に走ろうとしている。
これは、とても原初的な人の優しさだ。
この優しさが、神話を生もうとしている。
これは、涙の出るほご美しい風景だ。
ぜひ、この場所に人を招きたい。

【初出】『足の裏から冥王まで』1975年／日本維新派

『むぐら式』1983年

夕。

無限に無限小になりゆく淋しさに支えられ、この切岸に立つ。後に曳く影のうすまる。風に、いちまいいちまい厖大な風景の欠片がはがれ、飛び去る。裸形の骨は、洗濯物のカラカラ、風の旋律をのみ奏すあやうさ。

私はふるびた王。

あらゆるからくりに身を委せ、夜の闇に向けて、骨に朱をひく。


【初出】『むぐら式』1983年／日本維新派・化身塾

『誘天の族』1979年

―〈生き物のような〝家〟を建てる。『誘天の族』は、家にまつわることを行う〉

―私は、あらゆる人間的な必然事項をないがしろにして舞台に於ける必然にのみつかえる。

―一回性の保障、その為の条件を私の日常にばらまく、それのみが唯一、私が現場に向かう糧となる。

―私の舞台は静かに呼吸する海だ。

―血統的悲惨の系譜。悲しき海原。体の行列。静かに悲惨を求めること。私の内なる危険の捏造。闇の暴動的繁殖を夢見る。

―私は自分のことを分かろうなどしない、自分が今よりなお、難解なものになってゆくことに精進している。

―自然の理のように、悲劇的か、或るいは喜劇的な存在になんの抵抗もなく自分をとらえる役者。外野か内野か、いそいで自分のポジションを決めて、そこからしか牽制しない観客。どちらもくだらぬ馬鹿どもだ。

―現在からのいかなる愛も知識も受けつけぬ過去。私は手の届きようもない〈闇〉に落ちる。

―焼酎にひたり、私のエゴをじっくり見定める、私が欲するものは、劇しい劇のみだ。


【初出】『誘天の族』1979年／日本維新派

『昼間よく通る近所の道』1980年

今宵。

数多なる街回廊の陰翳たちを招く。

いらぬ装束は着けずに来い。そのままでいい、お前の貌は暗くともよく見える。

今宵は秘めやかに、お前の世間話を聞こう。

嘗て、細長い路地の奥行にお前に抱かれた黒猫の死骸やら。

アルミ鍋の蓋やら。

引き裂かれた下着やら。

歯の二、三本折れた櫛やら。

茶碗の欠片やら。

もとのかたちも分からぬまでに粉々に割けたものたちやらの。

あのとてつもなく長い長い世間話を。

充分に時間をかけて、泣きすぎて眼玉が落ちてしまうか、笑いすぎて喉ちんこが伸び切ってしまうか
どうなるやら見当がつかぬが、充分に、たっぷりと時間をかけて話を聞こう。

今宵は暇だ。

街回廊の主よ。

ほら、私の体はもう充分に茹で上がって、動けずに居る。

始めてくれ。


【初出】『昼間よく通る近所の道』公演チラシ　1980年／日本維新派

『十五少年探偵団　ドガジャガドンドン』１９８７年

学校の帰り道、僕らは家に帰ろうとはせず
路地から路地を駆け回って、探偵ごっこばかりしていた。
僕らの探偵ごっこは、互いに約束した略号のなかで
僕らのミステリーゾーンを街の一隅につくりあげることだ。

僕らは、角の煙草屋から銭湯までの十メートルほどの距離を一キロも二キロも離れたものに考え、そして空に浮かぶ満月と路地の水溜りまでの距離を、ほんの十メートルほどに思って、僕らは、僕らの夢の領域の距離を走りまわる。そういうふうに、路地は、僕らにとって見慣れた異境だ。

僕らは、路地から路地をさまようちに、ふと、自分のことが、みなし児のように思われて、愉快になってくる。

愉快になってくる。

【初出】『十五少年探偵団　ドガジャガドンドン』案内文　１９８７年／維新派

『王國』1998年

都市の貌。

だれがこの街のことをいちばんよく知っているのだろうと思う。何処からこの街を眺めればこの街の実相が鮮明に見えるのだろうと思う。ねちっこい浪速コトバを語る商家の末裔の軒先からか、昼夜を問わず地上に地下に生コンを流し込む建築業者か、廃屋に鉄の爪をふるう解体業者の埃だらけの現場か、あるいは地下30メートルの地下鉄道を通い高層ビル50階で働く人々の俯瞰のフレームか、260万という人口の胃を満たすための食材を日夜運び込む業者の、それら食材の日常の残骸を集めて走る清掃員のこの街を見るフレーム、あるいはこの街のケモノ道にヤク液と銃弾をこぼしながら走る闇のヤカラたち、そして段ボールを抱え街を漂うデラシネの人々に映るこの街の貌……、あるときは軽薄で薄っぺらく退屈きわまりない印象の、またあるときは吐き気をもよおすほど濃密で脂ぎったこの街の貌、闇と光の、進化と退化の、過去と未来の像のねじれて今にあるこの街の巨魁な貌……。

人はそれぞれのフレームを通してこの街を見ている。己の視力と体力の許す範囲のフレームで街を見、語る。しかし、それら幾百万の人のフレームを重ね合わせたところでこの街の実体が見えて現れることはないと思える。それだけこの街はとてつもなく大きく、深く、果てしなく、人間の視座などを寄せ付けぬシロモノだと思う。

音を聴くこと、それが私たちの現在の物語「オオサカ」への第一章として……。


【初出】『王國』公演チラシ　1998年／維新派

『水街』1999年

漂流。
海に面した辺りのオオサカにはいろんな土地のコトバが交ざっている。
海流に運ばれコトバが椰子の実のように漂着し、
オオサカコトバと交わり新しいオオサカコトバをかたちづくる。
今、私たちが使っているオオサカコトバも漂着のすえ交ざり合い、
知らぬ間にこの都市の風景に馴染んだ、多分、そんなコトバだ。
明治の末から大正にかけ四国、九州、沖縄、奄美、そして朝鮮半島から
工場労働力としてオオサカへ流れ込んできた100万は越えたといわれる人々。
故郷を捨て故郷のコトバを捨て、
この都市に自らの夢を託して生きてきた葛藤の歴史が
今私たちが使っているオオサカコトバにこもっている。
コトバにこもっている魂……コトダマ……漂流のすえのコトダマ……、
それは島之内や船場辺りで聞かれるオオサカコトバと違い、
土の匂いや海の香りのするオオサカコトバだ。
そんなコトバが海に面した辺りのオオサカに溢れている。
維新派のヂャンヂャン☆オペラはそんなオオサカコトバに支えられている。

【初出】『水街』パンフレット　1999年／維新派

『ろじ式』 ２００９年

標本とは モノや生命を「　」で囲むことである。

モノや生命が本来のあるべき環境から切り離され、「　」の中へ収められ、個体そのものとして純粋に存在することである。

モノや生命があらゆる関係性から切り離され「　」の中で孤立することである。モノや生命が、孤立の自由を獲得することである。

これは標本に対する側面的な、極私的な思いであり、標本というものに初めて出会った時の正直な感動の記憶である。

私が死んで私の体の一部が標本になる。

まず、ありえないことではあるが、私の肋骨が医学的な見地から標本として残されることになる。私の身体の火葬の後、肋骨だけ拾い集められ、修復作業を施され「ヒトの肋骨」として組み立てられる。そこで私の肋骨は、私の肋骨ではなく「ヒトの肋骨」となり、肋骨は、私という個人、私という個人史を離れて、それはひとつのモノとして自立する。私という人間から解放されて物質的存在に還る。

標本になった肋骨はカルシュウムの白さを誇り美しい。肋骨は内臓を守っていたがその役目を終えた今は、名状しがたいまあるい形の空を囲っている。そのフォルムは船の骨組みに似て〈旅〉のイメージをも喚起する。私たちの知らない未知への静かな船出…。

肋骨は体から切り取られ、人から解放されることで一個のモノとして新たな存在を獲得する。

標本は、モノや生命にとって、不意の休暇…。


【初出】『ろじ式』パンフレット　２００９年／維新派

『PORTAL』2016年

都市は記憶している。ここがかつて海であったこと。その証拠に地下鉄の路をふさいでいるクジラの骨が発見されたこと。都市は記憶している。ここがかつて主戦場であったこと。それは、日本の〈ゲルニカ〉と呼ばれるほど野蛮で残酷で悲惨な地獄絵であったということ。都市は記憶している。ここはかつて水の都と呼ばれていたこと。都市を縦横に水路が走り、船が行き交っていたということ。都市は記憶している。ここはかつて煙の都と呼ばれていたこと。東洋のマンチェスターとも呼ばれていたこの工業都市に、九州、沖縄から多くの労働移民が押し寄せたということ。都市は記憶している。ここがかつていちめんの焼け野原であったこと。

【初出】『PORTAL』作・林慎一郎　演出・松本雄吉
2016年2月／豊中市立文化芸術センター開設プレ事業

スモーク・ハンド―琵琶湖水上舞台―

八月二十五日。現場入り初日。曇り空が有り難い、琵琶湖長浜市さいかち浜、草刈りをしていると滋賀県文化振興事業団の辻本氏が現れる。「とうとうこの日が来ましたね」。晴れやかな笑顔。その当時、県立ホールの芸術監督だった北村想さんと辻本氏に声をかけられたのが二年前、滋賀県としては初めてのことらしい琵琶湖水上舞台の実現に多大な苦労をかけた。

草刈り後、舞台監督の大田の指示で野外劇場の第一歩〈線引き〉が始まる。間口十間、奥行き十間の本舞台、その奥に五間の水没舞台、キャパ五百四十の観客席、その平面がビニールロープによって線引きされる。

この時点で脚本はまだ七割、パソコンを離れて現場の作業が楽しい。

八月二十六日～九月七日。さいかち浜の現場作業と大阪のアトリエでの美術・小道具・衣装の製作、そして脚本、稽古。現場から毎日、建ち上がっていく劇場の写真がメールで送られてくる。夕陽に輝く琵琶湖が美しい。

九月八日。舞台稽古第一日。広大な琵琶湖の水面に役者が立つとそのホリゾントとなり役者の身体がかっこよく見える。〈水辺の身体〉。ふとそんな言葉が浮かぶ。

九月九日。残りの脚本書きのため彦根のホテルへ入る。ウィーンの内橋から次々とメールで曲が送られてくる。作曲にせかされる脚本。

九月十日。ラストシーンで舞台を川にするため本舞台は傾斜一・五度の角度で湖に向かい、奥行き十二間のところで水に入っていくという設計、ところが長雨のせいで十間のところまで水が上がってきている。舞台監督の大田がそのことで頭を悩ます。

九月十五日。波が高い日は大量の水藻が舞台に流れ着く。スタッフがそれをスコップで除去する。一時間もするとまた水藻が溜まっている。「波の高い日には本番中でも藻の掃除をせなあかん」。スタッフたちが笑う。

九月十六日。波のない穏やかな日には水が澄み、舞台奥を魚が撥ねる。

九月二十六日。雨の中でのリハーサル。スタッフが焚き火を始める。焚き火にかざした手を鼻に近づけると煙の匂いがする。スモーク・ハンド、野外の公演の身体的実感の匂い。

九月二十七日。明かりづくり。二機のＨＭＩに照らされた湖面が想像していたよりも不思議な色合いを見せる。エメラルドグリーンとブルーの中間の深みのある色合い、それが日によって波の具合でさまざまに変化する。

十月一日。地元の人たちを招き公開ゲネプロ。水位も思いどおりに収まり、ラストシーンで舞台一面が川になり湖と舞台がつながる。地元の人の「こんな琵琶湖を見たのは初めて」の感想にしてやったり。

十月二日。〈彼〉と旅をする20世紀三部作―#2『呼吸機械』初日。開演は七時というのに四時ごろから続々と観客が集まる。劇場脇の湖岸にそれぞれの場所を見つけ夕陽を見ている観客のシルエットに感動する。

『石のような水』演出ノートI

1 『石のような水』―タルコフスキーのいくつかの映画作品から―ある都市にある高層アパート群。かつて、その都市の近郊に隕石が落ちて、巨大な穴ができた。穴の中心から周辺30キロメートル圏内を人々は〈ゾーン〉と呼び、政府はそこを立ち入り禁止区域に指定した。

2 『石のような水』は、〈ゾーン〉への案内人須藤慎司とその妻今日子、今日子の姉でラジオ局でDJをしている秋子、この3人をとりまく9名の登場人物によって展開するSF作品であり、メロドラマである。

3 この作品のために段丘状の舞台を用意する。段丘状の舞台は、その各部分が公園、須藤の部屋、秋子の放送局、繁華街の交差点、路地、プールサイド、カフェ、港の岸壁、フェリーの甲板、などなど、として設定される。

4 段丘状の舞台は一望できる、ある都市の地図である。同時にその地図は登場人物たちの相関図である。

5 段丘状の舞台の背後に〈雲に覆われた空〉を立てる。それは、隕石の落下によってあらわれた〈ゾーン〉の陰鬱な空である。〈ゾーン〉というデストピアの平原に、主人公須藤は〈枯れかけた木〉を植える。そして木に毎日水を遣ることを自らに課す。

6 〈ゾーン〉というデストピアに魂の解放を感じる須藤。

7 〈ゾーン〉への案内人という家系、隠れキリシタン、オラショ、被差別民。

8 〈ゾーン〉は遍在する。

9 段丘状の舞台に〈タテの構図〉の風景をつくる。

10 段丘状の舞台に〈ヨコの構図〉の風景をつくる。

11 この構図を作るのは、高層ビルの影であること。それはすなわち、不安な構図である。

12 『石のような水』は全46シーンによって構成される。そのシーン展開はオーバーラップ、パン、フラッシュバックなど、映画を意識した方法をとる。それは、たったいま見た風景が、すぐさま過去として記憶され、次に来る時間へと移行する意識の流れの特殊な体験となる。

13 『石のような水』は会話劇である。まずは、劇中に交わされる日常的な会話のリアルさにこだわること、そして、そのリアルさが超日常となること。

14 会話するひとのからだのカタチにこだわる。

15 会話するひとの声、息遣いにこだわる。

【初出】フェスティバル／トーキョー13主催プログラム『石のような水』パンフレット／
作・松田正隆　演出・松本雄吉／２０１３年11月28日〜30日

私にとっての「ナナツデラ」

私にとっての「ナナツデラ」とは大須の迷路路地のことであり、サウナのあった「独逸《どいつ》温泉」のことでもあり、裏座敷の「木の実」であり、夜明けまでの「日の出寿司」であり、オオサカ人顔負けのホルモン屋「梅田屋」でもあり、また野外劇のメッカ「白川公園」のことでもあり、見たい芝居となると何処へでも飛んでいく幼稚園の送迎バス運転手兼予備校講師兼古本屋主人兼芝居小屋小屋主であるフタムラ氏のことであり、演劇と舞踏と映画と野球をゴッチャに語る「オオスビト」のことであり、中央的でありながら周辺的な「ナゴヤビト」のことであり、「ナナツデラ」は、私にとってそれらもろもろの場所と事象と人々の総称的感覚としてあり、「ナゴヤ」という地名の代名詞としてあります。

こういった感覚は過去二十年にも及ぶ「ナナツデラ」との深い付き合いの中で、維新派はたったの一回きりしか空間としての「ナナツデラ」を使ったことがないということからの感想でもあります。それもシナリオも携えず、二トントラック一台分の泥を持ち込み自身の体と壁、天井を泥だらけにしただけの、公演と呼ぶにはあまりにもおこがましい、ただヤンチャをさせていただいたとしかいいようのないものでした。

ただ、オオサカに於いては異種とされ自身も演劇地図の外に置き、もっぱら周辺の野外に劇場を建てて来た維新派の私にしては意外にも「ナナツデラ」においてはいっぱしの同時代演劇人のごとく口沫を飛ばしていたように思えるのが不思議な印象です。

おそらく、野外に劇場を組んでいる私にとって「劇場はあるものでなく、成るもの」という私たちのテーマの現場を過去二十年に及ぶ私の「ナナツデラ」に見付けていたのかもしれません。

【初出】「空間の祝杯　七ツ寺共同スタジオとその同時代史」1999年1月／七ツ寺演劇情報センター

［写真］羽鳥直志……〈上〉名古屋市中区の白川公園野外特設劇場／『高丘親王航海記』（1992年）で高丘親王に扮した松本雄吉（右）、左は石丸だいこ（少年王者舘）
〈下〉『高丘親王航海記』での化粧をする松本雄吉

戯曲
チャンチャン☆オペラ

『少年街──〈物質の夢・進行する街〉』

プロローグと①路地の蒸気機関車
（全11シーンのうち①のみ抜粋）

作・演出　松本雄吉

シーンタイトル

Pre　工場の廃墟
①　路地の蒸気機関車
②　円形雑居ビル
③　くくらがり
④　スクラップ・オペレッタ
⑤　ギラギラ
⑥　夜の迷路
⑦　スクラップ・バベル
⑧　大洪水
⑨　にぎやかな街
⑩　蒸気コンピューター
⑪　銀河植物林

上演記録

維新派　チャンチャン☆オペラ『少年街』
1991年10月17日～11月5日
東京・汐留旧国鉄コンテナヤード〈蜃気楼劇場〉

作・演出	松本雄吉
美術	林田裕至
照明	阿部喜郎
音楽	内橋和久
音響	松村和幸
衣裳	堂本教子
舞台監督	磯見俊裕
特殊効果	野田豊年
美術製作	金子泰介・藤本みとし・北村典子・吉田悦子・船守理恵子・笠原知恵
劇場設計	稲村純・草加叔也
協力	北川恵昭・芦内晋
建築スタッフ	北白川玄冬・金洋一・浮田清治・豊川忠宏・宮川洋紀・影山拓・井上憲次・若吉浩司・大田和司
出演	石本由美・野田貴子・鈴江珠里・黒井優子・池本和美・大林真紀・ドミニク朝吉・山田裕之・フルカワタカシ・内田欽弥・井上大輔・石原岳・塚本修・柴崎正道・川島和明・隈井士門・石山雄三・阿部陽美・柴崎あづさ・デカルコ＝マリー・坂井原哲生・少年マルタ
宣伝美術	田澤友紀
写真	上諸尚美・福永幸治
制作	高岡茂・桐村淳子・有田亜李子
協力	武智美保オフィス・㈱レイライン・246TANK
後援	財団法人セゾン文化財団
主催	TBS RADIO　維新派

プロローグ

開場とともに
音楽「工場の廃墟」

舞台奥の風景を遮り。横に長い建物。
錆びた鉄パイプが蔦のように壁を這う工場の廃屋。前近代的な大仰なフォルムは軍艦のようだ。到るところ壁が剝がれ落ち、工場の内部が露見している。とり残された機械類、工具等などが建物の内臓のように見えている。

〈錆びた内臓〉

そして、破れた鉄パイプからは蒸気ともガスともつかぬ白い気体が流れだし、建物全体を不気味な生きもののような印象にしている。

〈巨大な生きもの〉

そして、音。
錆びた機械や工具を内蔵するこの巨大な生きもののあたかも細胞の活動を思わせるような、無機質な響き、ねじれ、軋み、歪み、裂ける細胞のノイズが劇場全体に満ちている。

〈細胞のノイズ〉

音楽「工場の廃墟」
劇場の無機質なノイズを包み込むように叙情的に、静かに流れている。

やがて音楽小さくなり、客席の照明急速に落ちる。

暗転（開演）。

音楽、転調して早く激しく。
ねじれ、軋み、歪み、裂けのノイズ頂点に。
SE「重い爆発音」

同時に、逆光照明入る。
建物のシルエット、いきなり、裂ける。
裂目から差し込む逆光。
崩れ落ちる瓦礫、たちこめる埃、噴出するガス。
昆虫の触角のようにぐにゃぐにゃと動く錆びた鉄筋。
痙攣する鉄骨、爆裂するコンクリートの破片。

裂けた建物と建物の間から少年たち登場。
音楽「工場の廃墟」終わる。

少年たち、さまざまなもの（大小の物の破片）を背中や肩、胸、頭に付けている。
まるで、裂けた建物の散乱したかけらといった印象。

音楽「路地の蒸気機関車」

SE「細胞のノイズ」続いている。

①「路地の蒸気機関車」

1	ショフショフショフショフ チッ、チッ、チッ、チッ スクラップ	ショフショフショフショフ ボッ、ボッ、ボッ、ボッ スクラップ	ショフショフショフショフ チッ、チッ、チッ、チッ スクラップ	ショフショフショフショフ ボッ、ボッ、ボッ、ボッ スクラップ
2	ショフショフショフショフ チッ、チッ、チッ、チッ スクラップ	ショフショフショフショフ ボッ、ボッ、ボッ、ボッ スクラップ	ショフショフショフショフ チッ、チッ、チッ、チッ スクラップ	ショフショフショフショフ ボッ、ボッ、ボッ、ボッ スクラップ
3	缶、 缶、 缶、 缶、 積んで 1トン 2トン	缶、 缶、 缶、 缶、 積んで 3トン 4トン	瓶、 瓶、 瓶、 瓶、 積んで 5トン 6トン	瓶、 瓶、 瓶、 瓶 積んで 7トン 8トン
4	缶、 缶、 缶、 缶、 走る 9トン	缶、 缶、 缶、 缶、 走る 10トン	瓶、 瓶、 瓶、 瓶、 走る 20トン	瓶、 瓶、 瓶、 瓶 走る 30トン
5	鉄、 鉄、 鉄、 鉄 チッ、チッ、チッ、チッ 40トン	鉄、 鉄、 鉄、 鉄 ボッ、ボッ、ボッ、ボッ 50トン	ガラス、 ガラス チッ、チッ、チッ、チッ 60トン	ガラス、 ガラス ボッ、ボッ、ボッ、ボッ 100トン
6	鉄、 鉄、 鉄、 鉄 チッ、チッ、チッ、チッ 1000トン	鉄、 鉄、 鉄、 鉄 ボッ、ボッ、ボッ、ボッ 2000トン	ガラス、 ガラス チッ、チッ、チッ、チッ 3000トン	ガラス、 ガラス ボッ、ボッ、ボッ、ボッ 4000トン
7	積んで チッ、チッ、チッ、チッ スクラップ	積んで ボッ、ボッ、ボッ、ボッ スクラップ	積んで チッ、チッ、チッ、チッ スクラップ	積んで ボッ、ボッ、ボッ、ボッ スクラップ
8	チッ、チッ、チッ、チッ ピストン OK	ボッ、ボッ、ボッ、ボッ タービン 良好	チッ、チッ、チッ、チッ 貨物 連結	ボッ、ボッ、ボッ、ボッ 水 補給（完了）
9	僕ら、 路地の 走る	機関車 走る	僕ら、 路地の 走る	機関車 走る
10	○ ○ ○ ○	ガン！ ガン！	○ ○ ○ ○	ガン！ ガン！
11	○ ○ ○ ○	カン！ カン！	○ ○ ○ ○	カン！ カン！
12	タン、 タン、	タン、 タン、	タン、 タン、	タン、 タン、
13	ガッ、タン、ガッ、タン かび、かび、かび、かび シュッシュッシュッシュッ	ガッ、タン、ガッ、タン 錆、 錆、 錆、 錆 ボッ、ボッ、ボッ、ボッ	ガタ、ゴト、ガタ、ゴト かび、かび、かび、かび シュッシュッシュッシュッ	ガタ、ゴト、ガタ、ゴト 錆、 錆、 錆、 錆 ボッ、ボッ、ボッ、ボッ
14	ゴト、ゴト、ゴト、ゴト かび、かび、かび、かび シシュボボ、シシュボボ	ゴト、ゴト、ゴト、ゴト 錆、 錆、 錆、 錆 シシュボボ、シシュボボ	ゴト、ゴト、ゴト、ゴト かび、かび、かび、かび シシュボボ、シシュボボ	ゴト、ゴト、ゴト、ゴト 錆、 錆、 錆、 錆 シシュボボ、シシュボボ

15	ゴオ、ゴオ、ゴオ、ゴオ ビュンビュンビュンビュン スチーム！	ゴオ、ゴオ、ゴオ、ゴオ ビュンビュンビュンビュン	ゴオ、ゴオ、ゴオ、ゴオ ビュンビュンビュンビュン スチーム！	ゴオ、ゴオ、ゴオ、ゴオ ビュンビュンビュンビュン
16	○　○　○　○	○　○　○　○	かび、かび、かび、かび	錆、錆、錆、錆
17	○　○　○　○	○　○　○　○	かび、かび、かび、かび	錆、錆、錆、錆
18	ゴオ、ゴオ、ゴオ、ゴオ ビュンビュンビュンビュン スチーム！	ゴオ、ゴオ、ゴオ、ゴオ ビュンビュンビュンビュン	ゴオ、ゴオ、ゴオ、ゴオ ビュンビュンビュンビュン スチーム！	ゴオ、ゴオ、ゴオ、ゴオ ビュンビュンビュンビュン
19	○　○　○　○	○　○　○　○	かび、かび、かび、かび	錆、錆、錆、錆
20	○　○　○　○	○　○　○　○	かび、かび、かび、かび	錆、錆、錆、錆
21	ガタ、ゴト、ガタ、ゴト ボッ、ボッ、ボッ、ボッ シュルシュルシュルシュル	ガタ、ゴト、ガタ、ゴト ボッ、ボッ、ボッ、ボッ シュルシュルシュルシュル	ガタ、ゴト、ガタ、ゴト ボッ、ボッ、ボッ、ボッ シュルシュルシュルシュル	ガタ、ゴト、ガタ、ゴト ボッ、ボッ、ボッ、ボッ シュルシュルシュルシュル
22	ガタ、ゴト、ガタ、ゴト ボッ、ボッ、ボッ、ボッ カーブ！	ガタ、ゴト、ガタ、ゴト ボッ、ボッ、ボッ、ボッ	ガタ、ゴト、ガタ、ゴト ボッ、ボッ、ボッ、ボッ カーブ！	ガタ、ゴト、ガタ、ゴト ボッ、ボッ、ボッ、ボッ
23	ガタ、ゴト、ガタ、ゴト ボッ、ボッ、ボッ、ボッ シュルシュルシュルシュル	ガタ、ゴト、ガタ、ゴト ボッ、ボッ、ボッ、ボッ シュルシュルシュルシュル	ガタ、ゴト、ガタ、ゴト ボッ、ボッ、ボッ、ボッ シュルシュルシュルシュル	ガタ、ゴト、ガタ、ゴト ボッ、ボッ、ボッ、ボッ シュルシュルシュルシュル
24	ガタ、ゴト、ガタ、ゴト ボッ、ボッ、ボッ、ボッ 坂！	ガタ、ゴト、ガタ、ゴト ボッ、ボッ、ボッ、ボッ ブレーキ！	ガタ、ゴト、ガタ、ゴト ボッ、ボッ、ボッ、ボッ 坂！	ガタ、ゴト、ガタ、ゴト ボッ、ボッ、ボッ、ボッ ブレーキ！
25	ゴオ、ゴオ、ゴオ、ゴオ ボウッ！　ボウッ！	ゴオ、ゴオ、ゴオ、ゴオ ボウッ！　ボウッ！	ゴオ、ゴオ、ゴオ、ゴオ ボウッ！　ボウッ！	ゴオ、ゴオ、ゴオ、ゴオ ボウッ！　ボウッ！
26	ガタ、ゴト、ガタ、ゴト ボッ、ボッ、ボッ、ボッ 坂！	ガタ、ゴト、ガタ、ゴト ボッ、ボッ、ボッ、ボッ	ガタ、ゴト、ガタ、ゴト ボッ、ボッ、ボッ、ボッ 坂！	ガタ、ゴト、ガタ、ゴト ボッ、ボッ、ボッ、ボッ
27	ゴオ、ゴオ、ゴオ、ゴオ ボウッ！　ボウッ！ ブレーキ！	ゴオ、ゴオ、ゴオ、ゴオ ボウッ！　ボウッ！	ゴオ、ゴオ、ゴオ、ゴオ ボウッ！　ボウッ！ ブレーキ！	ゴオ、ゴオ、ゴオ、ゴオ ボウッ！　ボウッ！
28	○　○　○　○	○　○　○　○	ガタ、ガタ、ガタ、ガタ	ギ、ギ、ギ、ギ
29	○　○　○　○	○　○　○　○	ガタ、ガタ、ガタ、ガタ	ギ、ギ、ギ、ギ
30	カ、イ、ダ、ン 登って、登って ガタ、ギシ、ガタ、ギシ	カ、イ、ダ、ン ギ、ギ、ギ、ギ	カ、イ、ダ、ン 下って、下って ガタ、ギシ、ガタ、ギシ	カ、イ、ダ、ン ギ、ギ、ギ、ギ

31 ダン、ダン、ダン、ダン　ダン、ダン、ダン、ダン
ガタ、ギシ、ガタ、ギシ　ギ、ギ、ギ、ギ　ガタ、ギシ、ガタ、ギシ　ギ、ギ、ギ、ギ

32 カ、イ、ダ、ン　カ、イ、ダ、ン　カ、イ、ダ、ン　カ、イ、ダ、ン
登って、登って　下って、下って
ガタ、ギシ、ガタ、ギシ　ギ、ギ、ギ、ギ　ガタ、ギシ、ガタ、ギシ　ギ、ギ、ギ、ギ

33 ダン、ダン、ダン、ダン　ダン、ダン、ダン、ダン
ガタ、ギシ、ガタ、ギシ　ギ、ギ、ギ、ギ　ガタ、ギシ、ガタ、ギシ　ギ、ギ、ギ、ギ

34 ゴトダン、ゴトダン　ダン、ダン、ダン、ダン　ゴトダン、ゴトダン　ダン、ダン、ダン、ダン
下って、　下って、　下って、　下って
ギ、ギ、ギ、ギ　ギ、ギ、ギ、ギ

35 ○　○　○　○　○　○　○　○　路地　路地

36 ○　○　○　○　○　○　○　○　路地　路地

37 カ、ビ、ア、ブ、　ラ、ケ、ム、リ、　イ、オ、ウ、ア、　ン、モ、ニ、ア
ゴト、ゴト、ゴト、ゴト　ゴト、ゴト、ゴト、ゴト　ゴト、ゴト、ゴト、ゴト　ゴト、ゴト、ゴト、ゴト
小便の匂い　小便の匂い

38 ア、ア、ア、ア　ア、ア、ア、ア
エロ猫、ドラ猫、　蓄膿犬　エロ猫、ドラ猫、　蓄膿犬
ゴト、ゴト、ゴト、ゴト　ゴト、ゴト、ゴト、ゴト　ゴト、ゴト、ゴト、ゴト　ゴト、ゴト、ゴト、ゴト

39 湿った敷石　湿った敷石
１匹、２匹、３匹、４匹、　5、6、7、8、　9、10、11！

40 し、め、っ、た　し、き、い、し、　し、め、っ、た　し、き、い、し、
ボッ、ボッ、ボッ、ボッ　ボッ、ボッ、ボッ、ボッ　ボッ、ボッ、ボッ、ボッ　ボッ、ボッ、ボッ、ボッ

41 ○　○　○　○　○　○　○　○　路地　路地

42 ○　○　○　○　○　○　○　○　路地　路地

43 カ、ビ、ア、ブ、　ラ、ケ、ム、リ、　イ、オ、ウ、ア、　ン、モ、ニ、ア
ゴト、ゴト、ゴト、ゴト　ゴト、ゴト、ゴト、ゴト　ゴト、ゴト、ゴト、ゴト　ゴト、ゴト、ゴト、ゴト
焼酎の匂い　焼酎の匂い

44 ア、ア、ア、ア　ア、ア、ア、ア
エロ猫、ドラ猫、　蓄膿犬　エロ猫、ドラ猫、　蓄膿犬
ゴト、ゴト、ゴト、ゴト　ゴト、ゴト、ゴト、ゴト　ゴト、ゴト、ゴト、ゴト　ゴト、ゴト、ゴト、ゴト

45 湿った敷石　湿った敷石
12、13、14、15、16、17、18匹

46 し、め、っ、た　し、き、い、し、　し、め、っ、た　し、き、い、し、
ボッ、ボッ、ボッ、ボッ　ボッ、ボッ、ボッ、ボッ　ボッ、ボッ、ボッ、ボッ　ボッ、ボッ、ボッ、ボッ

47 ○　○　○　○　　○　○　○　○　　路地　　路地

48 ○　○　○　○　　○　○　○　○　　路地　　路地

49 カ、　ビ、　ア、　ブ、　　ラ、　ケ、　ム、　リ、　　イ、　オ、　ウ、　ア、　　ン、　モ、　ニ、　ア
ゴト、ゴト、ゴト、ゴト　ゴト、ゴト、ゴト、ゴト　ゴト、ゴト、ゴト、ゴト　ゴト、ゴト、ゴト、ゴト
醤油の匂い　　醤油の匂い

50 ア、　ア、　ア、　ア　　ア、　ア、　ア、　ア
エロ猫、　ドラ猫、　蓄膿犬　　エロ猫、　ドラ猫、　蓄膿犬
ゴト、ゴト、ゴト、ゴト　ゴト、ゴト、ゴト、ゴト　ゴト、ゴト、ゴト、ゴト　ゴト、ゴト、ゴト、ゴト

51 湿った敷石　　湿った敷石
19、　20、　21、　22、　23、　24、　25匹

52 し、　め、　っ、　た　　し、　き、　い、　し、　　し、　め、　っ、　た　　し、　き、　い、　し、
ボッ、ボッ、ボッ、ボッ　ボッ、ボッ、ボッ、ボッ　ボッ、ボッ、ボッ、ボッ　ボッ、ボッ、ボッ、ボッ

53 ○　○　○　○　　○　○　○　○　　路地　　路地

54 ○　○　○　○　　○　○　○　○　　路地　　路地

55 カ、　ビ、　ア、　ブ、　　ラ、　ケ、　ム、　リ、　　イ、　オ、　ウ、　ア、　　ン、　モ、　ニ、　ア
ゴト、ゴト、ゴト、ゴト　ゴト、ゴト、ゴト、ゴト　ゴト、ゴト、ゴト、ゴト　ゴト、ゴト、ゴト、ゴト
樟脳の匂い　　樟脳の匂い

56 ア、　ア、　ア、　ア　　ア、　ア、　ア、　ア
エロ猫、　ドラ猫、　蓄膿犬　　エロ猫、　ドラ猫、　蓄膿犬
ゴト、ゴト、ゴト、ゴト　ゴト、ゴト、ゴト、ゴト　ゴト、ゴト、ゴト、ゴト　ゴト、ゴト、ゴト、ゴト

57 湿った敷石　　湿った敷石
26、　27、　28、　29、　30、　31、　32匹

58 し、　め、　っ、　た　　し、　き、　い、　し、　　し、　め、　っ、　た　　し、　き、　い、　し、
ボッ、ボッ、ボッ、ボッ　ボッ、ボッ、ボッ、ボッ　ボッ、ボッ、ボッ、ボッ　ボッ、ボッ、ボッ、ボッ

59 ○　○　○　○　　○　○　○　○　　路地　　路地

60 ○　○　○　○　　○　○　○　○　　路地　　路地

61 カ、　ビ、　ア、　ブ、　　ラ、　ケ、　ム、　リ、　　イ、　オ、　ウ、　ア、　　ン、　モ、　ニ、　ア
ゴト、ゴト、ゴト、ゴト　ゴト、ゴト、ゴト、ゴト　ゴト、ゴト、ゴト、ゴト　ゴト、ゴト、ゴト、ゴト
シンナーの匂い　　シンナーの匂い

62 ア、　ア、　ア、　ア　　ア、　ア、　ア、　ア
エロ猫、　ドラ猫、　蓄膿犬　　エロ猫、　ドラ猫、　蓄膿犬
ゴト、ゴト、ゴト、ゴト　ゴト、ゴト、ゴト、ゴト　ゴト、ゴト、ゴト、ゴト　ゴト、ゴト、ゴト、ゴト

63 湿った敷石　　　　　　　　　　　　湿った敷石
33、　34、　35、　36、　37、　38、　39匹

64 し、　め、　っ、　た　し、　き、　い、　し、　し、　め、　っ、　た　し、　き、　い、　し、
ボッ、ボッ、ボッ、ボッ　ボッ、ボッ、ボッ、ボッ　ボッ、ボッ、ボッ、ボッ　ボッ、ボッ、ボッ、ボッ

65 ○　○　○　○　○　○　○　○　トンネル　トンネル

66 ○　○　○　○　○　○　○　○　トンネル　トンネル

67 路地の、　トンネル　路地の、　トンネル　路地の、　トンネル　路地の、　トンネル
ゴト、ゴト、ゴト、ゴト　ゴト、ゴト、ゴト、ゴト　ゴト、ゴト、ゴト、ゴト　ゴト、ゴト、ゴト、ゴト

68 ○　○　○　○　○　○　○　○　○　○　○　○　○　○　○　○

69 トンネル、　トンネル　　　　　　　　　　トンネル、　トンネル
ガン、ガン、ガン、ゴン、　ゴン、ゴン、ガン、ガン、　ガン、ゴン、ゴン、ゴン、　ガン、ガン、ガン、ゴン、
スチーム　スモーク　スチーム　スモーク

70 トンネル、　トンネル　　　　　　　　　　トンネル、　トンネル
ゴン、ゴン、ガン、ガン、　ガン、ゴン、ゴン、ゴン、　ガン、ガン、ガン、ゴン、　ゴン、ゴン、ガン、ガン、
スチーム　スモーク　スチーム　スモーク

71 トンネル、　トンネル　　　　　　　　　　トンネル、　トンネル
ガン、ゴン、ゴン、ゴン、　ガン、ガン、ガン、ゴン、　ゴン、ゴン、ガン、ガン、　ガン、ゴン、ゴン、ゴン、
スチーム　スモーク　スチーム　スモーク

72 ○　○　○　○　○　○　○　○　カタ、カタ、カタ、カタ、　チャンチャンチャンチャン

73 ○　○　○　○　○　○　○　○　カタ、カタ、カタ、カタ、　チャンチャンチャンチャン

74 カタ、カタ、カタ、カタ、　カタ、カタ、カタ、カタ、　カタ、カタ、カタ、カタ、　カタ、カタ、カタ、カタ、
チャンチャンチャンチャン　チャンチャンチャンチャン　チャンチャンチャンチャン　チャンチャンチャンチャン
カーブ！　カーブ！

75 かび、錆、　かび、錆　缶、　缶、　缶、　缶、　かび、錆、　かび、錆　瓶、　瓶、　瓶、　瓶、
ガガドウ、　ガガドウ　カン、カン、カン、カン　ガガドウ、　ガガドウ　カン、カン、カン、カン

76 ゴッ、ゴッ、ゴッ、ゴッ　ギッ、ギッ、ギッ、ギッ　ゴッ、ゴッ、ゴッ、ゴッ　ギッ、ギッ、ギッ、ギッ
ヤン、ヤン、ヤン、ヤン、　ユン、ユン、ユン、ユン、　ヤン、ヤン、ヤン、ヤン、　ユン、ユン、ユン、ユン、

77 カタ、カタ、カタ、カタ、　カタ、カタ、カタ、カタ、　カタ、カタ、カタ、カタ、　カタ、カタ、カタ、カタ、
チャンチャンチャンチャン　チャンチャンチャンチャン　チャンチャンチャンチャン　チャンチャンチャンチャン
カーブ！　カーブ！

78 欠けら、　欠けら　錆、　錆、　錆、　錆　欠けら、　欠けら　錆、　錆、　錆、　錆
ガガドウ、　ガガドウ　カン、カン、カン、カン　ガガドウ、　ガガドウ　カン、カン、カン、カン

79 ゴッ、ゴッ、ゴッ、ゴッ　ギッ、ギッ、ギッ、ギッ　ゴッ、ゴッ、ゴッ、ゴッ　ギッ、ギッ、ギッ、ギッ
ヤン、ヤン、ヤン、ヤン、　ユン、ユン、ユン、ユン、　ヤン、ヤン、ヤン、ヤン、　ユン、ユン、ユン、ユン、

80 ガタ、ガタ、ガタ、ガタ　○　○　○　○　ガタ、ガタ、ガタ、ガタ　○　○　○　○
チャンチャンチャンチャン　チャンチャンチャンチャン

81 ガタ、ガタ、ガタ、ガタ　○　○　○　○　ガタ、ガタ、ガタ、ガタ　○　○　○　○
チャンチャンチャンチャン　チャンチャンチャンチャン

82 欠けら、　欠けら　スクラップ　欠けら、　欠けら　スクラップ
テ、　ツ、　ク、　ズ、　テ、　ツ、　ク、　ズ、　テ、　ツ、　ク、　ズ、　テ、　ツ、　ク、　ズ、

83 積んで、　積んで　走る、　走る　積んで、　積んで　走る、　走る
サ、　ビ、　ク、　ズ、　サ、　ビ、　ク、　ズ、　サ、　ビ、　ク、　ズ、　サ、　ビ、　ク、　ズ、

84 メ、　カ、　ク、　ズ、　プ、　ラ、　ク、　ズ、　ハ、　リ、　ク、　ズ、　カ、　ミ、　ク、　ズ、
シュッシュッシュッシュッ　シュッシュッシュッシュッ　シュッシュッシュッシュッ　シュッシュッシュッシュッ
ボッ！　ボッ！　ボッ！　ボッ！

85 メ、　カ、　ク、　ズ、　プ、　ラ、　ク、　ズ、　ハ、　リ、　ク、　ズ、　カ、　ミ、　ク、　ズ、
ダン、ダン、ダン、ダン、　ガン、ガン、ガン、ガン　ダン、ダン、ダン、ダン、　ガン、ガン、ガン、ガン

86 ネ、　ガ、　ク、　ズ、　カ、　ン、　ク、　ズ、　ビ、　ン、　ク、　ズ、　ネ、　ジ、　ク、　ズ、
シュッシュッシュッシュッ　シュッシュッシュッシュッ　シュッシュッシュッシュッ　シュッシュッシュッシュッ
ボッ！　ボッ！　ボッ！　ボッ！

87 ネ、　ガ、　ク、　ズ、　カ、　ン、　ク、　ズ、　ビ、　ン、　ク、　ズ、　ネ、　ジ、　ク、　ズ、
ダン、ダン、ダン、ダン、　ガン、ガン、ガン、ガン　ダン、ダン、ダン、ダン、　ガン、ガン、ガン、ガン

88 ワレクズ、　ワレクズ、　ワレクズ、　ワレクズ、　キリクズ、　キリクズ、　キリクズ、　キリクズ、
シュッシュッシュッシュッ　シュッシュッシュッシュッ　シュッシュッシュッシュッ　シュッシュッシュッシュッ
ボッ！　ボッ！　ボッ！　ボッ！

89 コナクズ、　コナクズ、　コナクズ、　コナクズ、　モエクズ、　モエクズ、　モエクズ、　モエクズ、
ダン、ダン、ダン、ダン、　ガン、ガン、ガン、ガン　ダン、ダン、ダン、ダン、　ガン、ガン、ガン、ガン

90 モエクズ　モエクズ　モエクズ、　モエクズ
積んで、　積んで　走る、　走る　僕ら、　路地の、　機関車
錆、　錆、　錆、　錆、　錆、　錆、　錆、　錆、　錆、　錆、　錆、　錆、

音楽「路地の蒸気機関車」終わる。

少年たち、静止。

裂けた建物は後方に退き、替わって、円形の３〜４階建ての古びた雑居ビルが舞台中央に見えている。

「維新派」、芸術宣言。芸術とは、無いものを探すこと。

身体感覚、演劇の原初的なるもの

うちのスタートは一九七〇年でした。その頃は、三億円事件（六八年）や三島由紀夫の割腹があったり、芸術の世界でも美術館から出ていこう、異分野の人といっしょにやろうとか、いろんな動きがあった時代です。僕はもともと絵をやってました。当時はパフォーマンスが流行ってて、僕らもお正月に梅田の歩道橋で葬式やったり、天王寺の野外音楽堂で男も女も生まれたままの姿で走り回るとか、アートと演劇の区別がつかないところで身体を作品化することをやってましたね。自分の身体ってやっぱり日本人の身体やなと、自分の中の歴史性を意識しだしたのと、身体でパフォーマンスやることがつながったんですね。周りはセリフ重視で文学性をめざした芝居が多かったし、演劇が意外と身体のこと忘れてやってる感じに見えましてね。僕らの方が、部外者ゆえに演劇の原初的なものをとらえてたんじゃないかな。

　例えば、うちの芝居のセリフは大阪弁ですけど、これが標準語だとすごく変な感じがする。身体言語的じゃないんです。だから、ときにはわざとどもってしゃべる。身体から言葉が出る芝居をしている。音としての言葉を大事にしたいんです。

「あ」とか「い」とか一音一音に意味があって感じとれるものがあるという日本語の良さを生かす芝居の構造、様式を何とかつくられないものかと。そんなときに、詩人の吉増剛造さんの朗読や、浪花節とか伝統的な口承芸の圧倒的な言葉の力に、身体的なものを感じた。浪花節が曲の中で五七五で物語を進めていくところ、何ともカッコいい。あのすごさ

［写真］谷古宇正彦……季刊「劇の宇宙」No.15・2004年冬号の取材で訪れた岩崎正裕（左・劇団太陽族主宰）と。2003年9月3日。東京・新国立劇場中劇場『nocturne』の舞台を前に。

は、世界的にも珍しいと思うんですけどね。これを舞台の上で、音を生かすかたちでやる手法がないかといろいろと試行錯誤してやってきました。うちの芝居は、完全に浪花節の影響を受けてます。うちの音楽を担当している内橋（和久）*も関西人ですからね、作曲するときは大阪弁の歌詞を全部口で言いながら、進めていきます。そういう意味では音楽性、身体性というのは、中央よりは辺境的なところに隠れてるのかもしれませんね。

舞台美術とヂャンヂャン☆オペラ

うちの芝居は野外劇で、舞台美術と役者の身体の関係は相互的です。身体が舞台に立つために背景をつける、背景があるからそこに身体を添える。うちの場合はセットを動かしますしね、舞台ももうひとつの出演者みたいなものです。人間がモノを支配してるというような意識じゃなくて、モノの方が人間に迫ってくる。モノのドラマというのか、これも美術的な発想かもしれませんね。

東京の新国立劇場（二〇〇三年『nocturne』―月下の歩行者）でやったことがありましたが、あれはまったく野外劇とは違うもんだということですね。劇場に入ると人間が大きくなる。すべてが演出どおりになって人間が思うようにつくることができる。野外って、人間がポンと立っても小さいんです、人間の小ささを出すのにセットを大きくする。意識して空を見せるようにしたり。劇場と野外は、それぞれ全然別のもんだと考えた方がいいと思う。

野外劇での大掛かりな舞台装置は徐々に現在のような形になったんですが、節目になったのは、一九九一年に東京でやった『少年街』かな。舞台は東京の野っ原。東京タワーや貿易センタービルなど東京の名所が三六〇度見える場所でした。それが全部風化して風に吹き飛ばされて、野っ原に集まってきて、そんな断片によってまた新しい街ができるといった、東京のゴミでできた街みたいなものをつくろう―そんな発想でやったんです。オープンセットで、空間そのものをひとつの街にしてしまおうという考えですから、舞台装置も劇場の平面的な背景と違って、みんな立体なんです。すべて三方、四方から見られるものにしていかないといけない。それで、あのころからだんだん規模がでかくなってきた。

じつはそのときのスタッフが、みんな映画関係のスタッフだったんですよ。当時すでに映画がセットを作らない時代に入って久しく、美術家たちのフラストレーションがたまっていたころに、僕らと出会った。映画の場合、アップからロングへ引く距離がある。その感覚でつくるから、舞台では考えられないほどセットがどんどんふくらんでいく。それに映画の連中ですから、パンやアップがあるせいか、ジッとしているのが嫌なんですよ。芝居の一幕ものみたいに同じセットがずっと続くのは耐えられないと、回転舞台で回したりしてね。今思うと、そのころが「ヂャンヂャン☆オペラ」の始まりでしたね。

無いものを探し続けたい

『少年街』を見たお客さんのアンケートに、「こういうやり方に賛成」いうのがありました。今までの旧態依然とした演劇のかたちに飽き飽きとしていて、何か出てこないかと待っていた。そこへ、やっとそれなりのかたちを僕らの方から提出したものに共感してもらえたのでしょう。逆に、同じところにとどまってしまったら、もう賛成じゃないんだろうなと。次から次へと劇場のかたちを変え、テーマを変え、いつも僕らが何か提案して賛成意見をもらえるようにしていかなければと思っています。

僕は美術の方から芝居の世界へ入ったわけですが、芝居やってる人はだいたいアンチ芸術みたいなことというんですよね。僕は芸術を

*内橋和久（うちはし・かずひさ）1959年、大阪府生まれ。ギタリスト、日本で最初のダクソフォン奏者、コンポーザー、インプロヴァイザー。『路地坂の祭り』から維新派の音楽に関わるようになり「ヂャンヂャン☆オペラ」確立に大きな役割を果たした。映画、ダンス、演劇の作曲作品も多い。自己のバンド、アルタード・ステイツをはじめ、即興演奏の分野で世界各地で多くの演奏家と共演。一方、UA、細野晴臣、Salyu、青葉市子らのポップアーティストとの歌のプロジェクトも積極的に行う。ベルリン在住。

続けたいし、芸術とは何かということを真剣に考えたい。芸術とは何かというと、無いものを探すこと、今まで存在しなかったものを探すことです。その一点で、堂々と「芸術宣言」してやっていきたいと思っています。大阪人は「芸術」っていうと毛嫌いするのかな。「そんなことしたら、芸術になるやん」と、バカにするときに使うでしょう。僕は笑われても、芸術家のポジションでやりたい。ただ、維新派のお客さんは芸術が好きな人が多いですよ。「自分の身体が僕らの舞台に感応した」などとアンケートに書いて感想を寄せてくれます。それと脱ジャンル的な志向の人が、いま多いでしょう。映画だけ、文学だけじゃなくて、それらをごちゃまぜにしたような世界を見たいという人も多い。そういう意味で、「チャンチャン☆オペラ」は脱ジャンル的なことをやっていると見られているのかもしれません。まあ、どこにも無いものという意識が、脱ジャンル的なものになって現れているのだと思います。

異界へのノスタルジー

大阪・南港で何度も野外の舞台をつくってきましたが、多いときで一日百人くらい動いてます。それを三カ月やりますから、のべ人数はざっと一万人近いです。熊野とか室生、瀬戸内海の犬島でもやりましたけど、そういうところに行くと、風景に対して新鮮な思いがあるから、あんまり舞台を作らなくても済むんです。自然の景観の与えてくれるものが、自分たちが作るもの以上のものをすでに作ってくれている。大阪でやるときは、反対にとことん作らんと気が済まなくなる。

うちの劇団は稽古量がすごいんです。普通の劇団の百倍やります。九月の公演だと三月くらいから稽古を始めるんです。細かい立ち位置が一ミリ違うなど、そんなことから言うので、一回客演の人が来たときも、アホらしくてやってられん、と途中でやめました。だいたい役者さんって一週間くらいで芝居つくるでしょう。しかし、僕らは精密画を長い時間かけて描いているようなもので、気が遠くなる世界なんですよ。例えば上半身は五拍子、足で三拍子をとる場面、これができるようになるのに一カ月かかる。贅沢に長い時間かけてやるから、気の長さに付き合ってくれる役者でないとやっていけない。しかし、そういうふうに一つひとつクリアしてつくっていった方が面白い。一週間で即席でつくるより、ゆっくりジワッと緻密につくっていく方が、毎日すべてが真摯だし、楽しいんですよ。しんどかったら、今日は考えずに休もうかというのもできますしね。僕らは自分たち自身が楽しんでいる部分がものすごくある。毎日ちゃんと生きているというのがあってこその芝居だと思います。

維新派の芝居をたとえていうと、昔のサーカス小屋かな。異人種がいるというのか、普通の人間とはちょっと違う人間が舞台に立っている。役者が白塗りしてる効果も大きいと思うし、明らかに日常とは違う異界です。世間で善と言っていることが、ここでは悪かもしれない。昔はサーカスや見世物小屋に行けば、親から勘当されることもあったでしょう。芸能というものに漂う原初的な怖さ、悪所のいかがわしさ、うしろめたさをいまだに抱えて現代風にやってる場所だということ。テーマパークとは違うんですよ。もっと身体性がジワッとしみだしてるような場所なんです。だから、昔を知っている年配の方が、うちの劇場に来るとノスタルジーを感じるかもしれません。野外に作られた巨大な舞台が醸し出す空気って異様ですよ。僕らがよく公演をしている南港では、劇場の周りに屋台が並びますが、焼け跡のような風景から、もう異界に入り込んでいけるんです。そこに来ただけでも、何かを感じてもらえるんじゃないかな。

（構成・文＝本渡章）

【初出】「大阪人」vol.59・2005年5月号／財団法人大阪都市協会

戯曲

『透視図』

M1「溝を、走る」・M6「街を走る」

（全7シーンのうちM1とM6の一部抜粋）

構成・演出　松本雄吉

シーンタイトル

M1「溝を、走る」
M2「島から島へ」
M3「あかんねん」
M4「ワルツ」
M5「I am a boy」
M6「街を走る」
M7「川を歩く」

台本について

台本は横に読んでいきます。シーンごとにテンポと拍子が決められており、
それらに合わせたせりふや動き、振付で構成されています。
拍子は「・」で表し、そこにせりふや動きの指示が書かれています。
動きの指示はト書きに、動きのタイミングは「●」で記されています。

上演記録

維新派『透視図』
2014年10月11日～28日
大阪・中之島GATEサウスピア

構成・演出	松本雄吉
音楽	内橋和久
舞台監督	大田和司
照明デザイン	吉本有輝子（真昼）
照明	伊藤泰行・吉田一弥・岩元さやか・PAC West
音響デザイン	田鹿充
音響	SHOUT
SE	佐藤武紀
美術製作	白藤垂人
衣裳	維新派衣裳部
衣装協力	向 沙知子
メイク	名村ミサ
舞台スタッフ	五十嵐大輔・池田剛・内田欽弥・柏木準人・金城恒次・ 白藤垂人・羽柴英明・福岡嵐・山本真一・百々寿治
出演	岩村吉純・森正吏・金子仁司・井上和也・福田雄一・石本由美・平野舞・大形梨恵・吉本博子・ 今井美帆・小倉智恵・桑原杏奈・奈良郁・松本幸恵・長田紋奈・岡田めい・石原菜々子・伊吹佑紀子・ 原田香織・松本はるか・坂井遥香・松永理央 下村唯・樽谷佳典 一宮梓紗・乾綾子・岩本苑子・うっぽ・日下七海・坂井初音・重実紗果・園田裕美・たかはしまな・ 鳥居香恵・中田美優・浪打賢吾・難波有・林ちゑ・室谷智子
宣伝美術	東學（188）
写真	井上嘉和
ウェブ製作	中川裕司（house-A）
制作	山﨑佳奈子・清水翼
協力	大阪府立江之子島文化芸術創造センター
共催	一般社団法人水都大阪パートナーズ
助成	大阪府芸術文化振興事業　芸術文化振興基金　おおさか創造千島財団
主催	維新派

『透視図』　M1―「溝を、走る」

1	岩村吉純	9	石本由美	17	石原菜々子	25	松永理央	33	岩本苑子
2	森 正吏	10	桑原杏奈	18	平野 舞	26	中田美優	34	難波 有
3	樽谷佳典	11	今井美帆	19	松本幸恵	27	日下七海	35	高橋真奈
4	福田雄一	12	岡田めい	20	大形梨恵	28	乾 綾子	36	坂井初音
5	下村 唯	13	小倉智恵	21	吉本博子	29	鳥居香恵	37	一宮梓紗
6	金子仁司	14	長田紋奈	22	伊吹佑紀子	30	園田裕美	38	岩本直樹
7	井上和也	15	松本はるか	23	原田香織	31	重実紗果	39	浪打賢吾
8	古崎 顕	16	坂井遥香	24	奈良 郁	32	室谷智子		

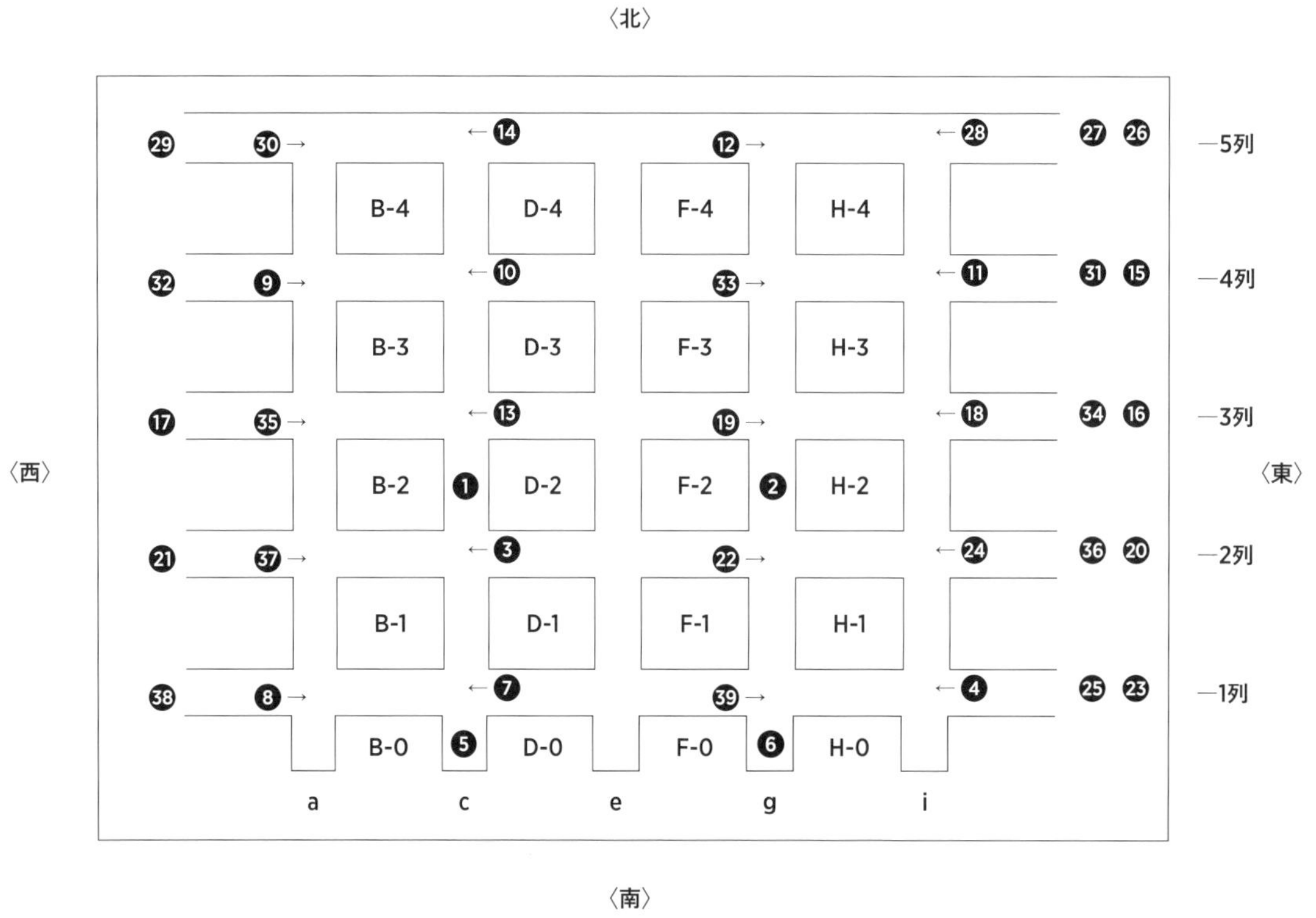

底辺が一辺約三間の正方形、高さ45センチの立方体が東西南北に
碁盤状に並ぶ。これを〈島〉と呼ぶ。
その島と島の間を一段低い〈溝〉が走る。
背後には、高さ約6メートルの丸太が林立。その向こうは川。川の上流に
都市の夜景がひろがる。

音楽が入ると同時に、少年たちが走り出る。
―イントロで、南（観客席下）から少年①・②・⑤・⑥、
東西2列から少年③⑳㉑㉒㉔㊱㊲、4列から少年⑨⑩⑪⑮㉛㉜㉝が走り出る。
―1連で、東西1列から少年④⑦⑧㉓㉕㊳㊴、3列から少年⑬⑯⑰⑱⑲㉞㉟
5列から少年⑫⑭㉖㉗㉘㉙㉚が走り出る。
東から西へ、西から東へ、〈溝〉を走る少年たち。

Sc1「ほしくず」　tempo-192

	イントロ	・ ・ ・ ・ ・	・ ・ ・ ・ ・	・ ・ ・ ・ ・	・ ・ ・ ・ ・

少年①・②・⑤・⑥、足を踏み鳴らす。
そして、足を踏むたびに90度、向きを変える。

1		おおいぬ ・ おおかみ	・ ・ ・ ・ ・	オリオン ・ シリウス	・ ・ ・ ・ ・
		・ ・ ・ ・ ・	おひつじ ・ おおぐま	・ ・ ・ ・ ・	スバル ・ ペガサス
	①⑤	・ ● ・ ・ ・	● ・ ・ ・ ・	・ ● ・ ・ ・	● ・ ・ ・ ・
	②⑥	・ ・ ・ ・ ●	・ ・ ・ ・ ●	・ ・ ・ ・ ●	● ・ ・ ・ ・
2		くじゃく ・ はくちょう	・ ・ ・ ・ ・	うさぎ ・ ほうおう	・ ・ ・ ・ ・
		・ ・ ・ ・ ・	おうし ・ みずがめ	・ ・ ・ ・ ・	とかげ ・ やまねこ
	①⑤	・ ● ・ ・ ・	● ・ ・ ・ ・	・ ● ・ ・ ・	● ・ ・ ・ ・
	②⑥	・ ・ ・ ・ ●	・ ・ ・ ・ ●	・ ・ ・ ・ ●	● ・ ・ ・ ・
3		ポラリス ・ アルケス	・ ・ ・ ・ ・	あかぼし ・ あおぼし	・ ・ ・ ・ ・
		・ ・ ・ ・ ・	メグレス ・ スピカ	・ ・ ・ ・ ・	きんぼし ・ ぎんぼし
	①⑤	・ ● ・ ・ ・	● ・ ・ ・ ・	・ ● ・ ・ ・	● ・ ・ ・ ・
	②⑥	・ ・ ・ ・ ●	・ ・ ・ ・ ●	・ ・ ・ ・ ●	● ・ ・ ・ ・
4		てんびん ・ りゅうこつ	・ ・ ・ ・ ・	あかぼし ・ あおぼし	・ ・ ・ ・ ・
		・ ・ ・ ・ ・	とびうお ・ いるか	・ ・ ・ ・ ・	きんぼし ・ ぎんぼし
	①⑤	・ ● ・ ・ ・	● ・ ・ ・ ・	・ ● ・ ・ ・	● ・ ・ ・ ・
	②⑥	・ ・ ・ ・ ●	・ ・ ・ ・ ●	・ ・ ・ ・ ●	● ・ ・ ・ ・

東から西へ、西から東へ、少年たちが走る。
少年たちの〈声〉が走る。〈声〉が交錯する。
少年①・②・⑤・⑥、北へ走り、立ち止まる。
①②—3．5列　⑤⑥—1．5列

5	・ ベガ ・ ・ ・	りゅう ・ ・ ・ ・	・ へび ・ ・ ・	やぎ ・ ・ ・ ・
	・ ・ ・ アルタイル	・ ・ カシオペア	・ ・ ・ プロキオン	・ ・ ケンタウルス

少年①・②・⑤・⑥、北へ走り、立ち止まる。
①②—4．5列　⑤⑥—2．5列

6	・ つる ・ ・ ・	かめ ・ ・ ・ ・	・ わし ・ ・ ・	シャム ・ ・ ・ ・
	・ ・ ・ アンタレス	・ ・ アルデバラン	・ ・ ・ ヘルクレス	・ ・ アンドロメダ

少年①・②・⑤・⑥、南へ走り、立ち止まる。
①②—3．5列　⑤⑥—1．5列

7		東 の ・ ふたご	・・・・・	北 の ・ うみへび	・・・・・
		・・・・・	西 の ・ うしかい	・・・・・	・ 南 の さそり
8		見エル ・・・	・・・・・	見エル ・・・	・・・・・
		・・・・・	・・・ 見エナイ	・・・・・	・・・ 見エナイ
	①⑤	・・・・・	・・・・・	・●・・・	●・・・●
	②⑥	・・・・・	・・・・・	・・・・●	・・●・●
9		見エル ・・・	・・・・・	・・・・・	見エル ・・・
		・・・・・	・・・ 見エナイ	・・・・・	・・・ 見エナイ
	①⑤	・・・・・	・・・・・	・●・・・	●・・・●
	②⑥	・・・・・	・・・・・	・・・・●	・・●・●
10		東 の ・ キツネ	・・・・・	北 の ・ スカンク	・・・・・
		・・・・・	西 の ・ ムジナ	・・・・・	・ 南 の ネズミ
	①⑤	・●・・・	●・・・・	・●・・・	●・・・・
	②⑥	・・・・●	・・・・●	・・・・●	●・・・・
11		阿倍野の ・ コウモリ	・・・・・	恵美須の ・ ヤドカリ	・・・・・
		・・・・・	鴫 野の ・ カマキリ	・・・・・	・ 生 野のイモリ
	①⑤	・●・・・	●・・・・	・●・・・	●・・・・
	②⑥	・・・・●	・・・・●	・・・・●	●・・・・
12		長 居の ・ ヤモリ	・・・・・	天 満の ・ ゴキブリ	・・・・・
		・・・・・	長 柄の ・ シロアリ	・・・・・	・・ 難 波のダニ
	①⑤	・●・・・	●・・・・	・●・・・	●・・・・
	②⑥	・・・・●	・・・・●	・・・・●	●・・・・
13		D A ・ N I	ハイフン ・ ハイフン	D A ・ N I	コロン ・ ハイフン
	①⑤	●・・・●	・・・・●	・・●・・	●・・・・
	②⑥	・・●・・	●・・・・	●・・・●	・・・・●
14		コロン ・ ハイフン	D A ・ N I	ハイフン ・ ハイフン	D A ・ N I
	①⑤	●・・・●	・・・・●	・・●・・	●・・・・
	②⑥	・・●・・	●・・・・	●・・・●	・・・・●

M6－「街を走る」

1	岩村吉純	9	石本由美	17	石原菜々子	25	松永理央
2	森 正吏	10	桑原杏奈	18	平野 舞	26	中田美優
3	樽谷佳典	11	今井美帆	19	松本幸恵	27	日下七海
4	福田雄一	12	岡田めい	20	大形梨恵	28	乾 綾子
5	下村 唯	13	小倉智恵	21	吉本博子	29	鳥居香恵
6	金子仁司	14	長田紋奈	22	伊吹佑紀子	30	園田裕美
7	井上和也	15	松本はるか	23	原田香織	31	重実紗果
8	古崎 顕	16	坂井遥香	24	奈良 郁		

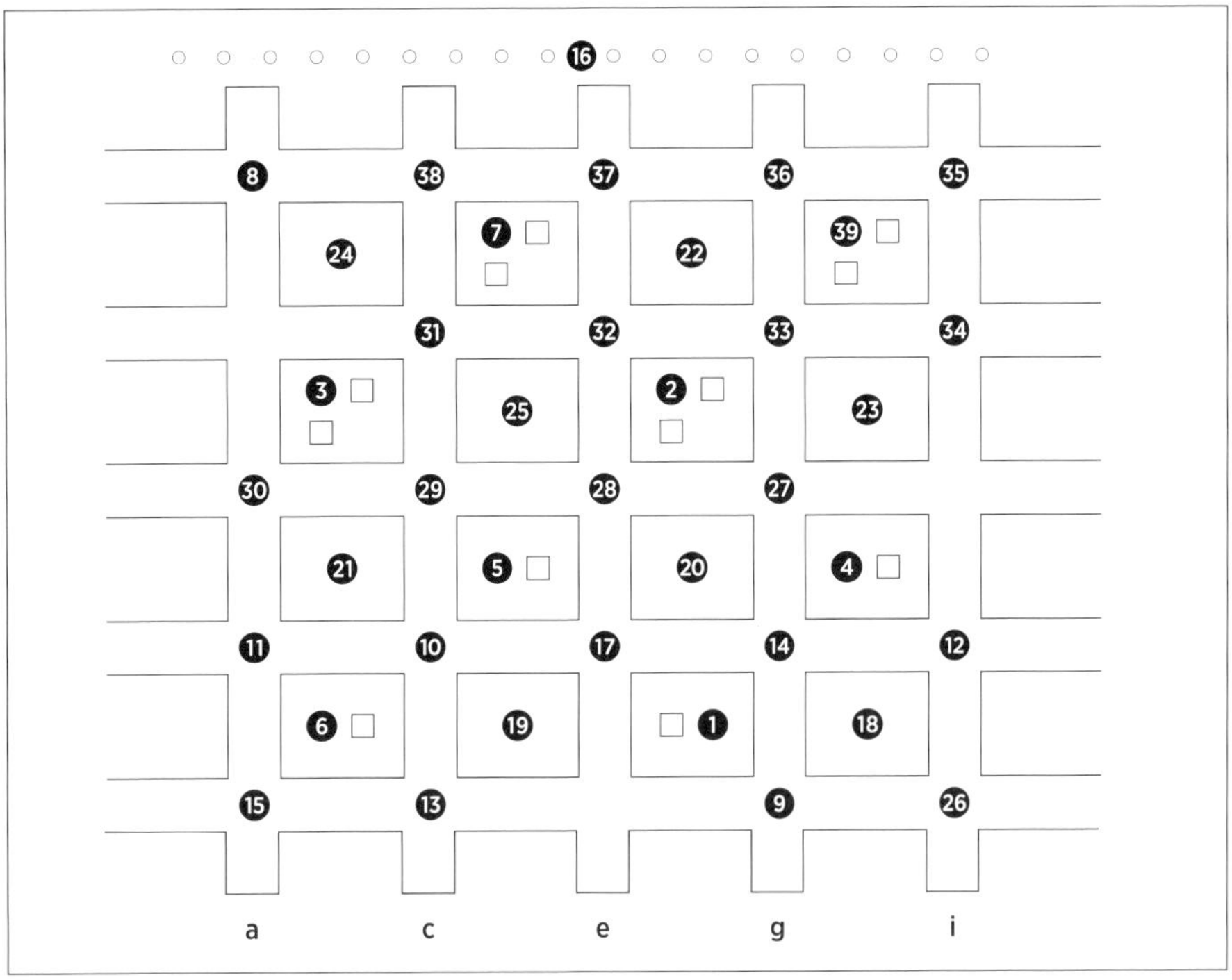

Sc18「彫像の街」

男たち、女たち、少年たち、立ちどまり、〈彫像〉のように
動かなくなる。

se「ピッ・・・・、ピッ・・・・、ピッ・・・・、ピッ・・・・」

規則正しい電子音が聞こえている。　病院の手術室で使われるベッドサイドモニターの心拍を表す音。

　医者の男の声が聞こえる、「骨が柔らかい」 看護婦の声、

「子供の骨ですね」 「見てみろ、かなり肥大している」

「大人の心臓の大きさです」 「メス！」 「はい」 「心膜切開」

「エクモの準備できました」 「いつでもつなげます」 「心拍数」

「正常です」 「血圧」 「正常です」 「体温」 「大丈夫です」

「傷口を」 「広げます」

手術室の緊迫したやり取りが聞こえる。

舞台奥、丸太の林にリュックの少女ヒツジがあらわれる。
ヒツジ、島へ上がる。
彫像のように動かなくなった男たち、女たち、少年たち。
ヒツジ、となりの島へ飛び移る。
島から島へ飛び移るヒツジ。

少年⑰、夢から醒めたように、顔をあげる。
ヒツジ、立ちどまり少年⑰を見る。

少年⑰　「真夏の午後四時。街が影をつくっている。　正方形。長方形。二等辺三角形。平行四辺形。細い影。四角い影。給水タンク。広告塔。パラボラアンテナ。窓。窓。窓。階段。階段。道路を横切るビルの影。電柱の影。電線の影。交差点。信号機。標識。車。人の影。　真夏の午後四時。ぼくは病室の窓から街を見ている。窓の向こうにひろがる影絵の街。ほんのひとときの風景。ほんのひとときの時間。街は色を失い、ディテールを失い、光と影のみで構成されている。　あらゆる生命の論理的なリズムは停止。替わりに、死の気配が街を支配する。無言の音楽。モノクローム。影絵の街。ぼくはこの時間の街が好きだ。消えてしまわないうちに、ぼくは街がそこにあるうちに、街へ出て行く」

少年⑰、島へ上がる。
遠くから少年⑰を見ているヒツジ。
彫像のように動かない人々。

少年⑰　「窓と窓をつなぐ直線。　ビルの屋上から屋上へ伸びる直線。見えない線、見えている線、無数の直線が建物と建物をつなげて走り、遥か彼方の消失点へ導かれている。アイ、アム、ア、ボウイ。ぼくは窓を開け脱走する。アイ、アム、ア、ボディ。ぼくは電線の上へ下りる。垂直に立ち、両手を広げて電線を歩く」

少年⑰、島を歩く。

少年⑰　「アイ、アム、ア、アイ。アイ、アム、ア、イヤ。アイ、アム、ア、ノーズ。アイ、アム、ア、マウス。アイ、アム、ア、ハンド。ぼくは電線の直線を歩く。影絵の街の宙空を歩く。道路を横切るビルの影。電柱の影。電線の影。ぼくの影。ぼくの影が歩く。道路を歩く。アイ、アム、ア、シャドウ。アイ、アム、ア、サイン。アイ、アム、ア、ナンバー。アイ、アム、ア、オブジェ。電線はまっすぐ走り、南へ走り、南の街からその向こう、遥か海の彼方の消失点へ向かっている。ぼくは電線を歩く。消失点へ向かって直線を歩く。アイ、アム、ア、ゴースト。アイ、アム、ア、モンスター。アイ、アム、ア、パズル・・・・・」

se「ピッ・・・・、ピッ・・・・、ピッ・・・・、ピッ・・・・」
手術室の心拍の電子音が聞こえている。
ヒツジ、手を〈マイク〉にして少年⑰に語りかける。

ヒツジ　「カッコ、ＨＩ、ハイフン、ＴＵ、ハイフン、ＪＩ、ビックリ、カッコ。フロム、ヒツジ、トウ、ガタロ。ココカラ、君ガ見エテイマス」

少年⑰、立ち止まる。
彫像の人々、体を解き、ひとりふたりと消えてゆく。

少年⑰　「ヒツジ・・・・」
ヒツジ　「真夏の午後四時、強い西陽を受けて街が陰影を濃くしています。ひとつひとつの建物が光と影を明確にして、この街を立体的にしています。この街の全体がくっきりと見えます・・・。広い、とてつもなく広い、密集した建物がどこまでもどこまでも果てしなく続いている・・・・」
少年⑰　「ヒツジ、どこにいるの？」
ヒツジ　「ヒツジは屋上」
少年⑰　「屋上・・・・」
ヒツジ　「ずっと前、この風景をおばあちゃんは船の上から見た。私は今、高層ビルの屋上からこの街を見ている。　めまいがする。くらくらする。とてつもなく広いこの街が、生きもののように見える。街の息づかいが聞こえる。街は生きている。街が呼吸している」
少年⑰　「街が呼吸」
ヒツジ　「街は生きてる」
少年⑰　「ヒツジは、どっちを向いてる」
ヒツジ　「山が見えてる」
少年⑰　「そっちは、東」
ヒツジ　「山の裾にも家が並んで建っている」
少年⑰　「イコマヤマ」
ヒツジ　「あの山の向こうは何処だ」
少年⑰　「ナラ」
ヒツジ　「ナラノミヤコ」
少年⑰　「東はナラ」
ヒツジ　「山の向こうはナラ」
少年⑰　「トンネル」
ヒツジ　「トンネル？」
少年⑰　「トンネルをくぐって電車が走っている」
ヒツジ　「トンネル・・・・！」
少年⑰　「東のナラからトンネルくぐり、電車はこの街の地下を走り、西の海へ出る」
ヒツジ　「西の海・・・・・」

ヒツジ、東から西へ向きを変える。

ヒツジ　「まぶしい。海だ。海がキラキラ光っている」

M6―音楽が入る。
彫像の人々はすべて消え、ヒツジと少年⑰だけがそれぞれの島にいる。
男たち、女たちが残した飯盒や鍋、薬缶、ツルハシ、スコップ、傘が椅子の上にある。

―舞台の〈溝〉に水が入れられる。

少年⑰　「ヒツジのおばあちゃんの街・・・・」
ヒツジ　「ミナミオカジマ」
少年⑰　「そこから見える？」
ヒツジ　「どっち」

少年⑰	「海の近く」
ヒツジ	「どこだ」
少年⑰	「海が直線に切られて」
ヒツジ	「どこだろ」
少年⑰	「内海がある」
ヒツジ	「わからない」
少年⑰	「大正内港」
ヒツジ	「まぶしくて」
少年⑰	「煙突や溶鉱炉が見えるだろ」
ヒツジ	「煙突、溶鉱炉・・・・」
少年⑰	「運河があるだろ」
ヒツジ	「わからない」
少年⑰	「川が流れているだろ」
ヒツジ	「見えないよ」
少年⑰	「木津川・・・・、尻無川・・・・」
ヒツジ	「まぶしくて、見えないよ・・・・・」

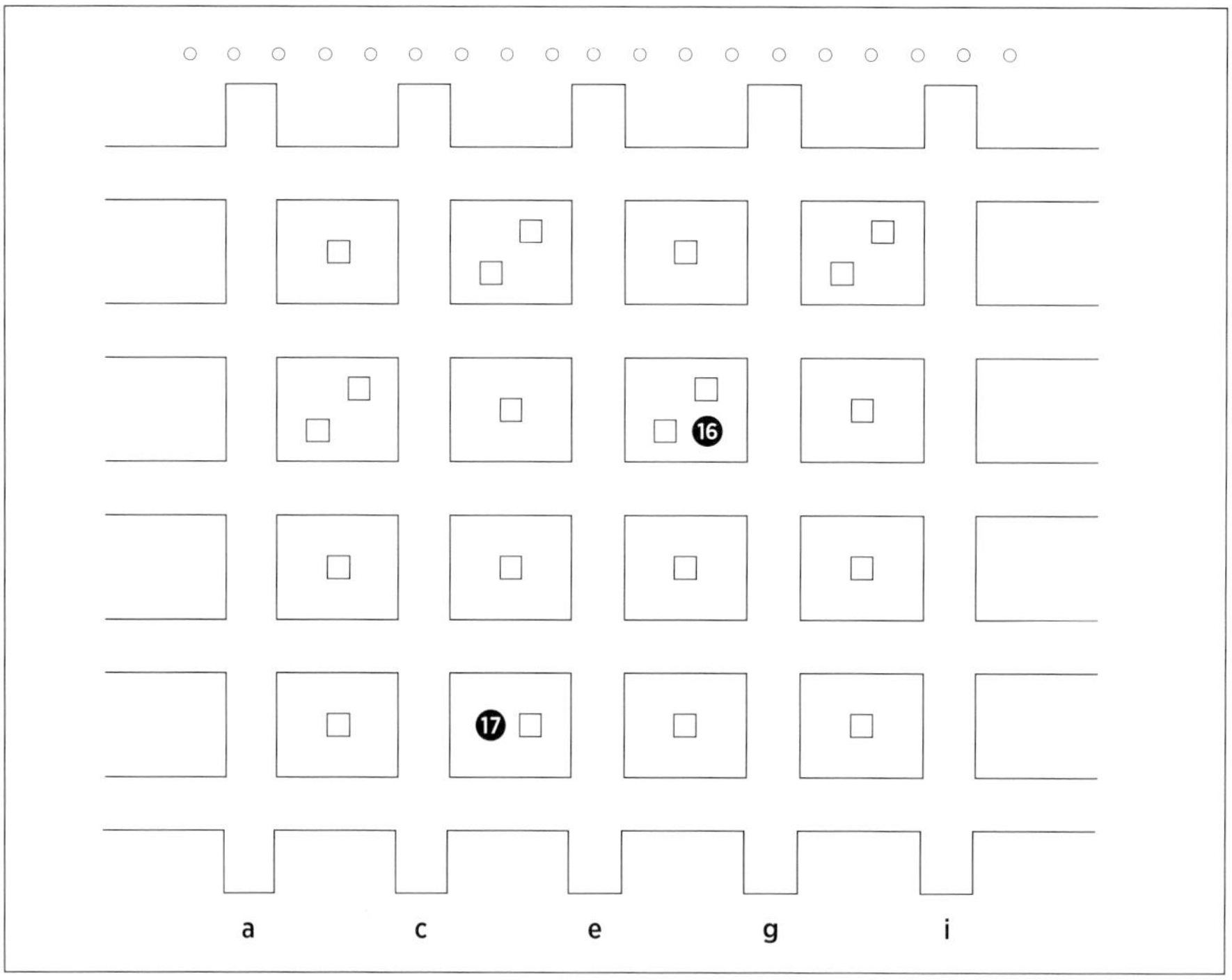

M6「川を走る」　tempo-200

①〈ヒツジと少年⑰〉

1	少年⑰・ヒツジ	「ヒツジのおばあちゃんの街…」「ミナミオカジマ」「そこから見える？」「どっち」　・・・・・
2		・・・・・・　・・・・・・　・・・・・・　・・・・・
3		・・・・・・　・・・・・・　・・・・・・　・・・・・
4		・・・・・・　・・・・・・　・・・・・・　・・・・・
5		・・・・・・　・・・・・・　・・・・・・　・・・・・
6		・・・・・・　・・・・・・　・・・・・・　・・・・・

7	ヒツジ	真夏の・午後四時	光と・影の	街が・まぶしい	・・まぶしいよう
8	少年⑰	真夏の・午後四時	光と・影の	三角・四角	・・影絵の街
9	ヒツジ	窓と・窓が	屋根と・屋根が	よりそい・ならんで	・・影絵の街
10	少年⑰	窓から・窓へ	屋根から・屋根を	つないだ・直線	・・消失点
11	ヒツジ 少年⑰	・カッコ 煙突 ・・・・・・	ハイフン・タンク ・・・・・・	・・・・・・ カッコ・パラボラ	・・・・・・ ・ハイフンキューブ
12	ヒツジ 少年⑰	・カッコ 積み箱 ・・・・・・	スラッシュ・ビルビル ・・・・・・	・・・・・・ カッコ・クレーン	・・・・・・ ・スラッシュタワー
13	ヒツジ 少年⑰	ハイフン・ビルビル ・・・・・・	・・・・・・ ビルビル・ハイフン	ならんで・かさなり ・・・・・・	・・・・・・ かぶさり・ひしめき
14	ヒツジ 少年⑰	押しあい・へしあい ・・・・・・	・・・・・・ でこぼこ・でこぼこ	ハイフン・ビルビル ・・・・・・	・・・・・・ ビルビル・ハイフン
15	ヒツジ 少年⑰	「街は生きもの…」 ・・・・・・	・・・・・・ 「街は生きもの…」	「街の呼吸…」 ・・・・・・	・・・・・・ 「街の脈動…」
16	ヒツジ 少年⑰	ホウ・ホウ・ホウ ・ドッ・ドッドッ	ホウ・・・ホウ ・・・ドッドッ	ホウ・ホウ・ホウ ・ドッ・ドッドッ	ホウ・・・ホウ ・・・ドッドッ
17	ヒツジ 少年⑰	ホウ・ホウ・ホウ ・ドッ・ドッドッ	ホウ・・・ホウ ・・・ドッドッ	ホウ・ホウ・ホウ ・ドッ・ドッドッ	ホウ・・・ホウ ・・・ドッドッ
18	少年⑰	・ドッ・ドッドッ	・・・ドッドッ	・ドッ・ドッドッ	・・・ドッドッ
19	ヒツジ 少年⑰	ホウ・ホウ・ホウ ・ドッ・ドッドッ	ホウ・・・ホウ ・・・ドッドッ	ホウ・ホウ・ホウ ・ドッ・ドッドッ	ホウ・・・ホウ ・・・ドッドッ
20		・・・・・・	・・・・・・	・・・・・・	・・・・・・

そのとき…

ひとりの部屋で、男は、朝から酒を呑もうと、台所に立つ。冷蔵庫から魚を抜き取り、俎板に載せる。右手に包丁を握り、魚を見つめる。魚の眼が男をにらむ。視線を魚に据えたまま、男は、左手でコップをまさぐり、なみなみと酒を注ぐ。ひとりの部屋に酒の音が低く唸る。男は眼を閉じてコップの酒をすり呑む。そして包丁を握った右手に力を入れ、魚に向かおうとしたそのとき、胸に息苦しさを覚え、男は前のめりに倒れる。コップが左手から離れ、酒が北斎の波頭のようにこぼれ出る。俎板の魚が一瞬まばたきをしたように男は思う。ゆっくりと前のめりに倒れる男の脳裏に、死、という言葉が浮かぶ。俺は今まで死をどう考えていただろう、死をどう読んでいただろう、いま俺は死に近いところにいる。幼いときの友達の顔が浮かび、路地の家並みが浮かび、父親、母親、兄弟の笑顔が並び、読みかけの本の一行が立ち、文学を議論する複数の友、男が好きだった野外劇の風景、恋人の顔が現れる。原稿用紙にすればわずか二行、四コマ漫画のように短いそのときを男はやけに長く感じる。男はその長さを、しつこい酒と同様、何事にも時間をかけて考えてきた自己の性癖ゆえのことかとも思う。この長さは時間ではなく空間的だとも思う。このひとりの部屋の静けさの中で、様々な思いとイメージの数々がコラージュされ複雑な空間をなしている。ゆっくりとゆっくりと倒れていく自身がその空間の一部であることに男は異和感（原文ママ）を覚える。男は薄れゆく意識の中で自分を見ている。人や風景や文字や映像、イメージの瞬時にしてコラージュされた空間の中にいる自分を見ている。男は床の上に顔から倒れ落ちる、鈍い肉の音と、骨の音が男の耳に聴こえる。顔に軽い痛みを感じる。激しいダンスだな、男は心の中で、コン、テン、ポラ、リイとつぶやいてみる。そのとき、俎板のうえの魚が跳ねたように男は思った。

【初出】「テキストの織りもの—柳井愛一の仕事—」柳井愛一追悼文集
2009年6月3日／編集・発行　松岡永子

『echo』1990年………[イラストレーション・デザイン] 大村泰久

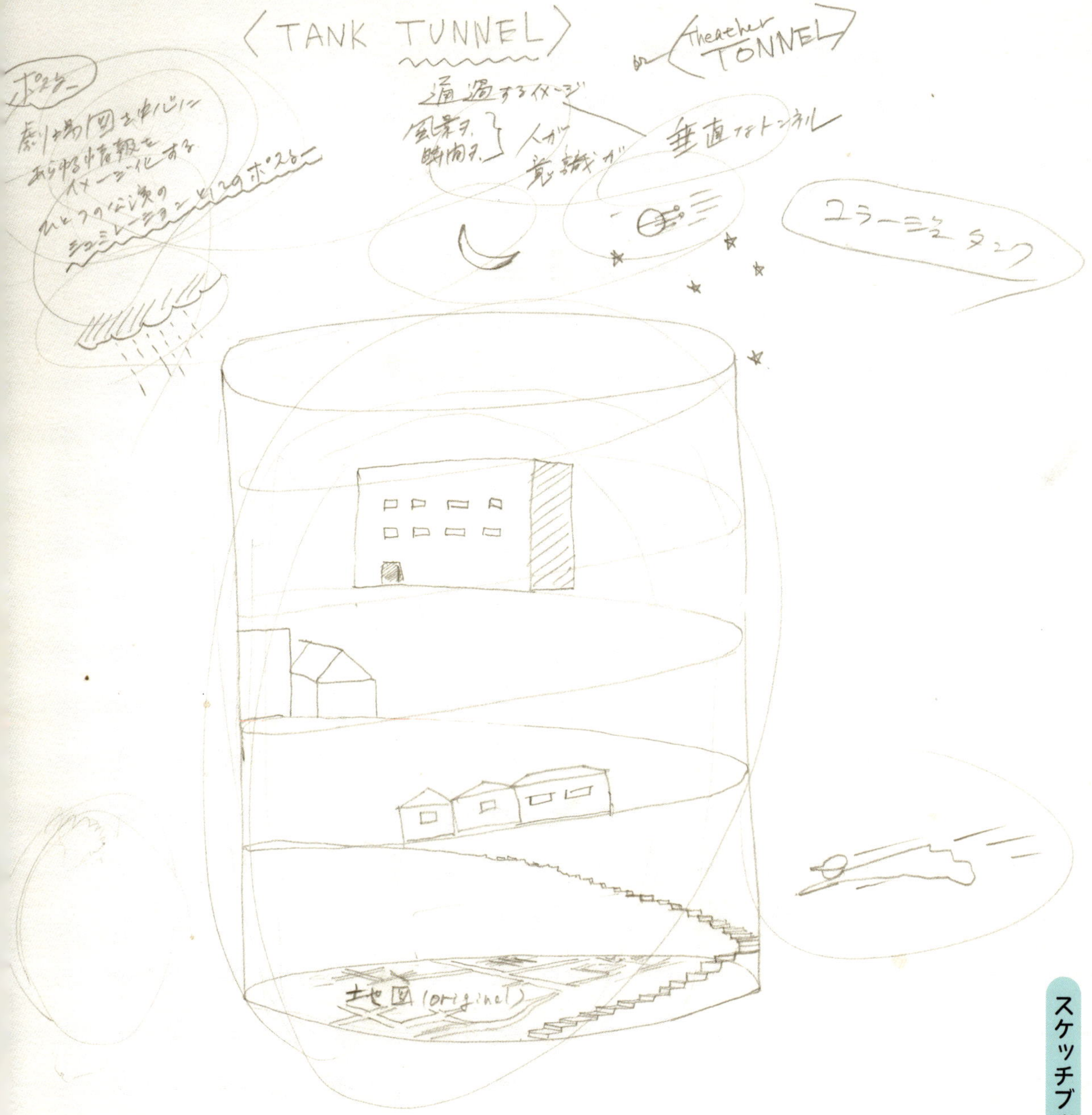

スケッチブックより／『echo』の劇場プラン

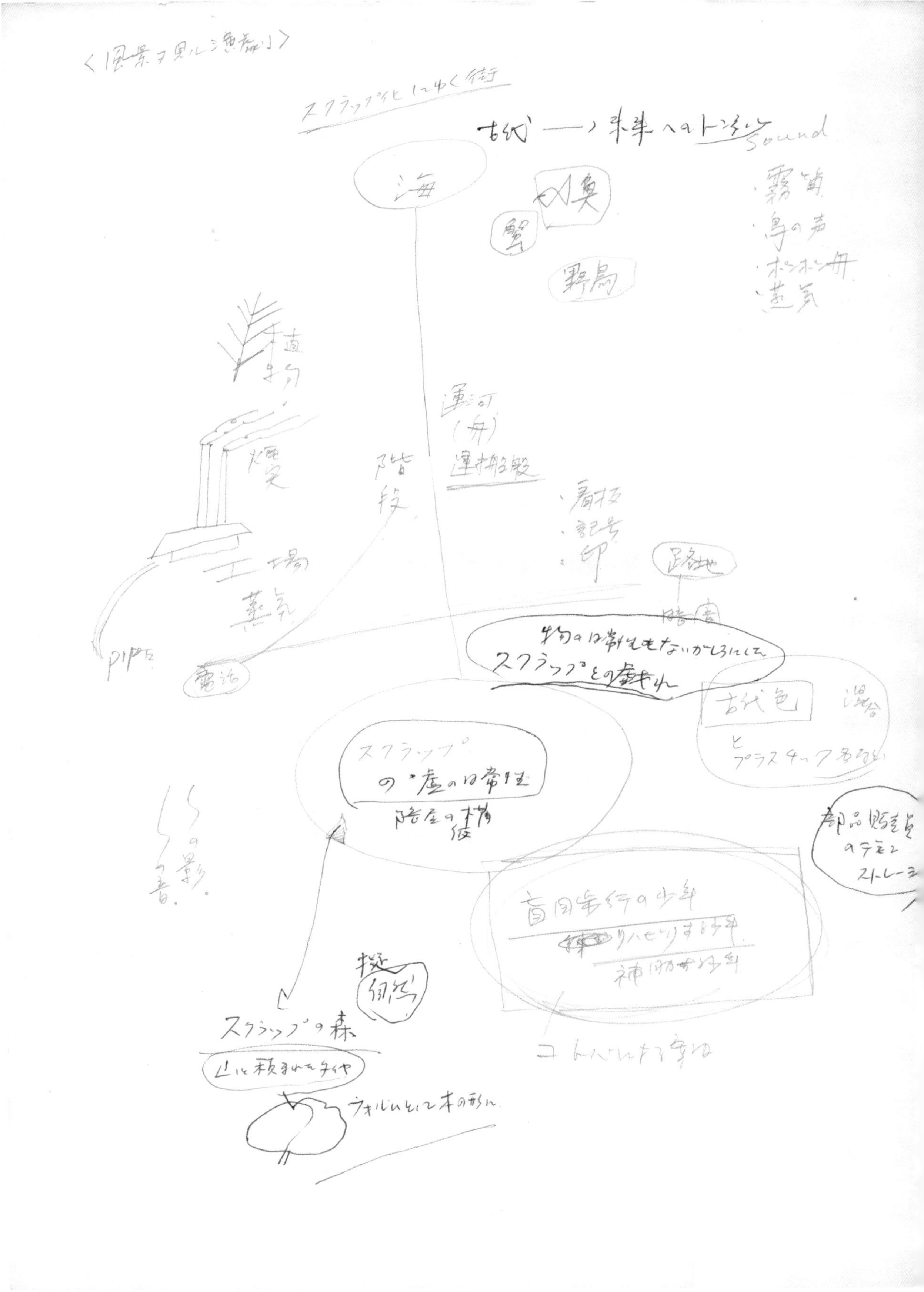

『echo』1990 年／公演のためのデッサン（松本雄吉のスケッチブックより）

彼方への役目

松本雄吉論のための〈資料〉と覚え書き（前編）

文・構成＝藤野勲

《序》

以下の諸文は、いつの日か私が（あるいは私以外の何者かが）書くであろう〈松本雄吉論〉のための基本的な〈資料〉と若干の覚え書きである。これらの〈資料〉をもとに、いつの日か書かれるであろう〈松本雄吉論〉こそ、あらゆる演劇論、表現論、表現者論を越えたものとなる筈である。いや、ならねばならない筈のものである。それは、私（あるいは私以外の何者か）の力量の問題としてあるのではない。〈松本雄吉〉という存在そのものが、そういう〈論〉の展開を必然的に要請しているのだ。

しかし、その要請に果たして私（あるいは私以外の何者か）はよく応え得るであろうか……という未来を先取りした疑問を無理やりにねじ伏せて、とりあえず現時点での〈資料〉と覚え書きとしてこれはある。

《第一章　ただ・もう・とにかく》

●舞台空間創造グループ

私が〈松本雄吉〉という名をはじめて眼にしたのは、昭和四三年（一九六八年）十一月のことである。それに先立つ何年かの間、京大の西部講堂を根城に演劇活動をつづけてきて、当時椎間板ヘルニアなどという病いによる手術のあとの体を神戸の自宅でもて余していた私のもとに、突然一通の手紙が舞い込んできた。今も私の手もとにあるその手紙は次のようなものであった。

資料◆松本雄吉から藤野勲への手紙

一、仮りにあなたが、フェエドルのテェゼを演じているとする。

舞台の上から観客の中に昔の恋人の姿を発見した動揺から、頭の上にのせてあった冠を落とす。

真の役者としてのあなたなら、さて、どうする。

二、一に同じく演技中、一人の観客が突然馬鹿声で、「入場料返せ！」と叫んだら、（そのような素晴らしい観客に出逢った時）真の役者と、真の観客との関係に於て、あなただったら、さて、どうする。

三、「劇はオリジナルの脚本によるものでなければ意味がない」と私ははっきりと云おう。

あなたの考えは。

四、あなたの生活感覚から云って京都鴨川の河原とフェスティバルホールは、場所の持つイメージ性に於て、異なるや否や。

五、戯曲自身、芸術作品と云えるかどうか。

六、劇には演出家は必要なのか。

七、諸芸術と演劇の持つ芸術性（？）との決定的な違いは。

八、藤野君、あなたは芸術を考えているか？

全く礼儀をわきまえない質問、御許しの程、新劇会社組織殴り込みの話を聞き、お便りしたくなりました次第。

私は、ある大学の美術科四回生、劇には全く素人の段階です。よろしかったら、御返事を下さい。役者のとまどう戯曲を目指しているのですが何々《なかなか》、臭い人間との接触が少ないものですので……。

真に勝手ですが、御返事御待ちして居ます。

昭和四三年十一月六日　松本雄吉

この手紙を受け取った私は、その夜から自分のノートにこの未知の人物への返事の草稿をしたため始めた。実際に松本に送った手紙がこの草稿とどれほど違ったものであったのか、今では確かめようもないが、ほとんど異なることはあるまいと思われる。

資料◆松本雄吉への返信（藤野のノートから）

見知らぬ人間からの手紙を、受け取るという経験はそうたびたびあるわけではありませんが、差出し人の名前を見て、それが初めて見る名前である場合、ある種の不安と、ある種の期待が、そこに湧くものです。

〈中略〉

君の手紙を読みながら、君が箇条書きしているいくつかの問いは、問いというよりも、君の演劇観そのものを実によく表現していると思われました。そして、そのようにして僕が読み取った君の演劇観そのものは、僕にとって非常に興味深いものであり、今こうやって君に返事書きつつあるのも、それ故にです。僕自身いつも君の発してるような問いを発しながら芝居をやってきたのであり、又、やっていくであろう、ということです。

演劇の本質を即自的な意味における舞台空間そのものに求める―というのが、君の数々の問いに対する僕の答えの全てです。

〈演劇の本質を〉―という言い方は、〈僕たちの構築しなければならない演劇とは〉と言い換えた方がいいかもしれません。

〈中略〉

僕は、フェエドルのテェゼを演じることはかつてなかったし、これからだってないと言えばそれで君の質問に答えることになると思います。フェエドルのテェゼを演じる―ということ自体がその人間との演劇観を表面していることであり、テェゼを演じることを許すような演劇観は、落ちた冠に対してろうばいを起こさざるを得ないのでしょうが、僕はまず、そのような演劇観そのものを知らないのですから。冠が落ちることもなく、ろうばいすることもない。

〈観客〉というやっかいなものは問題です。

僕は今まで〈入場料返せ！〉という声を自分の役者としての存在そのものを抹殺されるようなものとして聞いたことはありません。そのような声を叫ばせるだけの〈劇〉が、実はまだ存在していなかったのではないでしょうか。

あるのはただ冷やかな無関心か、暖かな好意。だから僕たちはまず、観客として、そのような叫びをあげさせなければなりません。そのような叫びをあげるような観客を創り出すこと。そしてそのための唯一の方法は、やはり、僕たちの舞台空間をまず創り出すことしかありません。

　鴨川の河原とフェスティバルホールに関して言えば、その二つは明らかに全く別のイメージしかもたらしてくれません。

　ひとつは資本の論理に組み込まれた、僕には全く魅力のない〈建物〉にすぎないし、他のは、かつて我々の魂の先輩が、秩序に対する呪い・怨念をいだいて〈河原者〉の空間を発生させたところ—今なお、何かの可能性を感じさせる〈場所〉です。

　劇には〈演出家〉は必要かどうか。

　このような発想を、実はなかなかとれないのです。僕は役者として、演出家を要求しています。その場合、〈演出家〉という機能を果たしさえすればいいというのは全くなく、全人間的なぶつかり合いをするところの一人の人間を要求しているのです。他人がそのようすを見て、一方を演出家と呼び、他方を役者と呼ぶこと。これまた、どうでもいいことなのです。〈劇には演出家が必要なのか〉という時の〈劇〉そのものがその問い全てを答えてくれるはずです。そして僕の場合、その〈劇〉とは何を指すのかは、先に述べた通りです。

〈劇〉が他の芸術と異なる点、それはもう一度くり返せば、それが、我々の時と場所との占有にむかって構築される具体的な舞台空間である—ということです。

　僕が〈芸術〉を考えているかどうか。

以上述べたことがおのずから、その答えになっているでしょうが、しかしもうひとつおけば、芸術を考えるなどということはやはり必要のないことで、やらねばならぬことは我々の舞台空間を創り出すこと、そのことです。


　この手紙の往復のあと、すぐに私たちは顔を合わせた。神戸の海員会館のそばの喫茶店で待つ私のもとに、セーターを腰に巻きつけたしなやかな体の少年が、（そう、それはまさしく少年であった）飛び込んできた寒風吹きすさぶ日のことを私ははっきりと憶えている。

　二人が出会ってからの動きはすばやかった。十二月一日には西宮の喫茶店に二〇名近くの人間が結集し、〈我々の〉芝居づくりに向けての行動は開始された。《舞台空間創造グループ》と命名されたグループは、翌年五月に旗揚げ公演としてサミュエル・ベケットの『ゴドーを待ちながら』を上演することを決め、年が明けるとまず〈演劇開始第一宣言〉を発した。

資料◆〈演劇開始第一宣言〉

　今、果たして僕らの〈宣言〉はあるのだろうか？　ある。

　巷に流布されているもろもろの演劇論（を装ったもの）が、あるものは文学と演劇とを分け切る眼を持たないものであり、もうひとつのものは政治のプロパガンダにすぎないものであり、第三のものは政治と文学、あるいは政治か文学かなどという不毛な発想を演劇的に粉飾したにすぎないものであり、また第四のものは、およそ白痴的で意味をなさないものであり、等々—と言い切る時、そしてまた、それらの演劇論（を装ったもの）に対する怒りよりも、まさしく肉体的存在であるべき役者の群れが、それら演劇論（を装ったもの）に屈辱的に盲従しているという現状に激しい怒りを覚える時、僕らにはひとつの〈宣言〉を声高くあげる下地がすでに出来ているのだ。

　それら演劇論（を装ったもの）が〈なぜ演劇なのか〉、〈なぜ演劇でなければならないのか〉という根源的な問いかけを自らに課すという辛い作業を一切怠っているが故に、全て無効である、と言い切る時、それら演劇論（を装ったもの）によりかかることによってのみ、その存在を虚しく許されていたもろもろの演劇が、当然そうあるべく音を立てて崩れ去って行くのを、僕らは知っている。

　それでは一体、〈なぜ演劇なのか〉と自らに問いかけて、その問いかけに答えるべき何ものがあるのか、と再び問う時、そこに役者の肉体がある、そこに舞台がある、と僕らは言おう。

　演劇にとって、あまりにも自明の理である役者の肉体の存在と、その肉体が構築する世界を指して呼ぶところの舞台という存在。それにのみ僕らの作業のリアリティを保証するものを求めざるを得ないというのが、情況の中で僕らに課せられた負い目でもあるし、また情況の中で僕らこそが演劇を開始すると言い切れる特権でもある。

　なぜなら、役者の肉体と、その肉体が構築する舞台の存在、というぎりぎりの最後の地点にまで引きさがることによって、僕らは、その実、はるか遠くまで歩んでしまっているからである。そのような逆説的作用をなさしめるものとして、役者の肉体と舞台とは存在している、ということを僕らは信じる。なぜ演劇なのか—という問いかけに対する、それが僕らの答えであり、当然また、僕らの出発点でもある。

　だから、このぎりぎりの最後の地点を、そしてその実はるか遠くまで歩んでしまっているこの歩みを、僕らの〈宣言〉として、ここに確認する。

一九六九年一月

　二月には西宮のヨットハーバーで、四月には六甲山の麓でと合宿を重ね、冬から春にかけて阪神間のあちこちの公民館や松本が在籍していた学芸大学（現・大阪教育大学）の美術科の教室などを渡り歩いての稽古の日々が続いた。エストラゴンの役を振り当てられ、生まれてはじめての〈役者〉の作業に取り組む松本雄吉が、いかに他者を挑発する存在であるかということに、共演者として、また演出として、ただただ舌を巻く稽古場での毎日であった。

　旗揚げ公演のあと、すぐさま次の芝居づくりに取りかかった。その年の夏、大阪城公園でくり広げられた〈ハンパク〉（反戦のための万国博覧会）のテント小屋で行った《白雪姫—呪われた玩具たちによる残酷劇》がそれである。埃っぽい真夏の五日間、テント劇場での公演は続けられた。松本雄吉は何と〈鏡〉という役を演じ、ハンパク会場の人気ものとなっていた。

　この芝居をつくってゆく中で、〈第二宣言〉を発表。〈第一宣言〉と同じく藤野の起草による。

資料◆〈演劇開始第二宣言〉

　開始されたものは持続されなければならない。創造にせよ破壊にせよ、行きつくところまで行きつかなければどうしようもないというところに僕らはいる。

　僕らの存在を唯一保証してくれるものが〈舞台〉だとしても、そこに石塊がころがっているように都合よく〈舞台〉などというものが存在しているわけではない。

　そこで僕らは〈舞台〉をでっち上げるためにせっせと幕をひき椅子を並べる。椅子はあなたたちによって占められ、幕は合図と共に開けられるだろう。

　しかし、椅子はあなたがそこに坐るためにばかりあるのではない。あなたがそこから立ち去るためにこそ椅子はあるのだ、としたらどうだろう。

　幕は開けられるためにばかりあるのではない。幕は閉じられるためにこそあるのだ、としたらどうだろう。

　それに第一、ぺらぺらの幕や、尻を痛

ませる固い椅子などが、〈舞台〉を、つまり僕らの存在を保証するものであるはずがない。

一陣の風に幕はふっ飛び、椅子は飛び散るというのが本当のところではないか。しかし、幕をふき飛ばし、椅子を散乱させて、とらえようもなく遠くへ走り去った一陣の風の後に、まだ立ちつくすものがある。

ひきちぎられた衣裳とはげ落とされた化粧、奪い去られた科白を蹴散らしてそこに立ちつくすもの、それが僕らの〈肉体〉なのだとしたら、僕らはまず、そこから出発する。

〈肉体〉からこそ全ては出発するのだという自負と、それにしてはあまりにも貧弱である己が肉体に対する激しい憎悪とがなくしては演劇などは始まらない。

〈舞台〉などというものも、このわずかばかりの肉体が占有する空間が、あるともないとも定かではない時間の中で、かすかに一瞬〈在る〉と思われるものの謂れではないか。その一瞬のためにこそ僕らの歩みの全てはある。

それは余りにも無益なことではないか、余りにも実りのないことではないか、という声がどこからかする。

しかし僕らは、益だとか実りだとかは初めから捨ててかかっているのだ。それだけの絶望と希望とがなくては、このような情況の中で、馬鹿らしくて〈演劇〉などにかかわりあってはおれぬだろう。

そのようにして僕らがやってきた作業、やりつつある作業を、あなたがつまらないと言うかおもしろいと言うか、本当のことを言えば、それはどうでもいいことなのだ。つまらない、とあなたが言えば、それはそのままあなた自身の作業へとはねかえっていく言葉になるだろうし、おもしろい、とあなたが言えば、僕らのやろうとしている作業とあなたのやろうとしている作業とが、遥かな彼方であれ、もしかすれば交叉することもあるのかもしれない、と思うだけだ。

いずれにせよ、僕らは僕らのこの肉体をのみひっさげて一歩ずつ歩んでいる。このような僕らの歩みが、もろもろのつまらぬ文化現象のうちでも最も悪い部分を占めている我が演劇界の、あれこれの演劇を、いつの日か打ち倒してしまうであろうか、あるいはまた力足らず、ぼろのようにくたばってしまうのであろうか、それはあげつらいの好きな人種にまかせるとして、この歩みの中にこそ〈劇〉は始まりつつあるのだ、という自負だけは持ち続けていることを、あなたには言っておこう。

一九六九年七月

一〇月、高麗橋の浪花教会で、《E・イヨネスコ氏の授業による42番目のシーソーゲーム》を公演。この時、松本は稽古中に椅子に坐ったままの相手役を持ち上げようとしてギックリ腰になってしまい、その場から救急車で西宮の病院にかつぎ込まれ、何日かの間、ベッドに仰向けのまま足に錘《おもり》を吊り下げられていなければならないはめに陥ってしまった。公演間近に退院してきた彼は、芝居の終り頃に客席から舞台に次々と無数の風船を投げ入れるという役まわりに甘んじなければならなかった。この時以来今日に至るまで、松本雄吉はその腰部に、いつ出現するかわからない椎間板ヘルニアという爆弾を抱えつづけることになるのである。

この公演の時に、タブロイド四頁の「舞台空間」を発行。松本雄吉もひとつの文章を発表した。役者としての松本の、それ以後の歩みのマニュフェストであるというべきその文章を、私はこの時以来、愛惜しつづけている。

資料◆松本雄吉「またぎ越せ無能な河は」

役者たちの自己否定は、己れのイメージと離婚することから始まる。

そして、己れが弱者と認識したときはじめて、憂愁の旅立ちにも似た心をもって歩みはじめるのである。過去が蓄積した、あまりにも茫大な幻想は、役者たちをがんじがらめに縛りつけ、不能にしてしまい、彼等はその幻想の渦の中で己れの肉体を見失ってしまったのである。

イメージは何処かへ捨ててしまおう。

イメージの具現、イメージと現実の往復…それは真の役者たちのなすべき作業ではない。そんなものは派手好みのパイプ老人にでも任せておけばいいのだ。そして、幻想は、イメージは、気軽にハイキングにでも出掛け、川の流れに落としてくればいい。そのとき、役者は水の流れの中に己れの指を感じるのだ。役者たちはまず、在るものを大切にしなければいけないのだから。

イメージを捨ててしまったその体で、役者たちは海をめざすとよい。役者たちは海へ出掛けるのだ。

倦怠と混沌の海への舟出には、役者たちの小さなみすぼらしい舟が相応しい。役者たちの貧弱な肉体の支配下にあるこの小さな舟に、果たして海はいかなる愛撫を加えるだろうか?

役者たちは何も持たずに出掛ける。お気に入りのイメージさえも、誇るべき方法も彼らは何処かに置いてきちまった。誇るべき言葉の用意もなく、しかも目的すら持ち合わせていないのだ。

彼等の出発点は、月夜の便所での孤独から生まれたものでもなければ、壮絶な議論から湧き出たものでもない。

その舟出の瞬間にひとつの現実がスタートするのだ。

海の法則は役者たちをけっして暖かく迎えてはくれない。そんな第一現実がまず在るのだ。そんな海を、彼等は眺めることはせず、その中にどっぷりとつかり、身を任せてしまうのだ。

全体を客観する精神よりも、海は、部分となる姿勢を役者たちに強いるだろう。

彼等の航海、それは目的を持ったものでもなければ手段でもない。そして表現でもないのだ。

それは、海の中に漂う、はっきりとしたひとつの核としてあるだけなのだ。

そして、その核の熾烈な海との戦いを見るとき、役者たちははじめて、己れの肉体の支配者となり、その貧弱な肉体を海に輝かすことができる。

（表題は天沢退二郎氏の詩より借用）

次の公演は、十二月の『餓鬼餓鬼草紙』（毎日文化ホール）。藤野がはじめて書いた戯曲であった。松本の役は〈幻の歌手〉。

この時に発行した「舞台空間」第二号に、次のような松本の小文がある。

資料◆「舞台空間」第二号

無限に変装を繰り返し、執拗に街を歩き続ける、追跡している自分と狙われている自分を極限の恐怖心にふくらませ、短い叫び声を「べベンチョ、べベンチョ、オッポコポ」何度も何度も繰り返し、見られて見返し、見て見返される格好の環状線の電車の中で他人の名刺を盗み、自分の名刺も盗まれる。永劫にめぐると思った時間がそんな時、ふと止まってしまうかも知れないという期待、その時こそ叫ぶことができるのかも知れないという期待、期待も期待、けったいな期待は阪神のサテライトスタジオの前で小便漏らし泣いてわめいてかさぶたを一枚一枚はがしていたら、見知らぬ誰かがその痛みを分かってくれるだろうか、ペッペケペ、街を走って転んで起きて石投げて家を焼いてじじいを殺し冷静な顔をして傍観の態度を示す、レンズを向ける、記者になり質問する、役者になる、風俗あるいは体制を触発できる役者は、憎悪のかたまりなのよ、そうなのよ、怨みつらみはキンキラキンに燃えて燃えてアカアカと他人を焦がし己を焦がし、焦げて実となれ花と咲け、咲けじゃなくて咲かせましょう、咲くでしょう、咲いてくれ、きっと咲く、咲かせてください、たらこは性器に、性器は橋に、橋は花に曼珠沙華は小さな武器に。

当時は、〝七〇年、七〇年〟ということばがあらゆる場所で呪文のように唱えられていた。その一九七〇年がやってきた。

七〇年の私たちの初活動は、神戸大学の学館ホールでの『幻想五〇〇マイル』という短かい芝居であった。松本雄吉が初めて書いた戯曲で、つげ義春の『紅い花』や『もっきり屋の少女』『ねじ式』などを松本の感性によって強引かつ詩的・性的にコラージュしたものだった。

その頃、写真家の高島謙三氏から私たちのグループを被写体として撮りたいという申し出があり、それを受けて京都の街を舞台に私たちは私たち独自に勝手にイベントを行い、高島氏がそれを勝手にカメラで追う、という作業をつづけることになった。

一〇名から二〇名ほどのメンバーが、マイクロバスに乗って何度か京都の街へ出かけ、四条河原町や清水坂、加茂川、嵯峨野など、あちこちの場所でさまざまなイベントを行った。

私たちはこの一連の活動を『京都イベント'70誘拐』と名づけたのだったが、ふんどし一枚で寒中の加茂川へ飛び込む松本の姿や、雪の嵯峨野の竹林の中を「電気アンマ、電気アンマ」と叫びながら裸で疾走する松本の姿などが、この時高島氏のカメラによってとらえられている筈である。

さて、何度かにわたるこの『京都イベント』と時を同じくして、松本は静岡へアルバイトに出かけることになった。どういういきさつでそういうことになったのかはつまびらかではないが、二〇日間ほどの〈出稼ぎ〉に松本は出かけてゆき、『京都イベント』も最初のうちの何回かは松本ぬきで行われたのだった。

静岡にいる間、松本は私のもとへ二通の手紙を送ってきた。

資料◆静岡からの松本の手紙
その（一）

藤野勲殿へ

〈エストラゴンの忘却〉が恋しくてたまらない現在の心境です。

静岡に来て八ヶ月です。

何とも苦しくて、みじめな毎日でありますが、少々、渡り鳥の気持ちが理解できて、嬉しいところもあります。

アンケート、とにかくしんどかったです。こんな作業が、一月に一度でも自分に課してみたらどうなっていくのか、恐ろしくもあり、楽しみでもあります。とにかく、苦しい作業ではありました。それ故、少々、真面目さを欠いた怠慢な解答があったかも知れませんが、何しろ、天井貼り職人の今の身の上御許しを。戯曲、少し進みました。

『ヘアー』『タンスを持った二人の男』脚本読みました。ちょっと犯されそう。

〈劇場空間への告発〉が余りにも流行言葉になり過ぎている昨今ですが、僕達自身、劇場空間を否定し、肯定してゆくものを明確化する作業を怠っては駄目だと思います。

一日の夜、あれから、一人で酒屋へ行きまして、大分酔いましたが、すこぶる思考力が増して、いろんなことを考えた様に思います。吉名氏の友人（H氏）の批判に今更の様に驚かされ、憤起（原文ママ）させられ、再認識させられた自分に、あきれかえった次第です。

あの日の平松嬢は何々素敵でした。

考えてみれば、論文のような類のもの、一度も書いてみたこともありません。第三宣言、非常に心配です。笑われるかも……。

くれぐれも京都の写真の件、吉名氏にヨロシクと御伝え下さい。

次は、第三宣言を送ります。

ねます。

松本雄吉

資料◆静岡からの松本の手紙　その(二)

手紙有ガト

変な宣言文らしきもの書いてみましたが、〈第一宣言〉破キの積りが、第一宣言詳細文の様な格好になってしまいました。

しかし、正直云って今は、これが限界の発言です。（僕自身にとって）だから、今からは、盛んに、いろんなことを吐き出してゆこうと思っています。藤野氏にも大いに期待（勿論僕の知らない面を）しているし、他の連中にも同じくです。

現代詩手帖の広告の構成はこれで何々自信があるんですが、文章がやはり駄目です。誰かに頼んで見て下さい。もし、それでも駄目なら、新聞でも切り抜いて貼ったらいいでしょう。文章の内容よりも、全体のフォルムが肝心なんだから……。

戯曲、チビチビ進行中。

一幕は、最初から、僕に近い世界として書いていたのですが、二幕は、僕自身が書くということをも拒否されるようなものでなければならないので、これからが、苦しくなりそうです。大阪へ帰ったら、早速、一幕分だけでもコピー出来るように手配する積りです。

就職の話大変急らしくて、留守の間に、会社の人らしき方から、二度も、電話ありました。たのしみです。

卒論頑張って下さい。

もう寝ます。

2月12日　夜

松本雄吉

藤野勲　殿。

折角、静岡迄来たのだから、足をのばして東京へ行きたいなあと思っていましたが、この調子ではそれも無理な様子─残念。

今、マルチプレイが見たいんですが。

（＊手紙につき原文ママ）

この手紙にある〈変な宣言文らしきもの〉というのは、第一宣言、第二宣言を破棄するような《第三宣言》を書くように私が松本に要請していたもので、静岡から送られてきたそれは次のようなものであった。

資料◆第三宣言　松本雄吉

「旅立ちのやくざな伜に一言　老婆心」
どこに行くかなんて
知っちゃあいない
ただ　もうとにかく

ここからはなれてゆくんだ
—ラングストン・ヒューズ—

まず〈ただ〉〈もう〉〈とにかく〉という苛立ちが僕らを空間ごっこへと誘う。苛立ちが激しければ激しいほど、大きければ大きいほど〈ただ〉〈もう〉〈とにかく〉なにかを始めなければならない。

そんな時、おきまりの形式やら他人の方法などに、いちいち構ってはいられない。

とにかく、まず、離れなければならない。

飢えから、空虚から、頽廃から、混沌から、秩序から、煤煙から、階級から、マスコミから、オキナワから、権力から……そんな中で埋没し、飼い慣らされている僕ら自身から。

〈ただ〉〈もう〉〈とにかく〉離れる作業はいかにあってもいいだろう。でも、失敗すれば大変だ。それらは、刑務所の看守のように眼を光らせ僕らを監視し、束縛している。脱獄に一度失敗すると監視は一層厳しくなり、束縛はより残酷なものとなるであろう。

だから、僕らは作業を冷徹な目でもって鮮明にし、脱獄を成功させるためには、〈ただ〉〈もう〉〈とにかく〉離れてゆくんだという願望だけで、まず、立つ必要がある。

すると、僕らは、やはり肉体に帰って始めなければならない。

離れて築かれる第一現実は、空間は、オブジェとしての肉体としてしかあり得ないのだ。

唯一、肉体によってのみ支えられ、構築された、無垢な空間を、まず、自立させよう。

それが、自立してしまえばいくら仕掛けられたものと嘲けられ、無視しようとしても、それは、決して無視できない〝現実〟になってしまうのだ。

巷にはびこる莫大な幻想、僕らを上手に飼い慣らしている現実、そんな中では、僕らは決して育まれない。第一現実の自立こそが、真に人間を可能にするだろう。

僕らの今、探さねばならない脱獄の方法とは、この第一現実の自立のための条件である。まず肉体を原点としたところの0の空間のための作業なのだ。

脚本と称されるノートはそのためにある。

僕らのあるだろう思考も、そのためにこそ活用しなければならない。もちろん、演出も、衣裳も、照明も、諸々の空間を構成する全てのものは、この第一現実をのみ追いかけるのだ。すなわち、第一現実とは、0の空間として、その場に居合わす全てのものを、まず〈ある〉とすること、全ての有効性と対応関係に位置するということである。それは、過去が現在に至る連結したドラマティックな運動としての時間によって支えられたものを一切、否定するところの〈もの〉なのである。

Aの役者とBの観客、CのオブジェとDの役者とEの光、Fの音、Gの……なのだ。

今、この最低線にギリギリ鋭く立たねば、最近になって前衛劇の指導原理のように云われるようになった「観客参加」もただ単に、側面的表現行為の効果の問題に墜落してしまうだろう。寺山の見せ物小屋の悪戯もこの第一現実の考え方に甘さがあるから、盛んに「観客参加」を叫んでみても、結果、副次的な方法としてしか終らないのだ。

唯一、思考と対決する肉体が可能ならしめる空間は、だらしない日常の中へ、閉塞された思考の中でうずくまっている彼、あるいは僕ら自身の内へ、闖入者の乱暴さを呈して、出掛ける。「さよなら、さよなら」と手を振りつつ、瞬時、0の空間の自立に全力を注ぎながら、「おじやましまます。おじゃまします」とピストン運動を展開する。押しつけがましく、不意に、出掛けてのけるのだ。
　そんなやり方しか、僕らには興味はないし、また、これでしか何も始まりはしないだろうという、これが僕らの現状認識であり、方向だ。

一九七〇・二・十二

　静岡から帰ってきた松本は、手紙の中に触れている〈就職の話〉が実現して、心斎橋にあるTV・CFをつくるプロダクションに勤めることになった。確か二月下旬から出勤し始めた、その《ムービースタジオ・グラフィック》という会社に、一ヵ月後には松本の勧めで私も勤めることになり、それから約一年ほどの間、私は松本と同じ職場で机を並べて、TV・CFのディレクターなどという仕事を続けたのだった。この会社での松本の勤務ぶりと彼が企画を立てて実際につくったTV・CFなどについては、実にまたひとつの話題となるものであるが、ここでは割愛することにしよう。

　さて、それまでの〈学生〉という社会的身分から〈社会人〉になり変わった私たちであったが、静岡からの手紙で言及している松本の戯曲は間もなく完成した。『少年たちの二五二五年』がそれである。一月の『幻想五〇〇マイル』が上演時間三〇分ほどを想定した〈小品〉であったのに対して、今度の『ニゴニゴ』（と私たちは呼んだ）は上演時間三時間に及ぶであろう〈大作〉であった。恐らく松本雄吉がこれまでに書いたものの中で、これほどの長さと内容をもった〈作品〉はないと思われる。この戯曲をはじめて読んだ時の感想を、私は次のようにノートに記している。

『少年たちの二五二五年』一幕のみ完成。
　混乱と、無秩序と、力と、奔放さと、そして自由を要求している戯曲だ。
　演《や》れるか？　という問いは、だからこの戯曲の場合は、混乱と、無秩序と、力と、奔放さと、そして自由とを、恐れずに創り出すことが出来るか、という問いだ。

一九七〇・三・二〇

　松本雄吉のこの大作『少年たちの二五二五年』がどういう内容をもつ芝居であるかを今まとめていうのは難しい。ただ、登場人物たちの名前や、芝居の中にいくつも挿入されている〈うた〉を紹介するだけでも、その雰囲気はいくぶんかは伝わるのではないかと思う。

資料◆『少年たちの二五二五年』登場人物

『少年たちの二五二五年』登場人物
ウズマサ、チヨジ、信如、ホウタイ、Aのタカアキ、Bのタカアキ、遊治郎、夜のストレンジャー、ハハという名の盲女（ゼッケン1和歌山、ゼッケン2びわこ、ゼッケン3甲子園）、日本親分舎利別、其の他乱入者

資料◆『少年たちの二五二五年』挿入歌

「ごっこ歌」

月曜日はお絵かきごっこ
火曜日は雪かきごっこ
水曜日は汗かきごっこ
木曜日は恥かきごっこ
金曜日はほしかきごっこ
土曜日はチンかきごっこ
日曜日はからかきごっこ

「ネズミが死んだら」

ネズミが死んだら僕も死のう！

Twenty-five,〱、〱
キリコの街角、ジュラルミン
可哀そうなネズミが死んだら
キリコの街を赤く染めよう
Twenty-five,〱、〱

「八百七十四のヤツ」

ジジジ、ジジジ、
ジジィーッ、ジジィーッ、はげあたま
お前もよくやる　調子はいいか
金は稼げよ、出来るだけ

ジジジ、ジジジ、
ジジィーッ、ジジィーッ、はげあたま
お前もよくやる　調子はいいか
女はだませよ、出来るだけ

ジジジ、ジジジ、
ジジィーッ、ジジィーッ、はげあたま
せめて団地に住めるまで

公演は七月九日から一四日までの六日間、天王寺の野外音楽堂で行われ、そのあと一日だけ芦屋のルナホールで上演された。今日に至るまで松本の活動のひとつの基盤になっているともいえる天王寺野音との出会いは、この時なのである。特に野音の最終日は凄まじい雷雨に襲われ、その中でのずぶ濡れの公演だった。

公演に際して、演出、制作を担当する者四名がそれぞれのアピールを発したが、藤野のアピールは次の通りであった。

資料◆「ぼくは〈演劇〉のことを話しているのではないのだ」藤野勲（一幕演出）

ぼくは役者ではない。ぼくは表現者ではない。と言い切りたい。イメージに拠って立とうなどとは、もう思わない。

やり続けようとしているぼくの、やり続けることを支えてくれるものを、今、仮りに〈風〉と名付けておこう。

〈風〉が吹くから、ぼくは来た、ということを確認しておこう。大切にしたいものは、〈風〉だけだ。

〈風〉に満たされた世界。〈風〉だけによって成り立っているひとつの世界。そんな世界をこそぼくは、今、欲している。そこでは〈風〉は、絶望であり、希望であり、つまり、全てなのだ。

『少年たちの二五二五年』の世界は、無秩序であり、混沌であり、自由であり、そして、それ自体がひとつの完結した広場である。そこでぼくは、この戯曲（と呼びうるもの）に書き込まれた世界を、今、仕組んでみればいいのだということに思い到る。

無秩序な世界、混沌とした世界、自由な世界、完結した世界を仕組もうというだけだ。

そんなことにいったいどんな意味があるのかなどと、ぼくに問わないでほしい。君の怠惰を君自身が許しがたく思ってくれれば、いい話なのだ。

ぼくたちの世界は、もう少しだけ遠いところ、二五二五年の彼方に、未だ仕組まれざるものとして存在している。

この芝居に対しては、さまざまな人がさまざまなことを言った。今、手もとに残る資料には次の四つがある。

資料◆朝日新聞記事「動き出したアングラ劇団」

〈略〉

「演劇開始第一宣言」で、新劇運動への〝抵抗〟の姿勢を打ち出し、京阪神での若者による〝演劇革命〟を目標にかかげた。「演劇は、役者の肉体でつくりあげられた空間。生きた肉体でつくられた詩の空間だ。演劇人にとって信頼できるのは、役者の肉体以外には、なにものもない」と、政治や思想への徹底した不信も宣言している。

その後、大阪、京都両市内で計五回の公演を重ねた。昨秋は、大阪の教会を借り切っての殺人劇。この二月には、京都市内でハプニング劇を試みた。通行人でごったがえす四条河原町の繁華街にマイクロバスで乗りつけ、オバケのような白い服でゾロゾロ歩いたり、鴨川に飛び込んだり………。「観客も巻き込みながら、新しい世界をつくりあげるための実験だった」という。

こんどは七月九日から一四日まで大阪の天王寺公園で、つづいて芦屋の市民会館「ルナホール」で『少年たちの二五二五年』というオリジナル劇を公演する。

この劇は、過去も未来も、政治も思想もない少年の「広場」に、全身をホウタイで巻いたおとなの男や、自転車に乗った〝猛女〟たちが飛び込んできて、少年らの完全無欠の「広場」を、いつの間にかこわしてしまう――というストーリー。意味のないセリフの積み重ね、ときおり狂気のように始まるゴーゴー踊り、観客席をあえぎながら走る半裸の男――異様な場面の連続だ。

「筋書には、なんの意味もない。こんなナンセンスな劇をやってる。そこに、ぼくらの生活、若者の人生がある。それだけですよ」――現代の若者が持つ、やり場のない虚無感、太平ムードへの激しい怒りをにじませた返事だった。

資料◆毎日新聞記事
一九七〇・七・二〇
「関西に芽ばえた小劇場運動」

〈略〉

資料◆「少年たちの二五二五年」劇評
大阪労演八月号

〈略〉

資料◆「少年たちの二五二五年」劇評
プレイガイドジャーナル
一九七一・九月号

〈略〉

この公演を最後にして、《舞台空間創造グループ》は、その名称による活動を終え、私たちは新しい次の段階へと突入してゆくことになったのだったが、松本雄吉というひとりの役者をそのエネルギーの核として動きつづけたといえる。

《第二章　自爆の連続体》

●劇団日本維新派結成

さて、一九七〇年の秋、東京から亀山孝治が大阪へと流れてきた。亀山孝治は藤野が京都時代の演劇活動において行動を共にしていた演出家であり、当時は東京の《円劇場》に拠ってマルチプレイなる活動をつづけていた。いろんないきさつの果てに、その年東京を離れて大阪へとやってきたのだったが、松本雄吉はこの亀山孝治に対して、会う以前から激しい期待を抱いていたのだった。未知の人物に対して激しい期待を抱く、というのは松本のひとつの美徳であると私はかねがね思っているが、実際に来阪した亀山孝治と出会うことによって松本は（そして私たちは）次の新たなる段階へと足を踏み入れることになったのだった。

それは、それまでの《舞台空間創造グループ》という、〈場〉としてのゆるやかな集まり方を解消して、〈徒党〉としての劇団を結成するということであった。

十一月、神戸・三宮コンコースでひとつのイベントを行ったのだったが、このイベントは《舞台空間創造グループ》の最後の活動であり、同時に《劇団日本維新派》と命名した新たなる劇団の最初の活動であるともいえるものだった。

十二月、蓬莱峡でのイベント。年があらたまって一九七一年（昭和四六年）元旦、梅田陸橋でのイベントと活動を重ねながら、新しい劇団の旗揚げ公演へと着々と準備を進めていった。劇団結成に参加した者たちが、それぞれの思いを確認するためにレポートを提出して一冊のガリ版ずりの本にしたものがある。〈維新派作文集〉などと私たちは称したけれど、そこに掲載された松本の短かい文章。

資料◆文・松本雄吉

ゼンマイ仕掛けのロボットが火を吹き、ネジが粉々に飛び散り壊れる様なダイナミックな自爆の世界。

自爆の連続体が役者なのだ。

最早、ありたけの幻想を略奪されてしまった肉体を半ば焼けっぱちな思いで見るとき、脱出のイメエジはその他者願望は己を起点とする曖昧さを許さないところまで来ている。

今、役者を志向して、物たちと等しく存在すること、所有しきった他者の視点に身を委ねるのでなく、他者を熱望する運動の過程で風景と交わること、体験することが劇空間への作業である様に思える。

《劇団日本維新派》の旗揚げ公演は四月一四日から一七日までの四日間、毎日文化ホールでの『吸血鬼物語』。以後、亀山孝治作・演出の芝居を次々に関西の各地で上演してゆくことになる、その第一歩であった。

六月には〈雨涙巷血走興行〉と銘打って、亀山孝治作・演出の第二弾『帝都鉄道・暁風の巻』を上演。

二〜三日　甲南大学、五日　大阪教育大学（池田）、六日　喫茶アンファン（日本橋）、八・九日　京大西部講堂、一一〜一五日　アンダーグランドシアター怨闇（布施）、一七日　奈良教育大学、二二日　神戸大学、二三日　大阪教育大学（天王寺）—と、文字通り弾丸列車のような巡業であった。

この巡業に対するマスコミの記事二つ。

資料◆アングラ劇団「日本維新派」
（朝日新聞　一九七〇・六・六）

アングラ劇運動が多方面に分散しすぎ、土着的な根強さを欠いているのに気付いた藤野君らは、昨年暮れ、神戸の阪急三宮駅コンコースで裸になって演じた『耳無法市』のハプニング劇を最後に「舞台空間」のグループを解散。京大卒業後、東京で四年間、アングラ劇の企画、演出をしていたという亀山孝治君（二七）＝豊中市宝山町＝を演出家に迎えて今春、新しい劇団「日本維新派」を結成した。

さる四日、大阪・毎日ホールで『吸血鬼物語』で旗上げ公演。このあと、京阪神で一ヵ月間の長期公演を行うことに決め、亀山君のオリジナル劇『帝都列車、暁風の巻』をこのほど完成。さる二、三日に神戸・甲南大学学生会館で披露した。

この劇は、大阪の底辺の町を背景に、白痴の姉、極悪非情の弟、不具者の父など、陰惨で個性的な人物が登場。青ざめた坊主頭の「オンボウ」の、狂ったような踊り。血しぶきあげる殺人シーンなど、暗く救いようもない場面を無意味に積み重ねながら、泥臭い大阪弁で現代の政治、風俗、社会を皮肉っていく軽快なセリフ運びも見せ、神戸公演では連日満員の観客席から明るい笑いがわいたほど。「東京ではアングラ劇全般が暗いざせつ感に満ちていて、やりきれない。大阪のドロドロした土俗的なエネルギーに、若い世代の活路を求めた」というのが亀山君の演出意図だ。

劇団では、照明器具や舞台装置を車に積み、学校などに合宿しながら月末まで大阪、京都、再び神戸と京阪神一帯で公演する計画。劇団員は現在スタッフを含め、たった十五人だが、この公演で延べ二千人の観客動員を予定。学生や会社員の団員は、これまでにすべて職や学籍を捨て、完全にプロ劇団として自立する体制を整えている。

資料◆「不毛の地に芽生える新しい若者の実験演劇」（サンケイ新聞一九七〇・六・六）

「新宿のグリーンハウスに集まるフーテンに代表された、〝ぶった人間〟を拒否した者たちが、四散してしまったいまの東京には、もう新しい芝居をつくるエネルギーもないし、人間もいない。マスコミの画一的な文化に支配されない、歴史と伝統を持ち、いまなお、ねばり強い人間とエネルギーを持ちつづけているのは大阪しかない」。

東京ではできないという〝人間の狂い回る芝居〟は、京都をふりだしに静岡、東京と模索を続けてきた亀山君らの到達点であり、新しい演劇創造の出発点でもあるようだ。東京の「早稲田小劇場」や「状況劇場」で代表される、アングラ劇場、実験的小劇場の活動も、いまは停滞し、曲がり角に立っているともいわれる。キャンパスを中心に噴出した若いエネルギーの体制ゆさぶりの中で、燃えあがった演劇活動。いまそのシラケた季節の中で、新しい若者の演劇運動が、しかも不毛とされてきた大阪の町でおこりつつあることは興味深い。

劇団日本維新派は、すでに大阪三回、京都一回の巡演をした。六月中は奈良、神戸を回る。

公演終了後、亀山孝治による挨拶文を各方面へと郵送したのだったが、この挨拶文にはすでに次回の公演予告が添付されていた。

八月には次の公演をめざして全員で小豆島で合宿を行った。そして次の公演は九月二三日〜二七日、心斎橋・ヒロタビルでの『帝都鉄道第二弾・妖童嬲唄殺』。公演が間近になって。観客動員数の増加を狙ってあちこちに郵送した挨拶文がある。今回の挨拶文は役者一同の名によるもので、藤野の起草による。

この芝居は、心斎橋興行のあと一〇月六・七日　京都美大、十一月三日　近畿大学、四日　和歌山大学と巡業した。

こうした矢継早の公演活動を続けながら、私たちは南海電車高野線の萩原天神の地に稽古場づくりを進めたのだった。それは文字通りの手づくりの建築作業であり、借地は田圃の一画の荒地。この稽古場づくりは松本雄吉の計画によるもので、稽古場の設計も、実際の建築作業も、すべて彼の指揮のもとに行われた。一面に生い茂る雑草、雑木を切り倒し焼き払うという開墾作業からそれは始められたのだったが、一体素人だけの手で本格的な建築物を造ることができるのだろうかという私の危惧は、作業が進むにつれて取り払われてきた。実際にこうした作業に対する松本雄吉の情熱と才能はすさまじいもので、この稽古場づくり以後、松本は何度かさまざまな建造物をつくってきたが、彼は本当は役者としての作業よりも、大工として、あるいは棟梁としての作業の方をより多く楽しんでいるのかもしれないと、冗談ではなく私は思うことがある。

　萩原天神の稽古場は一〇〇坪ほどの敷地に四〇坪ほどの建坪のもので、稽古場だけではなく宿舎として二段ベッド付きの二階まである堂々としたものだった。もっともすべての建材はあちこちから集めてきた古材木であったし、ガスも水道も電気もないといったものであったから、この稽古場へ何かと口実をつけては見巡りに来ていた所轄の警察官がいかにもうさん臭い顔をして眺めていたのも無理はないかもしれない。


　年が明け一九七二年（昭和四七年）。完成した萩原天神稽古場で、次の公演の稽古が進められた。夜はローソクの灯りで、そして極寒の時期とあって石油ストーブと焚火で暖をとりながらの稽古であった。

　出し物は『忍びてこそ恋の新撰組』。公演は二月二二日から二八日まで、寺田町にあった芝居小屋・源ヶ橋演芸場において。この時の芝居は、どういう訳か「新関西」という娯楽紙（？）が取り上げた。いかにもこの新聞らしいルポ記事は、なかなか楽しい。ちなみに同紙のこの時の一面には、「〝赤軍トリデ〟さらに緊迫が!!／八日目―浅間の山に妻呼ぶ声悲し／泰子さん救出は明日か」の大見出しが躍っている。


資料◆「ドサ回り専門館で熱演中」（新関西新聞　一九七二・二・二六）

『忍びてこそ恋の新撰組』は亀山孝治作、演出。二十八歳の京大仏文科出身の演劇青年だ。座員は十五人、うち女優は一人。ポルノ劇である。「男色濃厚な芝居が多いので女性はすぐやめてしまう」そうだ。しかしPRの仕事を手伝うシンパ的な女性はいつも二、三人はいる。演芸場でも切符のもぎりをしていた。

　座員のひとりが生野商店街で学生時代にアルバイトしていたことからこの源ヶ橋演芸場を知ったそうだ。そして百人そこそこしかはいらないあの演芸場なら自分たちのアングラ芝居にぴったりと思ったという。劇団日本維新派のチラシの前口上にはこう書いてある。

「実験集団情絶夢朽が劇団日本維新派と伴に巣喰った蟻地獄、夜毎咲く花　何んの花、花にも類あるその内で、今宵地獄の幻り花、伴に落ちましょ花咲く晩に」

　赤軍派とはほど遠い情緒派で、維新派なんて右翼みたいに思われるが、とんでもない。ポルノ派である。

　劇団員の生活は興行収入。前売り切符四百円を一枚でも多く売ることが生活に直結しているのだ。年四回芝居をすれば最低生活が出来るという。しかし現状ではムリなようだ。

　当日券は五百円で四、五人の常連がはいって来た。小屋の一隅でおでんを売り、ビールを売っている演芸場主のおかみさんの話によると、同演芸場で三百人近い常連がいるという。これらの常連はどんな芝居でもいいのだ。せまい舞台に人間が白粉をぬって動いて何かしゃべっておればいいそうだ。

　けれども『忍びてこそ恋の新撰組』の場合は違った。常連の反応はきびしい。中年の酒ビンを下げたおっさんは「おもろない、わからん、しょうむない」とぼやきっぱなし。三人ばかりのおばはん連中は「けったいな芝居、みたことないわ」とそのうちの一人は桟敷でごろりと横になって見物。

　芝居のはじめは長髪の丹下左膳が情婦マリア（白藤薫）との別れ。このマリアはたった一人の女優で、長じゅばんを着て太モモあたりまで見せる。

　ストリップでもあるのかと期待したら、ゲスのカンぐりだった。しかし左膳（松本雄吉）が面白いことをした。刀のサヤを股ぐらへつっ込んでワイセツ行為。

　左膳は一匹のウマにまたがって消える。

このウマの顔が男性のシンボルのよう。見物の方は五十人ばかり、インテリふうの青年や若い女性もまじえてガストーブにあたっている。それこそ実験のラ列だが、アドリブで風刺やテレビのCMを入れて笑いを入れる。漫才みたいなところもあるのは、演出家がいった「大阪的なドロドロしたもの」。実験的な前衛劇とすればある程度はその意図は通じないこともない。観客不在のアングラ劇の多いなかで、この「日本維新派」は一体どこへ行くのか。
それこそ、まだまだ〝忍びて〟生きていくのか。

次の公演は『さよなら一族』。六月二四・二五日　怨闇、二七・二八日　京大西部講堂、七月一・二日　神戸・シアターSETT・INというスケジュール。作・白藤茜、演出・亀山孝治というコンビによるもので、亀山以外の脚本をはじめてやることになったのだった。
この時の芝居と、公演直前に中止になった次の芝居『荒野の土掘るマン』（九月公演予定）には藤野は参加していない。大阪から離れていたために、この間の事情には暗い。「プレイガイドジャーナル」一〇月号に次のような時評および記事が見える。

資料◆劇団日本維新派公演中止
（プレイガイドジャーナル
一九七二・一〇月号）

維新派が本公演『土掘るマン』を突然中止した。（注　チラシでは『土・掘るマン』）それに関して作者兼演出家であった亀山氏から左記の文がよせられている。

告

世に表現という傲りがあり
世に肉体という形而学があり
世に言語という慣習があり
世に他者という魔物があり
そして
世に芝居という職業があるならば我々は一大ページェント野外劇を企てた陰謀家として潔ぎよく今公演を中止することを宣言した。
世に信頼があり
世に裏切りがある限り
そして
世に情念の持続がある限り我々の大阪の風景は間断なく変貌し続けるであろう。その風景が我々の情念の果だとしたならば今この公演を中止したことにいささかの後悔の念を持たない。
新たな情況が今大阪に沸き起りつつあることだけを信じて、まさかそんな筈はあるまいが、あっ！

（劇団日本維新派・亀山孝治）

そして、同誌の十一月号にはすぐさま次のようなニュースが掲載されている。

資料◆維新派再度登場
（プレイガイドジャーナル
一九七二・一一月号）

九月、『土掘るマン』の公演を目前にして劇団内部のゴタゴタから中止のやむなきにいたった維新派が、新作をひっさげて寺田町源ヶ橋興行をうつ。つい先日、急な公演中止のため、当日現場におもむいた観客に一人一人頭をさげていたあの維新派がかくも早く復活してこようとは驚きである。最高の作と称される『帝都鉄道シリーズ』以来、袋小路に入ったかにみえた維新派が新たな突出路を今回作『命にかへたる男ぢゃもの』で見い出しうるだろうか。

この芝居『命にかへたる男ぢゃもの』は、十一月二三日から二九日まで、再び源ヶ橋演芸場にて。亀山孝治の脚本を松本雄吉が演出するという、初めての試みであった。

　この芝居に対する他者の評や記事はなぜか私の手もとにない。代わりに私自身のノートから、公演最終日のメモを。


資料◆「藤野のノートから」（一九七二・二・二九）

供養の舟に月掬ひ
昏の震へに誘はれて
真赤な大嘘　吐きましょう

　劇団日本維新派、源ヶ橋大興行、『命にかへたる男ぢゃもの』最終日、あの下町の芝居小屋を超満員にして、終わる。

　ちっぽけな〈たくらみ〉が、役者の肉体を駆り立てて、どんどんと増幅してゆき、二重舞台は舞い上がり、身体は宙に浮き、雪は吹雪き、そして最後にまっ白に雪をいただいた富士の山までが動き出す—今度の芝居を、言ってしまえば、そう云えばいいのだろうか。ひとつの〈現場〉を徹底的に〈現場〉として始め終らせるというのは、松本雄吉をしてはじめてやってのけられたことだろうし、今回、彼が演出をしたということの最大の成功は、全てそこに帰せられるだろう。


　七晩にわたる興行終えて、今夜は、ばたばたと大ざっぱな〈こわし〉とあとかたづけやって、さあこれから打ち上げの酒宴が始まろうという刻に、俺はひとり、先に帰ってきた。

　コピーライターとしての仕事をずっとかかえていて、公演中も、昼すぎまでそれをやっては寺田町へ、という生活だったのだが、最后の夜も、明日、どうしてもやってしまわねばならぬ仕事があるために、毎晩あの小屋に泊り込んでいる皆と離れて、ひとり、環状線に乗ったのだ。

〈原始共同体のエネルギー〉云々とは、プレイガイドジャーナル誌で俺たちのことを指して呼んでいたことばだったのか—。日常次元での〈関わり〉を、殆んど拒否して、稽古場と舞台でのみ、ひとりの役者として加担していた今回の俺の関わり方は、俺にとっては、楽しく、おもしろいものだった。他の役者たちにとって、それがどうだったのか、よくはわからない。

　しかし、出来た舞台が全てだという前提に立てば、今回、〈俺たち〉が創り上げたものは、凄いもの、素晴しいもの、と云い切っていい。凡百の、この国の演劇現象を、はるかに跳散らかして、スキャンダラシックで、肉体的で、役者的で、要するにこれこそ〈芝居〉なのだ。と云い切れる。この芝居に立ち合うことのなかった盲人どもよ！残念だったナ。

　もっとも、これだけ、〈俺たち〉自身の作業に対して自負できるのは、本心云うと、己れ自身の作業としてよりも、もっぱら、松本雄吉の作業として、評価しているからなのだ。俺自身は、ひとつの役者体として、彼が仕組んだ世界を、華やかに、彩ろうとしてきたし、また、それは成功した、と（それだけに関しても）云い切れる。自分自身に対する、絶対的な自信。それを、うぬぼれだと他人が云うとしたら、ただ、ただ、あわれみの眼でそいつを視るだけだ。

　そして、これだけのエネルギーが、この今現在、すべては、無かったかのごとく、無くなっているのだ、と云う。〈芝居〉のはかなさ、すばらしさ。

　今夜は、よく眠れるだろう。

《第三章　あまてらす》

●沈黙。そして……

『命にかへたる男ぢゃもの』の公演のあと、維新派の年譜には一年以上の空白がある。何

年か後に、公演チラシ用にまとめられた年譜によれば、一九七三年の項には、

〈沈黙。舞台から劇場へ、伝説から神話へ〉

とあるのみである。

私自身もこの頃から身辺にひとつの事情が生じて、維新派の活動から離れていった。ちょっと活動を休止して、などと思いつつ、『命にかへたる…』以後七年半がたってしまっている。これ以後の覚え書きは、したがって松本雄吉との共同作業者としての覚え書きではない。

松本雄吉が、つまり劇団日本維新派が一年半の沈黙を破って登場してくるのは一九七四年（昭和四九年）六月の一五・一六・一七日の三日間、天王寺野外音楽堂における『あまてらす』においてである。

この公演の直前に、亀山孝治は大阪の地を離れて東京へと戻っていった。これ以後、文字通り松本雄吉はその体ひとつで維新派を引っぱってゆくことになるのである。

さて、長い沈黙を破って姿を現してきた松本雄吉と維新派のその姿は、私には圧倒的に感動的なものであった。『あまてらす』を観た翌日から、私はノートに切れ切れの松本宛ての手紙を書き継いだ。長いが、その全文を収めておきたい。

資料◆「松本雄吉への私信」（藤野のノートから）

六月十八日（火）

〈松本雄吉への私信〉

一夜、明けて、昨夜のあの肉体のやさしさのことを、ぼんやりと考えています。かなしいまでにやさしかったあの十一の肉体のことを想うと、思わず涙ぐんでしまいそうになってしまいます。肉体をもっと肉体を―というようなことをこの数年の間い続けながら、しかし、あんなにも徹底的にやさしくあり続ける肉体というものを、僕はこれまで予想すらできなかった。なんだか、打ちのめされた思いで、テントの外の世界に降り続くもうひとつの雨のためにじっくりと濡れしょぼれた身体を、夜遅い阪急電車で家まで運んできた昨夜でした。

松本雄吉という役者体を、これまで、もっとよく見える眼で見ていたなら。昨夜のあの一時間半ほどの時間の流れの中で行われた肉体たちの心やさしい遊戯をもっと早く、彼のやるであろう作業として理解できていただろうに―と、そんな気がしています。

その作業に照らし合わせてみれば、これまで、例えば僕が口にしてきたこと、そして僕が役者としてやってきたこと、それらは何と卑小で、つまらないものであったことか。恐らく、ひとつの、徹底的に強靱なやさしさを見せられてしまったことが、それまでの僕のやってきたこと、考えてきたことを必要以上に卑小に見えさせているということもあるのでしょうが、それにしても昨夜の芝居は素晴しすぎた。

あの芝居に対する好評を、多分、あちこちで耳にするだろうと思います。今だに残っている悪しき演劇現象を、あの芝居ひとつが完璧に打ちのめしてしまったということに気づかぬ輩は、馬鹿かクズです。

あんなにまでやさしい肉体をもつ―ということは、僕には〈夢〉です。そう、それはまさしく〈夢〉以外の何者でもありません。そして、昨夜、僕の肉体がではなく、僕以外の肉体が、それを完璧にやってのけたのです。僕の哀しみも、わかってもらえると思います。

六月二〇日（木）

〈書き継ぐ　松本雄吉への私信〉

三夜、明けて〈物語り〉ということを、

舞台空間創造グループ公演

さらば　ベケット！
さらば　イヨネスコ！
さらば　白雪姫！

E. イヨネスコ氏の授業による42番目のシーソーゲーム

作　曽谷精義
演出　大野　藍

美術　平野光男
照明　中倉敏博
衣裳　上杉れい子

出演　吉名裕行
松田節子
関谷茂樹
玉田美也子
木村信子

制作　関谷茂樹
藤野　勲
藤沢房子
鈴木靖子
松本雄吉
山本左絵子

日　10月10日(金)、11日(土)、12日(日)
時　午後6時30分開演
場所　浪花教会(高麗橋)

もう名付けなくてもいいのだ

彼女には知性がある。賢こそうな目を見開いてわたしを理解しようとしている。死んでしまうよりはもちろん、目を見開き続けていく方がましだと思っている。まして、彼女は役者であろうとしてここまでやって来たのだ。その彼女が、知性のかけらすらなく、理解しようとする気もなく、勉強するよりは死んだ方がましだと思っている小娘を演じるとすれば、そんな小娘になったふりをする外ない、と彼女は言った。ところがわたしたちはそんな小娘を必要とはしていない。そんなことをするのならば、いっそのこと<わたしは白痴>とでも書いたプラカードをかけて舞台に立った方が<本物>らしく思わせることができるというものだ。

しかし、わたしたちに必要なのは、そんなことばによる説明や暗示でもない。

白日の許で、衣をまとい隠しおおせているもの、それが必要なのだ。

舞台のうえで、彼女は<教授>という男と二人、空間に放り出されている。彼女は彼に向かわなければ舞台から下りることはできない。目眩く他人の視線を自分で自分に投射しながら、彼女は彼を誘惑していくにちがいない。

舞台を下りた彼女は、丹念に身づくろいをし、今夜、またひとりで街を歩き、衣の下に汚物をしこたま付着させて戻ってくる。その汚物があるかぎり、彼女は異様な臭いを発しながら舞台に立ち、彼に向かいつづけることができる。

「痛い、痛い」と訴えられ、どうしようもなく、本当に痛いのかと余計な口出しをし、せいぜい痛がってみる程度の他人であるわたしたちの間で、舞台は、痛がりつつ、痛いのかと問う場であるのだ。

詩人たちがことばの極北を不在のなかに求めている間にも、役者たちは、いつも痛がりころげまわりたがっている者であるらしい。役者にとってことばは、意味を剝奪され、楽園を追放された放浪者に思われた。イヨネスコ氏のように、自明の自動性をもつものとはならなかった。わたしたちは血を流し、痛がり、呻くことからはじめようとするのである。

ここでは、沈黙の啓示は片鱗すら現わそうとはしない。呪われた者である役者たちは、意味を失ったことばで饒舌になろうとした。そして、ことばをしゃべるためのものに転身しつくしたかに思ったとき、ことばはあたかも彼らを動かし、彼らに反逆しはじめるように思われた。

が、本当はそうではなかった。

彼らは見えないものたちにとり囲まれていることを素早く感じ、見えないものを壊そうとしていく。

風船は胎児であり、胎児は風船であった。

この等式に薄気味の悪い偽装を直感し、彼らは、ドンキホーテの愚直さで風船に立ちむかったのである。

いま、わたしたちは風船を風船と呼ぶことを止め、風船を壊すことを止めた。もう風船はわたしたちにとって<風船>でないことはたしかなことなのである。

ご招待という上品な社交はもちろんわたしたちのものではない。わたしたちの芝居は、あなたがたが乏しい時間を捻出して出かけてくるものでもない。わたしたちは出かけてゆくのだから。

あなたがたが居り、場がある、と聞けば、わたしたちはその場まで、ゲリラの目付きで出かけて行く。わたしたちが出かけて行くのである。

（大野　藍）

NEXT

舞台空間創造グループ次回公演予告

〈橋〉—幻のその橋が………（仮題）

風に載って聞こえてくるあの泣き声は？
そう、あれはコケカキイキイの泣く声なのです。
橋がほしいと泣く声なのです。

コケカキイキイのテーマソングに載せてあなたに贈る次回公演。（11月下旬・大阪）

乞　御期待!!

小春が渡る。治兵衛が渡る。
渡る二人に鐘が鳴る。
鐘が鳴るのはミラボー橋か。
いやあの鐘は暁の、七つの刻が六つ鳴りて、残るひとつが今生の、鐘の響きの聞きおさめ。
天神橋から梅田橋、緑橋から桜橋、
蜆橋から大江橋、難波小橋に船入橋、堀川の橋、天満橋。
水の都は八百八橋
故郷をしのぶ、信濃橋。
土佐堀橋に肥後橋。
愛染ばらばら、愛染橋。
三大祭りの、天神橋。
お人形投げた、天満橋。
その名も辰五郎、淀屋橋。
船の出入りは、出入橋。
おっと危ない、筋違橋。
通り抜けする、源八橋。
米の相場は、堂島大橋。
苦労苦労で、白髪橋。
食い倒れたい、道頓堀橋。
お買い物には、戎橋。
二人で歩く、心斎橋。
夜明のコーヒー、桜宮橋。
今は駐車場、長堀橋。
近鉄乗りかえ、鶴橋で、
京阪乗りかえ、京橋から。
浪花教会、高麗橋。
最寄りの駅は、今橋。
修学旅行は、二重橋。
坊サン通る、播磨屋橋。
花魁通る、吉原小橋。
君の名を聞く、数寄屋橋。
好きや好きやの、三条小橋。
加茂の川原で日が暮れて、
鐘が鳴りますキンコンカン。
三途の川には橋がない。

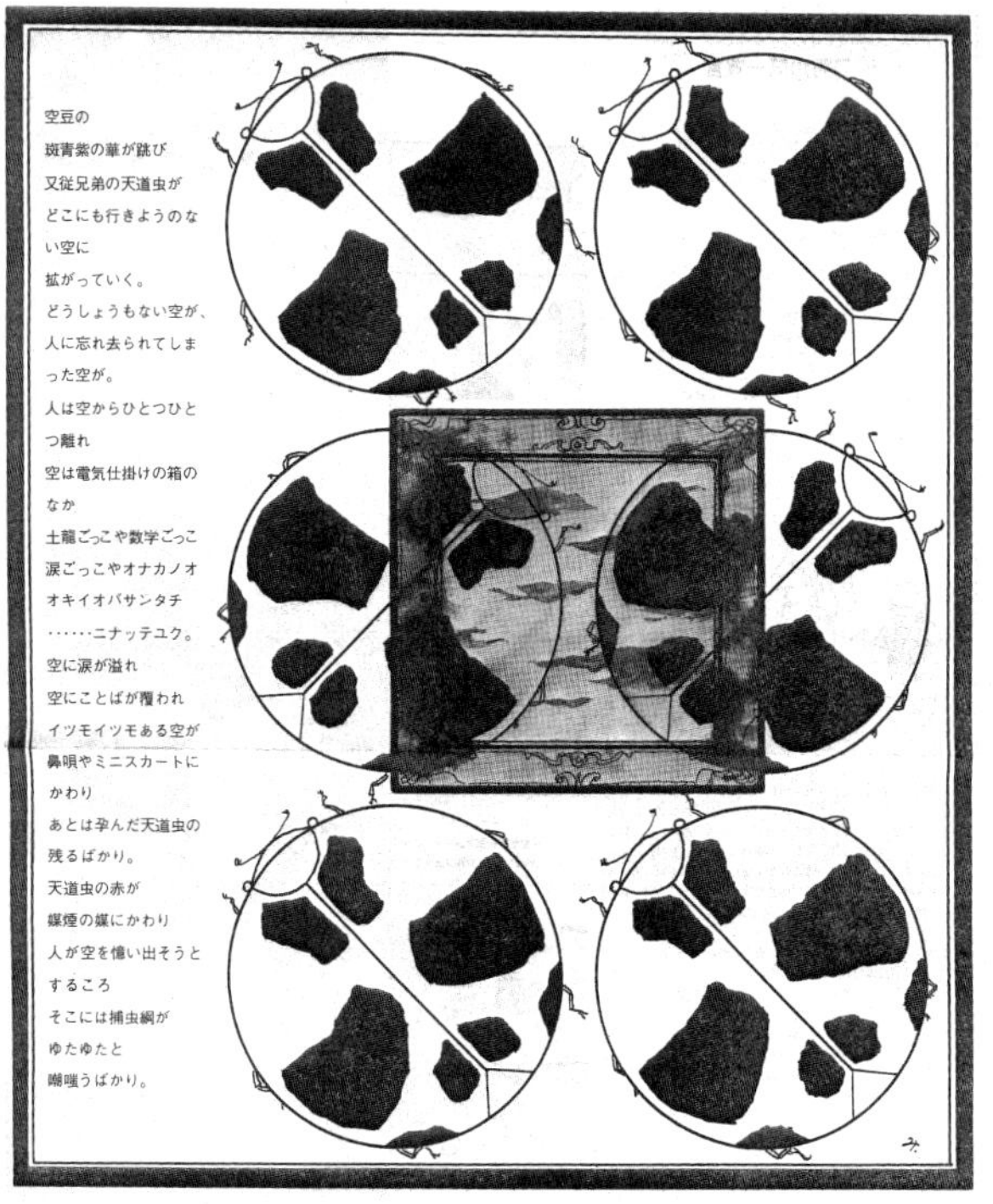

空豆の
斑青紫の華が跳び
又従兄弟の天道虫が
どこにも行きようのな
い空に
拡がっていく。
どうしようもない空が、
人に忘れ去られてしま
った空が。
人は空からひとつひと
つ離れ
空は電気仕掛けの箱の
なか
土龍ごっこや数学ごっこ
涙ごっこやオナカノオ
オキイオバサンタチ
……ニナッテユク。
空に涙が溢れ
空にことばが覆われ
イツモイツモある空が
鼻唄やミニスカートに
かわり
あとは孕んだ天道虫の
残るばかり。
天道虫の赤が
煤煙の蝶にかわり
人が空を憶い出そうと
するころ
そこには捕虫網が
ゆたゆたと
嘲嗤うばかり。

舞台空間

演劇開始第一宣言

演劇という観念をこれ以上汚しつづけてよいのだろうか
演劇は、現実と危険との魔術的で残酷な関係なしには価値がないはずなのだ
アントナン・アルトー（残酷の演劇・第一宣言）

今、果して僕らの<宣言>はあるのだろうか？
ある。

巷に流布されているもろもろの演劇論（を装ったもの）が、あるものは文学と演劇とを分け切る眼を持たないものであり、もうひとつのものは政治のプロパガンダにすぎないものであり、第三のものは政治と文学、あるいは政治か文学かなどという不毛な発想を演劇的に粉飾したにすぎないものであり、また第四のものは、およそ白痴的で意味をなさないものであり、等々—と言い切る時、そしてまた、それらの演劇論（を装ったもの）に対する怒りよりも、まさしく肉体的存在であるべき役者の群れが、それら演劇論（を装ったもの）に屈辱的に盲従しているという現状に激しい怒りを覚える時、僕らにはひとつの

1969.4/30→5/3
毎日文化ホール
（堂島　毎日会館11階）
サミュエル・ベケット作
<ゴドーを待ちながら>2幕

<宣言>を声高くあげる下地がすでに出来ているのだ。

それら演劇論（を装ったもの）が、<なぜ演劇なのか>、<なぜ演劇でなければならないのか>という根源的な問いかけを自らに果すという辛い作業を一切怠っているが故に、全て無効である、と言い切る時、それら演劇論（を装ったもの）によりかかることによってのみその存在を虚しく許されていたもろもろの演劇が、当然そうあるべく音を立てて崩れ去って行くのを、僕らは知っている。

それでは一体、<なぜ演劇なのか>と自らに問いかけて、その問いかけに答えるべき何ものがあるのか、と再び問う時、そこに役者の肉体がある、そこに舞台がある、と僕らは言おう。

演劇にとって、あまりにも自明の理である役者の肉体の存在と、その肉体が構築する世界を指して呼ぶところの舞台という存在。それにのみ僕らの作業のリアリティを保証するものを求めざるを得ないというのが、情況の中で僕らに果せられた負い目でもあるし、また情況の中で僕らこそが演劇を開始すると言い切れる特権でもある。

なぜなら、役者の肉体と、その肉体が構築する舞台の存在、というぎりぎりの最後の地点にまで引きさがることによって、僕らは、その実、はるか遠くまで歩んでしまっているからである。そのような逆説的作用をなさしめるものとして、役者の肉体と舞台とは存在している、ということを僕らは信じる。なぜ演劇なのか—という問いかけに対する、それが僕らの答えであり、当然また、僕らの出発点でもある。

だから、このぎりぎりの最後の地点を、そしてその実はるか遠くまで歩んでしまっているこの歩みを、僕らの<宣言>として、ここに確認する。

—1969年1月—

女王　くりかえしはいやよ。
鏡　じゃ、やっぱり人間ですね。

女王　（呪文）サラマンディール・ウンデーネ・ジルフェ・コボルト。
鏡よ、鏡、出ておいで。

第二宣言

開始されたものは持続されなければならない。創造にせよ破壊にせよ、行きつくところまで行きつかなければどうしようもないというところに僕らはいる。

僕らの存在を唯一保証してくれるものが<舞台>だとしても、そこに石塊がころがっているように都合よく<舞台>などというものが存在しているわけではない。

そこで僕らは<舞台>をでっち上げるためにせっせと幕をひき椅子を並べる。

椅子はあなたたちによって占められ、幕は合図と共に開けられるだろう。

しかし、椅子はあなたがそこに坐るためにばかりあるのではない。あなたがそこから立ち去るためにこそ椅子はあるのだ、としたらどうだろう。

幕は開けられるためにばかりあるのではない。幕は閉じられるためにこそあるのだ、としたらどうだろう。

それに第一、ぺらぺらの幕や、尻を痛ませる固い椅子などが、<舞台>を、つまり僕らの存在を保証するものでなんかあるはずがない。

一陣の風に幕はふっ飛び、椅子は飛び散るというのが本当のところではないか。しかし、幕をふき飛ばし、椅子を散乱させて、とらえようもなく遠くへ走り去った一陣の風の後に、まだ立ちつくすものがある。

ひきちぎられた衣裳とはげ落とされた化粧、奪い去られた科白を撒散らしてそこに立ちつくすもの、それが僕らの<肉体>なのだとしたら、僕らはまず、そこから出発する。

<肉体>からこそ全ては出発するのだという自負と、それにしてはあまりにも貧弱である己が肉体に対する激しい憎悪とがなくしては演劇などは始まらない。

<舞台>などというものも、このわずかばかりの肉体が占有する空間が、あるともないとも定かではない時間の中で、かすかに一瞬，<在る>と思われるものの謂はないか。その一瞬のためにこそ僕らの歩みの全てはある。

それは余りにも無益なことではないか、余りにも実りのないことではないか、という声がどこからかする。

しかし僕らは、益だとか実りだとかは初めからすててかかっているのだ。それだけの絶望と希望とがなくては、このような情況の中で、馬鹿らしくて<演劇>などにかかわりあってはおれぬだろう。

そのようにして僕らがやってきた作業、やりつつある作業を、あなたがつまらないと言うかおもしろいと言うか、本当のことを言えば、それはどうでもいいことなのだ。つまらない、とあなたが言えば、それはそのままあなた自身の作業へとはねかえっていく言葉になるだろうし、おもしろい、とあなたが言えば、僕らのやろうとしている作業とあなたのやろうとしている作業とが、遥かな彼方であれ、もしかすれば交叉することもあるのかもしれない、と思うだけだ。

いずれにせよ、僕らは僕らのこの肉体をのみひっさげて一歩ずつ歩んでいる。このような僕らの歩みが、もろもろのつまらぬ文化現象のうちでも最も悪い部分を占めている我が演劇界の、あれこれの演劇を、いつの日か打ち倒してしまうであろうか、あるいはまた力足らずぼろのようにくたばってしまうであろうか、それはあげつらいの好きな人種にまかせるとして、この歩みの中にこそ<劇>は始まりつつあるのだ、という自負だけは持ち続けていることを、あなたには言っておこう。

—1969年7月—

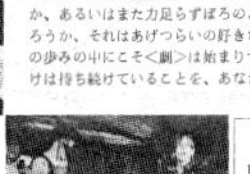

1969.8/7→10
大阪城公園ハンパク会場テント小屋
<白雪姫>
—呪われた玩具たちによる残酷劇—

鏡　あーあ、役目、役目、役目。つまり眠らないことが俺の役目。不眠症が俺の役目。不眠症のあなたを写し出す不眠症が、俺の役目。

衛兵　只今、10時5分まえ。
王　なに、10時5分まえだと。
女王　ええ、急がねば、あと5分であの方が。
衛兵　只今、10時10分まえ。

僕らはいかにあったか

例えば僕たちは半年ほど前に《ゴドーを待ちながら》というお芝居をやったのですが、それは六人が乗ればもういっぱいになってしまうといった小さなエレーベーターに乗って、ずっと上へ上へとのぼっていくと、もうそれ以上は行きようがないという、11階にある小さいホールでなのでした。それは細長い建物だったので、窓がひとつもないホールの中にとじこもっていても、いつも空の真中に放り出されて風にゆらゆら揺られているのだという感覚が忘れられないといった具合でした。そのホールといえばパイプで出来た椅子を二百も並べたらもう満員という広さなのですが、正面に設けられている小じんまりとした舞台をことさらに無視して、僕たちはホールの真中を縦に割ってそこを道路にしつらえたのです。客席はその道路をサンドウィッチのように向かい合わせに挟み込むという仕掛けです。だから高らかに鳴り渡るタンバリンの音と共にはじめての幕が開けられた時、舞台だとばかり思っていた幕の向こう側に、細長い道路をへだてて自分と同じような観客がずらっと並んで自分の方を向いて坐っているということがはじめてわかったあなたは、少々びっくりなさったはずです。これはちょっといたずらっぽい気持ちからその効果を狙ったのですけれども、あなたに観客としてのあなた自身の姿も一度見てもらいたいものだというのがその本心だったのです。一度ぐらいは客と客とが正面から向かい合うといったことがあっていいのではないでしょうか。それに第一、人間が蟹のように横にはいつくばって歩かねばならぬというあの舞台の持つなんとも言いようのない白々さを解消するには、こうするのが一番いいと思われたのです。

道路のほぼ中央あたりに天井からぶら下っている奇妙な形の物体をあなたは覚えておいででしょうか。ぐにゃぐにゃと曲がりくねった何とも形容のしようのないあのかたまりは、木だということが間もなく芝居の進行につれてわかってくるのですが、木は空から生えてくるのだ、というのが舞台装置を担当したO氏の意見だったのです。木は空から生えてくる、というのはなにかあやしげなムードを持ったことばですけれど、O氏がそう断言するのを聞いていると本当にそういう気になってくるというものです。空から下に向かって生えている木の下に細長く伸びているその道路こそが僕たちの舞台というわけでした。その道の一方の端ははじめから設けられている舞台の奥へと消えてゆき、もう一方の端はロビーへと伸びているはずなのでした。だからその道を通り過ぎるということは、舞台の奥の幕を割ってにゅっと姿を現わし、客と客との向かい合わせの真中を両側からの視線に挟まれながら歩いてゆき、ロビーへの扉を大きくバタンと押し開けて出て行くということだったのです。扉を両側に押し開けた途端、ロビーに置いてあるコカコーラの自動販売機のあざやかな赤がぱっとホールの中へ飛び込んできたのではなかったでしょうか。<田舎道>だと脚本に指定されてある空間をいくら田舎道らしくとりつくろってみたところで、それはあのコカコーラの赤色のあざやかさには到底かなわないというのは実はしごく当然の事なのです。それをどこかでみんな誤ってきているのです。垂れ幕をやたらに垂らしたり、うすっぺらい板にことさらに絵の具を塗りたくったりしてもっともらしい情景をこしらえあげているうちに、自分のまわりのホールの壁や天井や固い椅子、ロビーのコカコーラの赤いマーク、そこへ来るまでの狭っくるしいエレベーター、などというものの方が実ははるかに強固なものなのだということを忘れてしまうのです。まるで自分たちはこの場にいないかのような錯覚に陥ってしまうのです。しかしいったいこの場にいなくてどこにいるというのでしょう。僕たちの存在できるのはこの場を除いてほかにどこにもないなどということは、少し自分の肉体をさわってみればわかることではないでしょうか。だから僕たちはこの場をこの場らしくないように見せかけるといった演劇の常套手段を棄てて、この場を最もこの場たらしめるようにとり扱おうという方法をとったのです。僕らが演じた場所はフランスのどこかにある田舎道なんかではなかったのです。大阪の空の真中でいつもゆらゆら風に揺られている細長い建物の11階の小さいホール。それがあなたに見えてくれればそれでよい、というのが僕らの方針でした。だから幕切れ近くになって、がらがらという音をたてながらぬいぐるみのバナナのおばけみたいな月が天井からぶら下ってきた時、ああ あれは月ですわね、とあなたが思って下さる前に、まずそのがらがらという音と、そのぬいぐるみの月をぶら下げている一本のロープにあなたがとらわれて下さっても、それでよかったというわけです。

このお芝居をやるにあたって僕らは<演劇開始第一宣言>といういささか威勢の良い宣言文を発したのですけれど、それはちょうど年末から年始にかけてのあわただしい時期に急速に具体化していったグループ結成の動きの中で生まれてきたものでした。この宣言文は遅い冬の強風に載ってひろがり、その声に応じて馳せ参じた者たちによってあのお芝居はやられたのですがそのお芝居が済んで気がつくともう太陽は夏というわけでした。玄関の格子戸越しにうかがう外の明るさがまるで夢のように真白でその明るさを見ただけでもう身体中から吹き出てくる汗をほとばせながら僕たちは次のお芝居に取り組んでいました

《白雪姫—呪われた玩具たちによる残酷劇》というお芝居がそれだったのです。（つづく）　（藤野　勲）

またぎ越せ無能な河は

役者たちの自己否定は、己れのイメージと離婚することから始まる。

そして、己れが弱者を認識したときはじめて、憂愁の旅立ちにも似た心をもって歩みはじめるのである。過去が蓄積した、あまりにも茫大な幻想は、役者たちをがんじがらめに縛りつけ、不能にしてしまい、彼等はその幻想の渦の中で己れの肉体を見失ってしまったのである。

イメージは何処かへ捨ててしまおう。

イメージの具現、イメージと現実の往復——それは真の役者たちのなすべき作業ではない。そんなものは派手好みのパイプ老人にでも任せておけばいいのだ。そして、幻想は、イメージは、気軽にハイキングにでも出掛け、川の流れに落としてくればいい。そのとき、役者は水の流れの中に己れの指を感じるのだ。役者たちはまず、存るものを大切にしなければいけないのだから。

イメージを捨ててしまったその体で、役者たちは海をめざすとよい。役者たちは海へ出掛けるのだ。

倦怠と混沌の海への舟出には、役者たちの小さなみすぼらしい舟が相応しい。役者たちの貧弱な肉体の支配下にあるこの小さな舟に、果たして海はいかなる愛撫を加えるだろうか？

役者たちは何も持たずに出掛ける。お気に入りのイメージさえも、誇るべき方法も彼らは何処かに置いて来ちまった。誇るべき言葉の用意もなくしかも目的すら持ち合わせていないのだ

彼等の出発点は、月夜の便所での孤独から生まれたものでもなければ、壮絶な議論から湧き出たものでもない。

その舟出の瞬間にひとつの現実がスタートするのだ。

海の法則は役者たちをけっして暖かく迎えてはくれない。そんな第一現実がまず在るのだ。そんな海を、彼等は眺めることはせず、その中にどっぷりとつかり、身を任せてしまうのだ。

全体を客観する精神よりも、海は、部分となる姿勢を役者たちに強いるだろう。

彼等の航海、それは目的を持ったものでもなければ手段でもない。そして表現でもないのだ。

それは、海の中に漂うはっきりとしたひとつの核としてあるだけなのだ。

そして、その核の熾烈な海との戦いを見るとき、役者たちははじめて、己れの肉体の支配者となり、その貧弱な肉体を海に輝かすことができる。

（表題は天沢退二郎氏の詩より借用）　（松本雄吉）

ぼんやりと考えています。

　僕（たち）は、そのためには死んでもいいと思えるほどの、ひとつの〈物語り〉を熱っぽく求め続けていたのではないだろうか、と、そういえると思います。亀山孝治という脚本家が、顔に創った深い傷を白いホータイでぐるぐる巻きにして首都からこの街へ現れてきたとき、僕（たち）の〈物語り〉への渇望は、いっきょに、その充足へ向けて、雪崩れこんでいったのだ、とそう云えると思うのです。

　そして、それからの三年半（？）ほど、僕（たち）の語り継いできた〈物語り〉についてのことは、今、あらためて云うこともないでしょう。松本雄吉という役者体の、かなしく、やさしい肉体がその〈物語り〉を紡いでゆくのに絶対的に必要な一本の糸であったことは、全ての人が認めるところでしょう。いや誰が認めなくても、この僕が、それを認めている。〈肉体〉というものと、〈物語り〉というものと、その二つを一身にひきうけられる役者体というものを、僕はこれまで、松本雄吉以外の、誰にも見出したことはなかった。

　僕が、語りあげるべき〈物語り〉を何ひとつもてず、（中断）

〈略〉

六月二十七日（木）

〈一〇日目の、松本雄吉への私信の続き〉

〈神話〉とか〈伝説〉とかについて、ぼんやりと考えています。あの芝居づくりに向けての話を、〈ルーペ〉あたりでやっていた時に、ひとつの〈神話〉を創設したいのだ、と語ったのは亀山氏だったか、松本雄吉だったか。

〈神話〉が〈神話〉であるための、大いなる共同幻想、そういうものに、今、例えばこの僕は身をゆだねることができるのか。できないとしたら、果たして、それを拒んでいるものは何なのか。そんなことを考えてみるのです。

　ここらあたりに、松本雄吉という存在が、芝居にのめり込んでゆく生きざまと、例えばこの僕の芝居への関わり方との、大きな、そして決定的な相違点があるのだな、と思い知ります。

〈母親〉というひとつの存在の、肉体の（そして精神の）病いにのみかかずり合って暮してきたこの一年半ほどの時間の流れの中で、僕は大いなる幻を見るということは、なかった。生身の病んだ肉体ひとつと関わり合って生きるということが、要求する莫大なエネルギーが、そうすることを妨げていたのだとも、云えるでしょうが、しかし〈幻を見る〉ということは、本質的に、そういうことでもないのでしょうに。

　つまり、こういうことです。いつの日か、（そう遠くはない過去の、いつの日か）、俺は幻を見ずに生きてゆこう―と、決めてしまった瞬間があったのです。今となっては、一体それはいつ僕の上に訪れた瞬間であったのか、一向に定かではないのですけれど、そういう瞬間があったのだ、ということは、確かなようです。

藤野勲　ふじの・いさお
1945年生まれ。京都大学文学部卒。「劇団風波」、「演劇集団薔薇」結成の後、68年松本雄吉らと共に「舞台空間創造グループ」を結成。69年の旗揚げ公演『ゴドーを待ちながら』を演出、続けて『餓鬼餓鬼草紙』、『少年たちの二五二五年』（松本・脚本）などに脚本・演出家・役者として関わる。70年には解散し、新たに亀山孝治らをメンバーに加え、「劇団日本維新派」を旗揚げする。76年『黄昏の反乱』まで役者として出演。その後の「維新派」へと続く松本の演劇活動は、すべてこの藤野への手紙の8つの質問から始まったといえる。2014年12月30日、逝去。

【初出】「楽に寄す」1980年7月／竹馬の友社

松本雄吉略年譜
1946〜2016

取材・構成………安藤善隆＋石原基久＋吉永美和子

〈凡例〉
赤枠………演劇界の動き
灰色………時代の出来事
白枠………松本雄吉と維新派の動き

1945
広島、長崎に原爆が投下される。日本は終戦を迎えた。並木路子の『リンゴの唄』が大ヒット。

1946
10月
10日、熊本県天草郡本渡町〈現・熊本県天草市〉で出生。父方の実家は船大工で、島原湾の海岸沿いにあった造船所〈現・本渡港大矢崎緑地公園〉の一角で育つ。この頃、造船所で電気技師をしていた父が行方不明となり、そのまま消息を絶つ。その後、10歳以上歳の離れた兄・兆司が、東京の大学に進学した後、行方不明となる。

1946
ジャン＝ポール・サルトル作『恭しき娼婦』『墓場なき死者』上演。

1946
日本国憲法が公布される。長谷川町子が福岡の新聞「夕刊フクニチ」で『サザエさん』の連載開始。マイケル・カーティス『カサブランカ』公開。

生まれて間もない頃の松本雄吉

1947
7月
滝沢修、宇野重吉らが「民衆芸術劇場」〈現・劇団民藝〉結成。
8月
イギリス・エディンバラで「第1回エディンバラ国際フェスティバル」開催。
9月
フランス・アヴィニョンで「第1回アヴィニョン演劇祭」開催。
12月
テネシー・ウィリアムズ作『欲望という名の電車』上演。

1947
インフレで物価が上昇。ジョン・フォード『荒野の決闘』公開。斜陽族が出現。

1948
教育勅語が廃止される。大韓民国と朝鮮民主主義人民共和国が成立。ストリップが流行。

→［写真］川口和之………『足の裏から冥王まで』（1978年）

1949

2月

アーサー・ミラー作『セールスマンの死』上演。

10月

山本安英らが結成した「ぶどうの会」、木下順二作『夕鶴』上演。

11月

大野一雄、43歳にして初のリサイタル『大野一雄現代舞踊第一回公演』上演。土方巽がこの公演を観て、衝撃を受ける。

1950

5月

ウジェーヌ・イヨネスコ作『禿の女歌手』上演。

1952

10月

アガサ・クリスティ作『ねずみとり』上演。今もなおイギリスの［セント・マーティンズ・シアター］でロングラン上演中（2018年10月現在）。

1953

1月

サミュエル・ベケット作『ゴドーを待ちながら』上演。

7月

浅利慶太、日下武史らが「劇団四季」結成。

1953

4月

天草市立本渡北小学校入学。馬車から出る馬糞を拾うアルバイトをしていた。

この頃、母について書いた作文で全国作文コンクールの1等を受賞。NHKラジオで朗読を行い、全国で放送される。

1949

中華人民共和国と東西ドイツが成立。藤山一郎＆奈良光枝『青い山脈』がヒット。

1950

朝鮮戦争が勃発。ロベルト・ロッセリーニ『無防備都市』公開。美空ひばりの『東京キッド』がヒット。

1951

黒澤明『羅生門』がヴェネツィア国際映画祭で金獅子賞を受賞。力道山がデビュー。

1952

ラジオで「S盤アワー」「君の名は」が人気を博す。手塚治虫が「月刊少年」で『鉄腕アトム』連載開始。

1953

テレビ本放送が始まり、街頭テレビが登場。小津安二郎の『東京物語』公開。

4月
◎劇団俳優座、東京都港区に［俳優座劇場］をオープン。
5月
◎森塚敏、山岡久乃らが「劇団青年座」結成。
11月
◎「岸田國士戯曲賞」の前身となる「岸田演劇賞」（新潮社主催）開始。第1回は木下順二『風浪』、飯沢匡『二号――日本貞婦人』受賞。

1954

3月
◎テネシー・ウィリアムズ作『熱いトタン屋根の猫』上演。
10月
◎劇団青年座、三島由紀夫作『白蟻の巣』上演。三島が本作の脚本で、岸田演劇賞を受賞。
12月
◎白水社主催の第1回新劇戯曲賞〈現・岸田國士戯曲賞〉始まる。第1回は該当作なし。佳作が矢代静一『壁画』。

1955

◎大阪へ移住。大阪市此花区・四貫島にある、宮大工を営む母方の叔父の家に預けられ、母親とは離れて暮らす。四方を川に囲まれ、船上生活者も多かった土地での暮らしは、天草と共に松本の原風景となる。
4月
◎大阪市立四貫島小学校入学。
この頃、山川惣治の絵物語などを通じて、絵画に興味を持つ。

1954

小学生時代の松本雄吉
（前列より3列目、左から4人目の白いシャツの少年）

◎新しい“三種の神器”（白黒テレビ、洗濯機、冷蔵庫）という言葉が普及。マリリン・モンローが来日。木下恵介『二十四の瞳』公開。

1954

◎戦後日本の政党政治体制“55年体制”が確立。石原慎太郎が「文学界」に『太陽の季節』を発表。

1955

◎中平康『狂った果実』公開。石原裕次郎がスターに。太陽族が出現。

1956

◎フェデリコ・フェリーニ『道』、川島雄三『幕末太陽傳』公開。NHKで「きょうの料理」の放送が開始される。

1957

1960

3月

オーストラリア・アデレードで「第1回アデレード・フェスティバル・オブ・アーツ」開催。

4月

ハロルド・ピンター作『管理人』上演。

5月

文学座アトリエ公演で、『ゴドーを待ちながら』が日本で初めて上演される。

7月

劇団四季、寺山修司作『血は立ったまま眠っている』上演。

土方巽、初のリサイタル『土方巽DANCE EXPERIENCEの会』上演。

1958

6月

俳優座、安部公房作・千田是也演出『幽霊はここにいる』上演。

1959

5月

土方巽『禁色』上演。この公演から「暗黒舞踏」という呼称が生まれた。

9月

エドワード・オールビー作『動物園物語』西ドイツで上演。サミュエル・ベケット作『クラップの最後のテープ』初ドイツ公演との2本立てだった。

12月

モーリス・ベジャール振付『春の祭典』上演。

1961

1月

モーリス・ベジャールが結成した「20世紀バレエ団」、ベジャール振付『ボレロ』上演。

11月

別役実の処女戯曲『AとBと一人の女』が早稲田大学の劇団「自由舞台」で上演される。演出は鈴木忠志。

12月

新劇戯曲賞が新潮社主催の岸田演劇賞と合体し、「新劇」岸田戯曲賞に改称される（1979年に岸田國士戯曲賞と改称）。

中学生時代の松本雄吉（前列右から3人目）

1959

4月

精神病院の栄養士をしていた母と共に、大阪府布施市〈現・東大阪市〉で暮らし始める。布施市立第六中学校〈現・東大阪市立上小阪中学校〉入学。

友人と漫才コンビを組み、文化祭で披露する。松本は「大村崑」役だったという。

1958

ミッチー、フラフープ、ロカビリーがブームに。「チキンラーメン」が発売。ルイ・マル『死刑台のエレベーター』公開。

1960

新日米安全保障条約が調印される。カラーテレビの本放送が開始。大島渚の『青春残酷物語』公開。

1959

キューバ革命が勃発。三井三池争議が起こる。アンジェイ・ワイダ『灰とダイヤモンド』公開。「週刊少年サンデー」「週刊少年マガジン」創刊。

1961

坂本九『上を向いて歩こう』が大ヒット。日本アート・シアター・ギルド（ATG）が発足。NHK連続テレビ小説第1作『娘と私』が放送される。

1962

3月

鈴木忠志、別役実らが結成した新劇団「自由舞台」、旗揚げ作品として別役作・鈴木演出『象』上演。

10月

エドワード・オールビー作『ヴァージニア・ウルフなんかこわくない』上演。

1963

7月

唐十郎らが結成した「状況劇場」、旗揚げ作品としてジャン＝ポール・サルトル作『恭しき娼婦』上演。

9月

劇団俳優座、山崎正和作・千田是也演出『世阿弥』上演。山崎が本作で、「新劇」岸田戯曲賞を受賞。

1964

4月

状況劇場、唐の処女戯曲『24時53分「塔の下」行きは竹早町の駄菓子屋の前で待っている』上演。

7月

瓜生良介らが結成した「発見の会」、旗揚げ作品『新版《うらおもて》四谷怪談』上演（演劇座との合同公演）。

高校生時代の松本雄吉・美術部の仲間たちと（前列より二列目、左端）

高校生時代の松本雄吉（右端）

1962

4月

大阪府立布施高校入学。美術部に在籍。当時の顧問の影響で、美術集団「具体美術協会」に興味を持つ。

文化祭の美術部の出し物で、初めて脚本を書く。また、兄・兆司から、突然自宅に荷物が届いたのを最後に、完全に音信不通に。この消息不明の兄は、『**ノスタルジア**』など松本の作品の重要なモチーフとなる。

いつ頃かは不明だが、叔父が仕事をしていた寺の補修工事を手伝う。その作業を通じて、土木や建築にも興味を持ち始める。

1962

ボブ・ディランがデビュー。赤塚不二夫は「週刊少年サンデー」で『おそ松くん』の連載開始。「無責任時代」が流行語に。

1963

ケネディ大統領暗殺。NHK大河ドラマ第1作『花の生涯』、アニメ『鉄腕アトム』の放送が開始される。

1964

東京オリンピックが開催され、東海道新幹線（東京～新大阪）が開通。アラン・レネ『去年マリエンバードで』公開。青林堂の月刊漫画誌「ガロ」創刊。

1965

2月

- 状況劇場、街頭劇『ミシンとコウモリ傘の別離』上演。

3月

- ニール・サイモン作『おかしな二人』上演。

11月

- 劇団NLT＋紀伊國屋ホール提携公演で、三島由紀夫作『サド侯爵婦人』上演。

12月

- 状況劇場『ジョン・シルバー』上演。

1966

3月

- 鈴木忠志、別役実らが「早稲田小劇場」〈現・SCOT〉結成。

8月

- 笠井叡、『磔刑聖母』上演。

10月

- 佐藤信、斎藤燐、串田和美、吉田日出子らが「自由劇場」結成。
状況劇場『腰巻お仙 忘却篇』上演。

11月

- 早稲田小劇場『マッチ売りの少女』上演。別役実が本作と『赤い鳥の居る風景』の脚本で、翌々年「新劇」岸田戯曲賞を受賞。

1966

4月

- 大阪学芸大学学芸学部〈現・大阪教育大学教育学部〉入学。学芸専攻科で絵画を専攻するが、授業には一切出ず。校内にツリーハウスを作り、そこで住んだり、使用済みのタンポンを使った桜のオブジェを制作するなど、この頃から独創的な表現活動を行う。
- 具体美術協会の中心メンバーだった美術家・村上三郎の紙破りのパフォーマンスを観て、大きな衝撃を受ける。
- 学生運動が高揚しキャンパスで〝大学解体〟のスローガンが叫ばれる中、松本はひとりで校舎の一角をスコップで掘り続け、文字通りの〝大学解体〟を実践する。

1967

4月

- 寺山修司、九條映子、横尾忠則らが結成した「天井桟敷」、旗揚げ作品『青森県のせむし男』上演。主演は丸山明宏〈現・美輪明宏〉。

7月

- 東京都渋谷区に［渋谷ジァン・ジァン］オープン。

8月

- 状況劇場初の紅テント公演『腰巻お仙 義理人情いろはにほへと篇』、東京都新宿区の［花園神社］で上演。

9月

- 天井桟敷、再び丸山明宏を主演に迎え『毛皮のマリー』上演。

1965

- 「11PM」放送開始。伊丹一三〈後の伊丹十三〉が『ヨーロッパ退屈日記』を刊行。「話の特集」創刊。

1966

- ビートルズ初来日。山本リンダ『こまっちゃうナ』が大ヒットして流行語に。「ウルトラQ」「ウルトラマン」放送開始。大島渚『白昼の通り魔』公開。

1967

- フーテン族が出現。赤塚不二夫は「週刊少年マガジン」で『天才バカボン』連載開始。寺山修司が『書を捨てよ、町へ出よう』を刊行。

1968

2月
ギリヤーク尼ヶ崎、街頭パフォーマンスを始める。

3月
状況劇場『由比正雪—反面教師の巻』上演。

4月
自由劇場、発見の会、六月劇場によって、地方公演に向けた連絡組織「演劇センター 68」活動開始。

6月
状況劇場、花園神社から使用禁止の通告を受ける。大阪市南区〈現・中央区〉の日本キリスト教団・島之内教会での公演が［島之内小劇場］として始まる。

7月
太田省吾、品川徹らが「転形劇場」結成。
蜷川幸雄、石橋蓮司、蟹江敬三らが劇団「現代人劇場」結成。

9月
天井桟敷『書を捨てよ町へ出よう』上演。

10月
土方巽、ソロ作品『土方巽と日本人 肉体の叛乱』上演。

1968

11月
新たな表現活動を模索する中で、［京大西部講堂］を拠点に演劇活動を行っていた藤野勲に宛て、8ヶ条からなる質問状（P260）を送付。その直後に神戸で藤野と面会。

12月
藤野とともに、演劇や美術などの多ジャンルの表現者による集団「舞台空間創造グループ」結成。

1968

新宿騒乱。三億円事件。ザ・フォーク・クルセダーズの『帰って来たヨッパライ』が大ヒット。

1969

1月
状況劇場、紅テント公演『腰巻お仙　振袖火事の巻』を［新宿中央公園］でゲリラ上演。唐十郎、李礼仙〈現・李麗仙〉らが都市公園法違反で逮捕される。

4月
早稲田小劇場『劇的なるものをめぐってⅠ—ミーコの演劇教室』上演。

6月
天井桟敷、西ドイツ・フランクフルトで『犬神』上演。日本の現代演劇としては初のヨーロッパ公演を実現する。
「演劇センター 68」が「演劇センター 68 / 69」に改称。

8月
別役実、早稲田小劇場を退団。フリーの劇作家となる。

9月
現代人劇場、蜷川幸雄の演出家デビュー作『真情あふるる軽薄さ』上演。

10月
早稲田小劇場、鈴木忠志の演出で唐十郎作『少女仮面』上演。唐が本作で、翌年「新劇」岸田戯曲賞を受賞。
演劇センター 68 / 69、佐藤信作・演出『鼠小僧次郎吉』上演。佐藤が本作で、翌々年「新劇」岸田戯曲賞受賞。

12月
唐十郎、状況劇場『少女都市』公演に寺山修司から葬式用の花輪が送られてきたことを理由に、劇団員と共に天井桟敷に殴り込み。唐と寺山を含む9名が暴力行為で現行犯逮捕される。
サミュエル・ベケット、ノーベル文学賞を受賞。

1969

4月30日〜5月3日
舞台空間創造グループ旗揚げ公演『**ゴドーを待ちながら**』（大阪市北区・毎日文化ホール）上演。松本はエストラゴン役で出演。舞台で靴を食べる怪演をみせる。

8月7日〜11日
舞台空間創造グループ『**白雪姫—呪われた玩具たちによる残酷劇**』（大阪市東区〈現・中央区〉・大阪城公園「反戦のための万国博覧会」テント小屋）上演。松本は「鏡」の役で出演し、その演技が大きな反響を呼ぶ。

10月10日〜12日
舞台空間創造グループ『**E・イヨネスコ氏の授業による42番目のシーソーゲーム**』（大阪市東区〈現・中央区〉・日本基督教団浪花教会）上演。松本も出演する予定だったが、稽古中に椎間板ヘルニアを発症して降板。スタッフとして参加する。

12月16日〜18日
舞台空間創造グループ『**餓鬼餓鬼草紙**』（大阪市北区・毎日文化ホール）上演。藤野の初脚本作品で、松本は「幻の歌手」役で出演する。

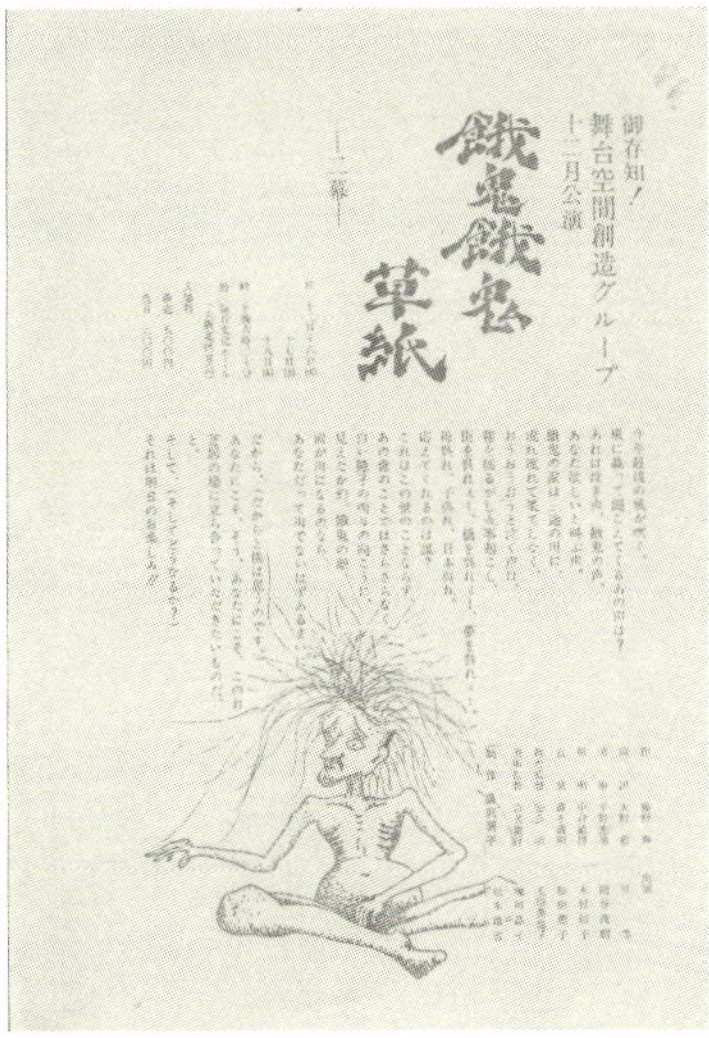

1969

東大闘争、安田講堂封鎖解除で終焉。いしだあゆみの『ブルー・ライト・ヨコハマ』がヒット。タウン誌「新宿プレイマップ」創刊。

1971

3月

演劇センター68／70、「68／71黒色テント」に改称。5月より旅公演を本格的に開始。

4月

天井桟敷、『邪宗門』『人力飛行機ソロモン』で、フランス・ナンシーの「ナンシー国際演劇祭」を始め、ヨーロッパ各地を巡演。『邪宗門』が、ユーゴスラビア〈現・セルビア〉・ベオグラードの「ベオグラード国際演劇祭」でグランプリを受賞。

状況劇場『吸血姫』上演。

笠井叡、「天使館」設立。

5月

山崎哲らが結成した劇団「つんぼさじき」、旗揚げ公演『黄色い涙のマリアの物語』上演。

9月

テアトル・エコー、井上ひさし作『道元の冒険』上演。井上が本作で、翌年「新劇」岸田戯曲賞を受賞。

10月

現代人劇場、解散。

1970

5月

早稲田小劇場『劇的なるものをめぐってII—白石加代子ショウ』上演。

8月

状況劇場『愛の乞食』上演。

10月

「演劇センター68／70」(「演劇センター68／69」から改称)、『翼を燃やす天使たちの舞踏』で、初の黒テント公演を行う。

土方巽燔犠大踏艦・幻獣社連続公演『ギバサ』上演。

11月

天井桟敷、市街劇『人力飛行機ソロモン』上演。

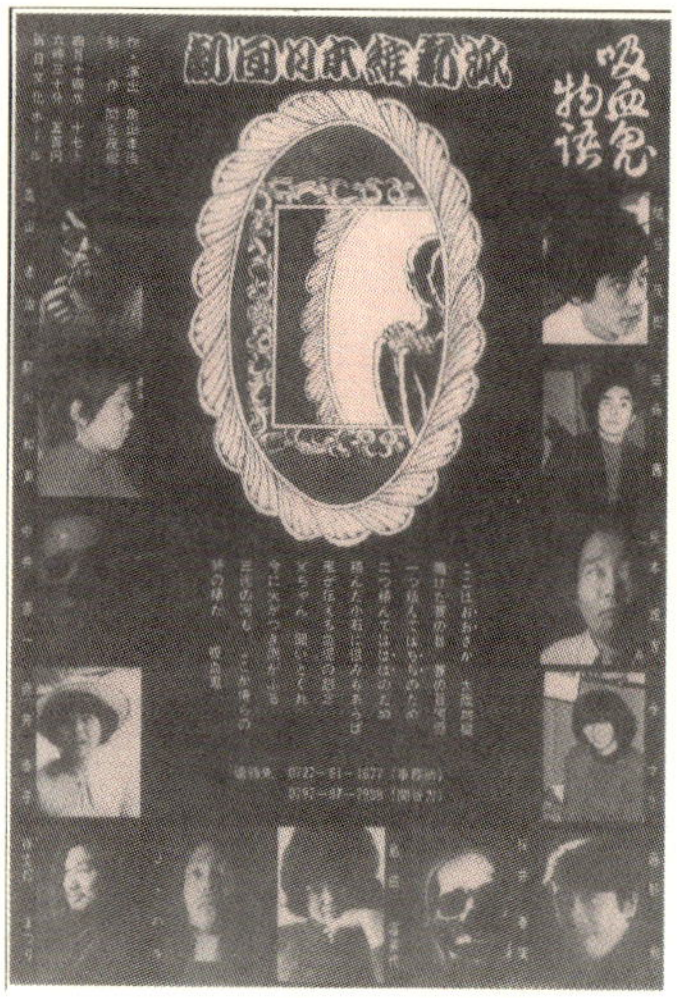

1970

1月

舞台空間創造グループ『**幻想500マイル**』(神戸市灘区・神戸大学学生会館大ホール)上演。松本が本格的な舞台の脚本を書き下ろした、初の公演となる。

「京都イベント'70　誘拐」を、何回かにわたって実施。松本ら舞台空間創造グループのメンバーが京都市内各所でゲリラパフォーマンス。写真家・高島健三がその模様を撮影。

2月

アルバイトのために滞在していた静岡で、舞台空間創造グループの声明文「第三宣言」を、第一・第二を執筆した藤野に代わって起草。

大阪の映像制作会社「ムービースタジオ・グラフィック」に就職。TVやCFの企画・制作を行う(～退社年月不明)。

7月

舞台空間創造グループ『**少年たちの二五二五年**』(7／9～14大阪市天王寺区・天王寺野外音楽堂、7／日不明　兵庫県芦屋市・ルナ・ホール)上演。松本が再び脚本を担当。少年たちが主人公だったり、歌が多用されたりと、本作は90年代以降の作風との相似がうかがえる。朝日新聞や毎日新聞などに劇評が掲載される。

秋頃

東京で活動していた演出家・亀山孝治と出会ったのをきっかけに、より集団性を意識した〝劇団〟としての活動を指向するようになる。

11月(日不明)

舞台空間創造グループを解消し、亀山、藤野らと「劇団日本維新派」結成。舞台空間創造グループの総決算と、日本維新派のお披露目を兼ねて、阪急三宮駅コンコースでハプニング劇『**耳無法市**』を上演。

12月(日不明)

役者が山の中を全裸で走り回り、観客は好きな所に座ってそれを目撃するという趣向の日本維新派のイベント『**魔女裁判**』(兵庫県西宮市・蓬莱峡)開催。

1971

1月1日

劇団日本維新派のイベント『**密儀事始**』(大阪市北区・梅田陸橋)開催。晴れ着姿の人々が行き交う元旦の陸橋の上で、俳優たちが喪服に身を包み、葬列を作った。

4月14日～17日

劇団日本維新派旗揚げ公演『**吸血鬼物語**』(大阪市北区・毎日文化ホール)上演。4つの棺桶を主役にした芝居で、亀山が作・演出。

5月(日不明)

劇団日本維新派『**マリリンモンローノーリターン**』(大阪市東区〈現・中央区〉・國民會館)上演。〝ビート詩人〟支路遺耕治〈後の川井清澄〉が構成を手がける。

6月

劇団日本維新派『**帝都鉄道・暁風の巻**』(6／2・3神戸市東灘区・甲南大学、6／5大阪府池田市・大阪教育大学池田分校、6／6大阪市南区〈現・中央区〉・喫茶アンファン、6／8・9京都市左京区・京大西部講堂、6／11～15大阪府東大阪市・アンダーグラウンドシアター怨闇、6／17奈良市・奈良教育大学、6／22神戸市灘区・神戸大学、6／23大阪市天王寺区・大阪教育大学天王寺分校〈現・天王寺キャンパス〉)上演。松本は主役の放火少年役で出演し、美術も担当する。

9月～10月

劇団日本維新派『**帝都鉄道第二弾・娯童嬲唄殺**』(9／25～27大阪市南区〈現・中央区〉・心斎橋ヒロタビル、10／6・7京都市西京区・京都市立芸術大学、11／3大阪府東大阪市・近畿大学、11／4和歌山市・和歌山大学)上演。大阪・ミナミを舞台にした、オカマの姉御たちをめぐる物語。

冬頃

大阪府堺市の南海高野線萩原天神駅近辺の空地に建てられた、劇団稽古場の設計・建設作業を担当。40坪の稽古場に2段ベッド付きの2階を設け、宿泊を可能にした。

日本にマクドナルド1号店がオープン。「スター誕生！」放送開始。日活ロマンポルノがスタート。

1971

日本万国博覧会(大阪万博)が開催。赤軍派によるよど号ハイジャック事件発生。はっぴいえんどが『はっぴいえんど』をリリース。「an・an」創刊。三島由紀夫が割腹自決。

1970

1972

2月

蜷川幸雄、清水邦夫、石橋蓮司らが「櫻社」結成。

3月

状況劇場『二都物語』韓国公演で、初の海外公演を実現。

9月

元状況劇場の麿赤児〈現・麿赤兒〉が結成した「大駱駝艦」、『大駱駝艦 天賦典式旗揚げ公演～DANCE桃杏マシン』上演。

名古屋市中区に［七ツ寺共同スタジオ］オープン。

10月

櫻社、清水邦夫作・蜷川幸雄演出『ぼくらが非情の大河をくだるとき』上演。清水が本作の脚本で、翌々年「新劇」岸田戯曲賞を受賞。

1972

2月22日～28日

劇団日本維新派『**忍びてこそ恋の新撰組**』（大阪市生野区・源ヶ橋演芸場）上演。にぎやかなチャンバラ活劇で、松本は丹下左膳役で出演。刀の鞘を股に突っ込んで猥褻行為を行うというパフォーマンスを見せる。公演中にあさま山荘事件が起こり、役者たちは楽屋のTVに釘づけになったという。

6月～7月

劇団日本維新派『**さよなら一族**』（6／24・25大阪府東大阪市・アンダーグラウンドシアター怨闇、6／27・28京都市左京区・京大西部講堂、7／1・2神戸市北区・シアターSETT・IN）上演。白藤茜が脚本を担当。

9月

劇団日本維新派『**荒野の土掘るマン**』が、本番直前で公演中止に。

11月23日～29日

劇団日本維新派『**命にかへたる男ぢゃもの**』（大阪市生野区・源ヶ橋演芸場）上演。井原西鶴『好色五人女』を元にした人情活劇で、松本の演出デビュー作となる。

1973

1月

安部公房、仲代達矢らが「安部公房スタジオ」結成。

3月

状況劇場『ベンガルの虎 白骨街道魔伝』上演。後にバングラデシュ公演を実現。

5月

東京都渋谷区に［西武劇場］〈現・PARCO劇場〉オープン。

櫻社、唐十郎作・蜷川幸雄演出『盲導犬』上演。

6月

劇団暫、つかこうへい作・演出『初級革命講座 飛龍伝』上演。

7月

天井桟敷、街頭演劇『地球空洞説』上演。

翠羅臼らが結成した「曲馬舘」、旗揚げ公演『贋作・荒野のダッチワイフ』上演。

10月

櫻社『泣かないのか？ 泣かないのか1973年のために？』上演。

11月

文学座アトリエ公演、つかこうへい作『熱海殺人事件』上演。つかが本作で、翌年「新劇」岸田戯曲賞を受賞。

秋頃

ピナ・バウシュ、西ドイツ・ヴッパタールの「ヴッパタール舞踊団」芸術監督に就任。

1973

1年間沈黙。それにともない、劇団日本維新派自体も活動を休止する。この期間中に、舞台空間創造グループ時代から活動を共にした藤野勲が劇団日本維新派を退団。

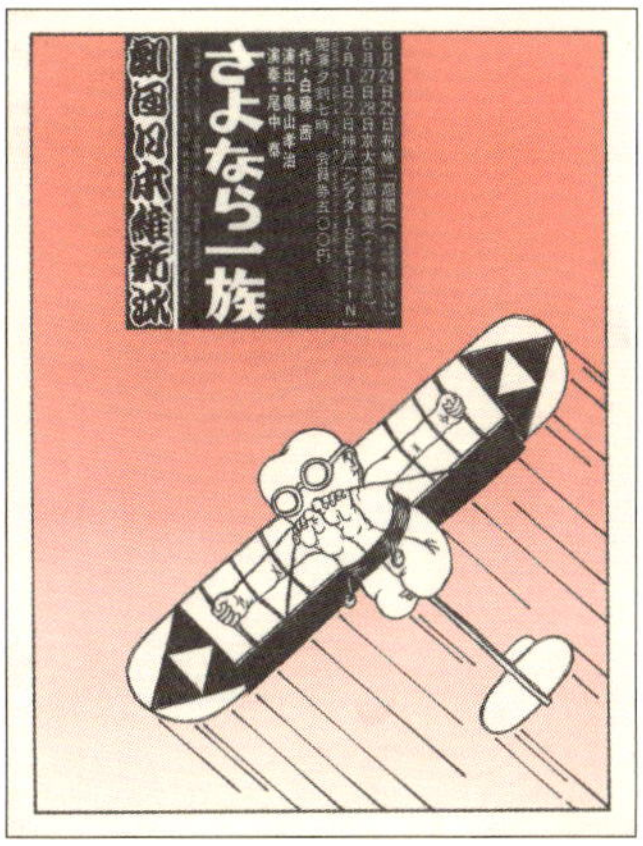

大村泰久（おおむら・やすひさ）

1940年生まれ。松本雄吉の高校・大学の先輩にあたり、松本とともに舞台空間創造グループ～日本維新派の創立に参加。デザイナー、イラストレーターとして維新派の宣伝美術を担った（P4・54～56・257・289）。

1972

連合赤軍によるあさま山荘事件。沖縄返還。田中角栄の『日本列島改造論』が発表される。フランシス・フォード・コッポラ『ゴッドファーザー』公開。

1973

ベトナム和平協定が調印。オイルショックが発生。深作欣二『仁義なき戦い』公開。荒井由実が『ひこうき雲』リリース。

1974

4月

◎状況劇場『唐版・風の又三郎』上演。後に『パレスチナの風の又三郎』のタイトルで、レバノン、シリアの難民キャンプで海外公演を行う。

5月

◎蜷川幸雄、『ロミオとジュリエット』演出で本格的に商業演劇に進出。それにより周囲の反感を買い、3ヶ月後に櫻社を解散する。

8月

◎宝塚歌劇団月組『ベルサイユのばら』上演。日本中に「ベルばら」ブームを起こす。

◎つかこうへい、「劇団つかこうへい事務所」活動開始。『飛龍伝・そしてカラス』上演。

10月

◎土方巽、［シアター・アスベスト館］落成記念公演を行う。

1975

3月

◎ヴッパタール舞踊団、ピナ・バウシュ振付『春の祭典』上演。

4月

◎天井桟敷、30時間市街劇『ノック』を東京都杉並区阿佐ヶ谷一帯で上演。一般市民の通報により、公演中に警察が出動する騒ぎとなる。

◎つかこうへい事務所『ストリッパー物語』上演。

5月

◎タデウシュ・カントール演出『死の教室』上演。

◎大駱駝艦『蘭鋳神戯』上演。

10月

◎転形劇場、『飢餓の祭り』でポーランド公演を行う。

11月

◎木野花、芹川藍らが結成した「劇団青い鳥」、旗揚げ作品『美しい雲のある幕の前』上演。

1974

◎大阪府池田市の阪急石橋駅近辺で、おにぎり屋を開業。（開店～閉店時期は不明）

春頃

◎亀山孝治が日本維新派を退団したため、以後松本が劇団の中心的な存在となる。

6月15日～17日

◎劇団日本維新派『**あまてらす**』（大阪市天王寺区・天王寺野外音楽堂／巨大ビニールドームシアター）上演。松本が初めて作・演出の両方を担当。＊維新派としては、天王寺野外音楽堂での最初の公演となる。

＊これ以降、特に記述のないものは、すべて松本雄吉が作・演出を担当。

1975

4月12日～20日

◎劇団日本維新派『**百頭女**』（大阪市阿倍野区・阿倍野センタービル芸術センター）上演。出演者全員が老婆に扮し、モノクロの画集をめくっていくような、絵画性の強い世界を作り上げる。タイトルはマックス・エルンストの画集から引用。

6月

◎京大西部講堂で上演された、大駱駝艦『蘭鋳神戯』を観て「人間が物に隷属し、物に成る楽しみ」（松本談）に衝撃を受ける。

◎瓜生良介が率いた「発見の会」の『味覚革命論序説』上映と同時上演されたコント『アクション料理教室』に日本維新派が友情出演。（6／23・24大阪市南区〈現・中央区〉・日本キリスト教団島之内教会）

10月31日～11月3日

◎劇団日本維新派『**足の裏から冥王まで**』（大阪市旭区・大阪工業大学裏淀川河川敷／土と水による円環劇場）上演。円形の野外劇場の真ん中に客席を作り、その周囲で200人近い出演者が芝居をするという、大規模なプロジェクトとなる。

12月28日～1976年1月5日

◎劇団日本維新派『**剣儀**』（大阪市北区・大阪フリースペース無減社）上演。ビルの一室に2トン近い土を運び入れ、泥にまみれながらパフォーマンスを展開。「役者から余計なモノを剥ぎ取り、純粋存在になるための儀式」という本作のコンセプトは、ここからしばらくの間、松本のテーマとなる。

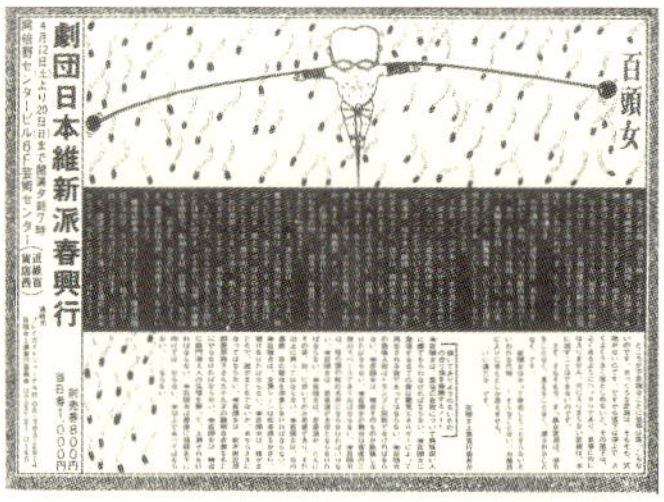

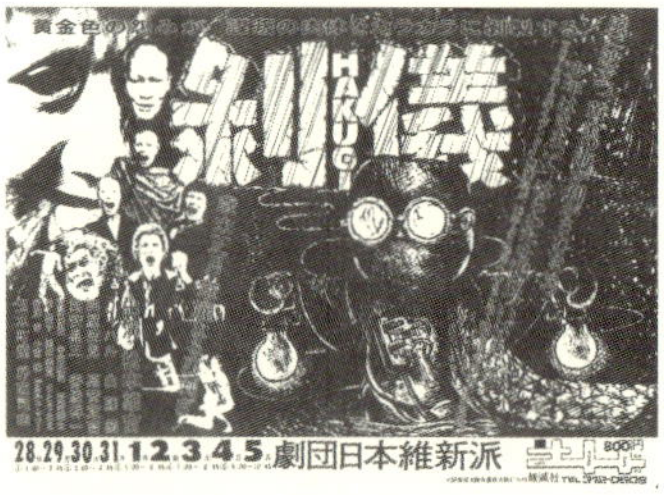

◎東京国立博物館「モナ・リザ展」に150万人が集まる。アニメ『宇宙戦艦ヤマト』放送開始。ウイリアム・フリードキン『エクソシスト』、ジョージ・ルーカス『アメリカン・グラフティ』公開。

1974

◎スティーヴン・スピルバーグ『JAWS／ジョーズ』公開。ダウン・タウン・ブギウギ・バンドの『港のヨーコ・ヨコハマ・ヨコスカ』がヒット。

1975

1976

5月

野田秀樹らが結成した「劇団夢の遊眠社」、旗揚げ作品『咲かぬ咲かんの桜吹雪は咲き行くほどに咲き立ちて明け暮れないの物語』上演。

8月

早稲田小劇場、富山県東礪波郡利賀村〈現・南砺市〉に拠点を移し、稽古場兼劇場［利賀山房］を開設する。

12月

石橋蓮司、緑魔子が結成した「劇団第七病棟」、旗揚げ作品として唐十郎作・佐藤信演出『ハーメルンの鼠』上演。

柄本明、綾田俊樹らが結成した「劇団東京乾電池」、旗揚げ作品『花絵巻　江戸のずっこけ』上演。

1977

1月

転形劇場、矢来能楽堂にて『小町風伝』上演。太田省吾が本作で、翌年「新劇」岸田戯曲賞を受賞。

2月

PARCO西武劇場プロデュース公演、寺山修司作・演出『中国の不思議な役人』上演。

4月

天児牛大、処女リサイタル『アマガツ頌』上演。

11月

大野一雄、土方巽演出『ラ・アルヘンチーナ頌』上演。

12月

オンシアター自由劇場『もっと泣いてよフラッパー』上演。

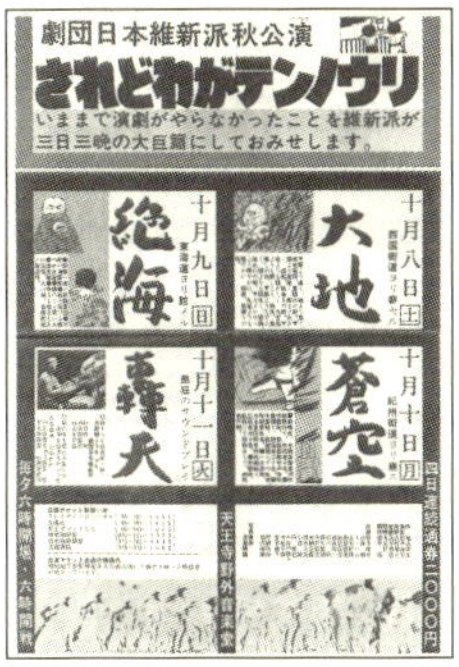

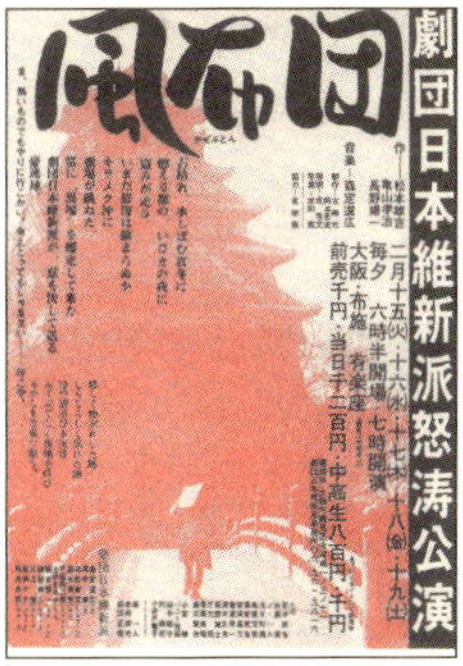

1976

6月13日～16日

劇団日本維新派『**黄昏の反乱**』（大阪市天王寺区・天王寺野外音楽堂／百坪の波打つ舞台）上演。「少年」「少女」「妊婦」「娼婦」の剝製をめぐる物語。上演中に舞台を支える丸太を抜き、役者が演技を続けるのが困難な状況をあえて作り上げた。脚本は南孝治、演出は長野揚一（玉水町煙）で、松本は出演し、制作も担当。

9月22日・23日

劇団日本維新派内のユニット「熱血派怒涛兄弟」第1期公演『**血・血・血**』（9／22神戸市中央区・道化座のいえスタジオ〈現在は灘区に移転〉、9／23大阪府東大阪市・バルバラ）に役者として参加。

10月11日

劇団日本維新派『**溶ける旅**』（岡山県倉敷市・川崎医科大学）上演。長野揚一のオリジナル作品。

11月4日～6日

劇団日本維新派『**海の聖獣**』（兵庫県西宮市・関西学院大学中庭）上演。空海『秘密曼荼羅十住心論』を元にした創造神話。

1977

2月15日～19日

劇団日本維新派『**風布団**』（大阪府東大阪市・布施有楽座）上演。この頃より、登場人物たちの人称や主体を曖昧にしたり、会話ではなく単語の羅列で台詞を構成するなど、作劇に変化が表れ始める。

4月23日・24日

劇団日本維新派『**とにかく、あの人のあかんたれになりたくて**』（京都市左京区・京大西部講堂）上演。

5月8日～27日

劇団日本維新派『**あぶりだし**』（5／8大阪府枚方市・らいぶはうす無名、5／14神戸市中央区・神東珈琲館、5／22奈良市・奈良女子大学旧体育館、5／27和歌山市・和歌山大学近隣野外、5／29大阪市北区・茶店オメガ）上演。

7月1日・2日

劇団日本維新派『**とにかく、あの人のあかんたれになりたくて**』（東京都新宿区・四谷公会堂〈現・四谷区民ホール〉）で、初の東京公演を実現。公演を観に来た寺山修司が「プレイガイドジャーナル」のインタビューに答え、コンセプトや演出に対して好意的な言葉を寄せる。

10月8日～11日

劇団日本維新派『**されどわがテンノウリ**』（大阪市天王寺区・天王寺野外音楽堂／巨大滑り台舞台）上演。パチンコ台を模した斜め舞台を作り、一日ごとに床板を剝がして美術を変化させていった。

1976

ロッキード事件発覚。アップル・コンピューター設立。長谷川和彦『青春の殺人者』公開。村上龍の『限りなく透明に近いブルー』が芥川賞を受賞。

1977

日本人の平均寿命が世界一に。大林宣彦『HOUSE ハウス』、アンドレイ・タルコフスキー『惑星ソラリス』公開。

1978

1月

◎天井桟敷『奴婢訓』上演。

2月

◎蜷川幸雄演出『王女メディア』上演。

5月

◎つみつくろう〈現・辰巳琢郎〉らが「劇団卒塔婆小町」〈現・劇団そとばこまち〉結成。

◎ピナ・バウシュ『カフェ・ミュラー』上演。

6月

◎天井桟敷『身毒丸』上演。

7月

◎大阪市北区に［オレンジルーム］〈現・HEP HALL〉オープン。

11月

◎山海塾『金柑少年』上演。

1979

1月

◎オンシアター自由劇場『上海バンスキング』上演。斎藤憐が本作で、翌年岸田國士戯曲賞を受賞。

◎ハイナー・ミュラー作『ハムレットマシーン』上演。

2月

◎渡辺えり子〈現・渡辺えり〉、もたいまさこらが結成した「劇団2〇〇」〈後に劇団3〇〇、1997年解散〉、旗揚げ作品『モスラ』上演。

5月

◎天井桟敷『レミング』上演。

8月

◎つかこうへい事務所『広島に原爆を落とす日』『いつも心に太陽を』上演。

9月

◎劇団四季『コーラスライン』上演。

12月

◎北村想の「T・P・O師★団」、『寿歌』上演。

1978

5月31日

◎劇団日本維新派『**ナウマン象の小便**』（大阪市北区・天満演舞場）上演。

7月

◎劇団日本維新派『**大風呂敷**』（7／8・9大阪市北区・茶店オメガ、7／16・23大阪府東大阪市・バルバラ）上演。この頃から「パフォーマンスの本質がわかる役者であれば、〝個〟としての肉体や役者性は必要ない」という考えに至り、一度劇団を解体する。

9月

◎一部の役者たちと「劇団日本維新派」を再出発。この頃、ストリップショーのチーム「ダン松本と愛の家族」を結成。芸術とは異なる身体表現を考察するのと、公演の資金稼ぎを兼ねて、全国で巡業を行う。

11月17日〜19日

◎劇団日本維新派『**足の裏から冥王まで**』（大阪市天王寺区・天王寺野外音楽堂／雪と火山の劇場）上演。75年の同名作品とは異なる新作。そのため『**続・足の裏から冥王まで**』とも呼ばれる。役者が一升瓶いっぱいの水を一気飲みして嘔吐したり、高い足場から役者が逆さ吊りになるなどの激しいシーンの数々を、雪の舞い散る広場の中でコラージュのように並べる。

12月

◎大阪市北区で、オーナーを務める居酒屋［三姉妹］を開店（閉店時期は不明）。

12月27日

◎劇団日本維新派『**闇の象**』（京都市下京区・ライブハウス磔磔）上演。

1978年11月『足の裏から冥王まで』
写真・川口和之

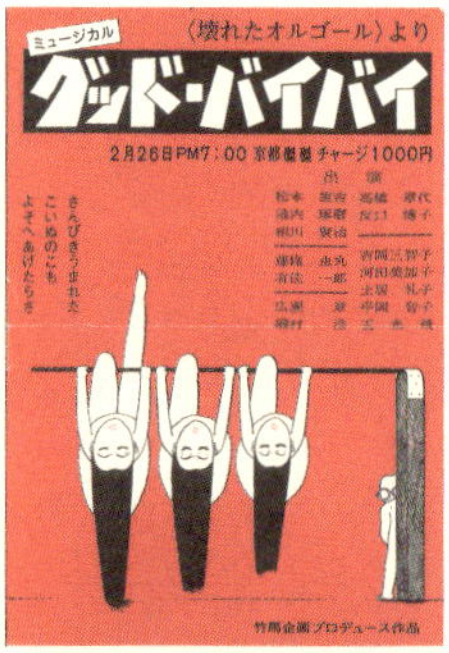

1979

2月26日

◎劇団日本維新派『**グッド・バイバイ**』（京都市下京区・ライブハウス磔磔）上演。客席の前で脱糞して、それを顔になすりつけた上に食べるというパフォーマンスを披露し、観客の度肝を抜く。

6月26日〜28日

◎劇団日本維新派『**誘天の族**』（大阪市天王寺区・天王寺野外音楽堂）上演。「裏の歴史の一族の系図」をコンセプトにしたパフォーマンス。松本は「背中で歩く」ことに挑戦したが、毎日背中にめり込んだ砂をピンセットで取ってもらうほど過酷なものだったという。

11月

◎『**続・足の裏から冥王まで**』の公演や、ストリップ巡業の模様を収録したドキュメンタリー映画『**足乃裏から冥王まで**』（監督・井筒和生〈現・井筒和幸〉）が公開される。

1978

◎ジョージ・ルーカス『スター・ウォーズ』、ウディ・アレン『アニー・ホール』、ジョン・バダム『サタデー・ナイト・フィーバー』公開。

1979

◎ポータブルオーディオプレーヤー「WALKMAN」が発売。インベーダーゲームが大ヒット。ジョージ・A・ロメロ『ゾンビ』公開。村上春樹は『風の歌を聴け』で群像新人文学賞受賞。

1980

4月

山海塾、パリ公演を皮切りに初のワールド・ツアー。

7月

元劇団「つんぼさじき」の山崎哲らが結成した「転位・21」、旗揚げ作品『うお傳説―立教大助教授教え子殺人事件―』上演。

10月

内藤裕敬らが結成した「南河内万歳一座」、旗揚げ作品として唐十郎作『蛇姫様』上演。

11月

つかこうへい事務所『蒲田行進曲』（『いつも心に太陽を』『熱海殺人事件』と3部作として）上演。

いのうえひでのりらが結成した「劇団☆新感線」、旗揚げ作品『熱海殺人事件'81～野獣死すべし』上演。

竹内銃一郎らが結成した「劇団秘法零番館」、旗揚げ作品『あの大鴉、さえも』上演。竹内は本作で、翌年岸田國士戯曲賞を受賞。

1981

1月

大野一雄、土方巽演出『わたしのお母さん』上演。

2月

転位・21『漂流家族―イエスの方舟事件』上演。山崎哲が本作と『うお傳説』で、翌年岸田國士戯曲賞を受賞。

西武劇場プロデュースで、唐十郎作・蜷川幸雄演出・渡辺謙出演『下谷万年町物語』上演。

3月

東京都世田谷区に［ザ・スズナリ］オープン。

T・P・O師★団解散。北村想は11月に、「劇団彗星'86」結成。

5月

鴻上尚史、大高洋夫らが結成した「第三舞台」、旗揚げ作品『朝日のような夕日をつれて』上演。

10月

劇団夢の遊眠社『ゼンダ城の虜』上演。

1980

12月20日～22日

劇団日本維新派『**昼間よく通る近所の道**』（大阪市天王寺区・天王寺野外音楽堂／六階建て路地風景の劇場）上演。野外に奈落を作ったり、コンクリートミキサーを使った回転舞台を作るなど、ここまでの野外表現の集大成と言えるほど、様々な要素を詰め込んだ作品となる。

1981

1月

大阪府堺市・浅香山の工場跡地に、稽古場兼劇場［化身塾］を開設。劇団員たちと共同生活をおくりながら「人間の体の源郷に帰る」ための体作りに没頭する。

1980

イラン・イラク戦争が勃発。東京原宿の竹の子族が話題に。「BRUTUS」が創刊。大森一樹『ヒポクラテスたち』公開。

1981

寺尾聰の『ルビーの指環』が大ヒット。なめ猫ブームに沸く。前年に文藝賞を受賞した田中康夫の『なんとなくクリスタル』が発売。デヴィッド・リンチ『エレファント・マン』公開。

1981年1月　化身塾での松本雄吉
写真・北川幸三

1983

3月

- 如月小春が結成した「NOISE」、旗揚げ作品『DOLL』上演。
- 三谷幸喜、西村雅彦〈現・西村まさ彦〉、梶原善らが結成した「東京サンシャインボーイズ」、旗揚げ作品『6ペンスの唄』上演。

5月

- 寺山修司、敗血症で死去。享年47。
- ローザス『ローザス・ダンス・ローザス』上演。

6月

- 金満里〈現・金滿里〉らが結成した「劇団態変」、旗揚げ作品『色は臭へど』上演。
- 平田オリザらが結成した「青年団」、旗揚げ作品『海神ポセイドン』上演。
- 坂手洋二らが結成した「燐光群」、旗揚げ作品『黄色犬 紅蓮旗篇』上演。

7月

- 演劇実験室・天井桟敷解散。後にJ・A・シーザーら、元劇団員たちを中心に「演劇実験室◉万有引力」が結成される。
- 劇団彗星'86『十一人の少年』上演。北村想が本作で、翌年岸田國士戯曲賞を受賞。

1982

2月

- ［オレンジルーム］が主催する「オレンジ演劇祭」開始（第1回目の名称のみ「オレンジルーム演劇祭」）。第1回目には劇団☆新感線や劇団そとばこまちなどが参加。
- 山海塾、パリ市立劇場に拠点を移してから初となる作品『縄文頌』上演。

3月

- 天野天街らが結成した「少年王者」〈現・少年王者舘〉が、旗揚げ作品『月光遠方通信』上演。

7月

- 大駱駝艦『海印の馬』をアメリカ、フランスで上演。世界の「BUTOU」ブームの火付け役となる。
- 富山県利賀村で、日本初となる世界演劇祭「第1回利賀フェスティバル」開催。

10月

- 夢の遊眠社『野獣降臨《のけものきたりて》』上演。野田秀樹が本作で、翌年岸田國士戯曲賞を渡辺えり子『ゲゲゲのげ』、山元清多『比野置ジャンバラヤ』と同時受賞。

11月

- 東京都世田谷区に［本多劇場］オープン。こけら落とし公演は、唐十郎作・演出『秘密の花園』。

1982

5月22日・23日、28日～30日

- 化身塾饗演・連続公演第1回『**なずな式**』（大阪府堺市・化身塾稽古場）上演。この公演を皮切りに、「今の化身塾の体で見せることができる表現」を、3ヶ月に1回発表する「饗演」シリーズを開始。公演のタイトルは、その季節の花の名前から取っている。（P58～64に上演に向けての散文を収録）

9月23日～26日、10月1日～3日

- 化身塾饗演・連続公演第2回『**みずなら式**』（大阪府堺市・化身塾稽古場）上演。

12月16日～19日、23日～26日

- 化身塾饗演・連続公演第3回『**しのぶ式**』（大阪府堺市・化身塾稽古場）上演。

1983

3月11日

- 化身塾野外講座第1回『**化粧する**』（大阪府東大阪市・枚岡神社梅林公園）上演。この公演を皮切りに、野外で行うと面白いと思われる様々な行為を、観客と共に体感する連続講座を開始。第1回は〝装うこと〟をテーマに、体毛を剃り落としたり顔に紙を貼り付けて火を付けるなどの行為を見せる。

3月24日～27日、4月1日～3日

- 化身塾饗演・連続公演第4回『**むぐら式**』（大阪府堺市・化身塾稽古場）上演。

4月16日・17日

- 化身塾野外講座第2回『**歩く**』（大阪府河内長野市～和歌山県伊都郡高野町・高野山）開催。大阪から高野山まで約50キロの山道を、24時間かけて歩き通す。

6月5日

- 化身塾野外講座第3回『**寝る**』（和歌山市・友ヶ島）開催。旧日本軍要塞跡があることで有名な、瀬戸内海に浮かぶ小島の洞窟で、明け方から日暮れまでただ眠るという1日を過ごす。

6月16日～19日、23日～26日

- 化身塾饗演・連続公演第5回『**めはじき式**』（大阪府堺市・化身塾稽古場）上演。

7月24日

- 化身塾野外講座第4回『**浮べる**』（和歌山県東牟婁郡串本町・潮岬）開催。長さ3メートルの発泡スチロール製の象や箱庭、道路標識や三角定規まで、様々な物を海に浮かべる。

8月28日

- 化身塾野外講座第5回『**ぶら下がる**』（大阪府堺市・大和川河川敷）開催。丸太で組んだ三角錐の足場の頂点にロープを垂らし、役者たちがそこにぶら下がって半日を過ごす。

9月（日不明）

- 化身塾野外講座第6回『**食う**』（大阪府四條畷市・清滝峠付近）開催。「食べることに一生懸命になる」というテーマで、全員で豚肉を食べ続ける。

9月15日～18日、22日～25日

- 化身塾饗演・連続公演第6回『**あい式**』（大阪府堺市・化身塾稽古場）上演。丸山健二の短編小説『台風見物』がモチーフ。

12月22日～25日

- 化身塾饗演・連続公演第7回『**つばき式・月光のシャドウボール**』（大阪市北区・旧国鉄大阪駅コンテナ基地跡／丸太三千本、迷路の劇場）上演。化身塾饗演最終公演として、3年ぶりの野外公演を実施。入口から客席まで迷路状になった劇場を作り、役者たちが即興に近いパフォーマンスを次々に披露する。

1983

東京ディズニーランドが開園。「ファミリーコンピュータ」発売。NHK朝の連続テレビ小説「おしん」が大ヒット。

1982

リドリー・スコット『ブレードランナー』公開。糸井重里がヒットコピー"おいしい生活"を考案。「森田一義アワー 笑っていいとも！」放送開始。

1984

3月

◎マキノノゾミ、キムラ緑子らが結成した「劇団M.O.P.」、旗揚げ作品『熱海殺人事件』上演。

◎大阪市中央区に［国立文楽劇場］オープン。

4月

◎京都市左京区に［アートスペース無門館］〈後のアトリエ劇研〉オープン。

◎井上ひさしが結成した「劇団こまつ座」、旗揚げ作品『頭痛肩こり樋口一葉』上演。

5月

◎南河内万歳一座、内藤裕敬作・演出『唇に聴いてみる』上演。

6月

◎東京都目黒区に［こまばアゴラ劇場］オープン。当初は映画館として建設される。

11月

◎古橋悌二、高谷史郎らが結成した「ダム・タイプ・シアター」〈現・ダムタイプ〉、旗揚げ作品『睡眠の計画#1』『睡眠の計画#2』を連続上演。

1983年12月『月光のシャドウボール』
公演現場での松本雄吉　写真・北川幸三

1984

7月6日

◎月虎組上映会『身体の軒下から幻視の逆児たち』（名古屋市中区・七ツ寺共同スタジオ）に日本維新派化身塾として参加。2トンの泥を劇場内に持ち込みパフォーマンスを行う。映画『足乃裏から冥王まで』も上映（P234）。

9月2日・3日・6日・9日・11日

◎劇団日本維新派『**聖路地祭**』（大阪市北区・大阪梅田歩行者天国）上演。

10月10日

◎「韓日フェスティバル1984」で来日した「劇団民芸劇場＋倉庫劇場」がマダン劇『ソウル・マルトゥギ』（大阪府東大阪市・近鉄布施駅前 三ノ瀬公園）を上演。その期間中に、日本維新派が1日限りの特別パフォーマンス『**地を孕み**』を行う。

10月14日

◎劇団日本維新派『**風を孕み、**』（京都市下京区・ライブハウス磔磔）上演。

10月16日・17日

◎劇団日本維新派『**火を孕み、**』（16日）『**水を孕み、**』（17日）（大阪市北区・天三カルチャーセンター）上演。

11月2日〜4日、9日〜11日

◎劇団日本維新派『**蟹殿下**』（大阪市住之江区・大阪南港フェリーターミナル／トンネルシアター）上演。大阪の街に迷い込んだ海の生き物たちが、海の記憶を頼りに故郷帰りする道中記を、地面のあちこちに開けられた穴から役者が出入りするなど、大仕掛け満載で展開（P123〜211に台本収録）。

12月

◎劇団日本維新派『**つばき式・月光のシャドウボール**』の公演の模様を収録したドキュメンタリー映画『阿呆船 さかしまの巡礼』（監督・康浩郎）公開。

12月（日不明）

◎劇団日本維新派『**月下の不美人**』（大阪市西区・シャンソニエスタジオほか）上演。住居スペースに物干し台ステージをつくる。音楽・山本公成。

12月（日不明）

◎松本雄吉ソロ作品『**不合理少女**』（香川県丸亀市・丸亀市民会館）上演。丸亀市で開催されたジャズフェスティバル参加作品。下半身丸見えのスカートを履いた松本が、チェーンソーを振り回すという内容で、一般市民から大きな喝采を浴びる。

12月31日・1985年1月1日

◎化身塾'85野外講座第1回『**火**』（大阪府阪南市・尾崎町周辺海岸）開催。大晦日の夜から元旦の朝まで、12時間浜辺で火を焚き続ける。

ロサンゼルスオリンピックが開催。チケットぴあの営業が始まる。宮崎駿『風の谷のナウシカ』公開。

1984

1985

3月

◎大阪市北区に［扇町ミュージアムスクエア］オープン。

◎土方巽『東北歌舞伎計画一』上演。同年内に二～四が発表。

4月

◎状況劇場『ジャガーの眼』上演。

8月

◎ケラ〈現・ケラリーノ・サンドロヴィッチ〉、田口トモロヲらが結成した「劇団健康」が、旗揚げ作品『ホワイトソング～意味盗り合戦～』上演。

9月

◎山海塾・高田悦志、宙吊りパフォーマンスのロープが切れシアトル公演中に転落死。

◎宮沢章夫、シティボーイズ、竹中直人らが結成した「ラジカル・ガジベリビンバ・システム」が、旗揚げ作品『ここから彼方へ』上演。

10月

◎大阪市天王寺区に［近鉄劇場］［近鉄小劇場］オープン。

◎劇団第七病棟、唐十郎作『ビニールの城』上演。

11月

◎東京都渋谷区に［青山劇場］［青山円形劇場］オープン。

1985

1月11日～15日

◎劇団日本維新派『**BOX**』（大阪市北区・大阪造形センター カラビンカ）上演。「維新派流クラフトワーク」と銘打って、1週間かけて劇場内に巨大な箱を作り、それを解体して搬出するまでを実演。

2月（日不明）

◎劇団日本維新派『**蟹殿下の帽子**』（和歌山市場所詳細不明・フリースペースコバック）上演。

3月7日～17日

◎化身塾饗演『**十一人による十一夜―ひとがたの早春賦**』（大阪府堺市・化身塾稽古場）上演。11人の劇団員が、日替わりでソロ作品を上演。松本は稽古場ではなく、空き地に障子でできた小屋を建て、4時間におよぶパフォーマンスを見せる。この公演を最後に稽古場を閉鎖し、化身塾としての活動を終了。

4月・5月・9月・10月

◎劇団日本維新派『**あらし**』（4/18～22大阪市北区・扇町ミュージアムスクエア、5/10～12京都市左京区・京大西部講堂、9/14・15滋賀県大津市・唐橋公園、10/2・3札幌市中央区・中島公園、10/9名古屋市中区・白川公園、10/18～20岐阜市・護國神社）上演。壁一面が障子でできた劇場を劇場内部に打ち立てるという、入れ子のような空間を創出。この辺りから〝劇場〟自体をオブジェ作品として見せるという、新しい野外劇の方法を模索し始める。

6月（日不明）

◎劇団日本維新派、お初天神（大阪市北区・露天神社）で行われたパフォーマンスに特別出演する。

7月10日

◎『**オシリス・石ノ神**』（大阪市北区・大阪造形センター カラビンカ）上演。詩人・吉増剛造、音楽家・山本公成と松本がジョイントし、即興的なパフォーマンスを展開。この時、吉増の詩と格闘した経験と、ミュージシャンとして参加していた内橋和久との出会いが、後の「ヂャンヂャン☆オペラ」のスタイルにつながる。

9月（日不明）

◎劇団日本維新派上映会『足乃裏から冥王まで』『阿呆船 さかしまの巡礼』（名古屋市中区・七ツ寺共同スタジオ）。

12月14日・15日

◎「つかしんホール」こけら落とし公演 劇団日本維新派プロデュース『**なつかしの風**』（兵庫県尼崎市・つかしんホール）上演。関西の小劇場劇団や、町田町蔵〈現・町田康〉などのミュージシャンが集まった公演で、松本は演出を担当。

1985

◎世界で新自由主義が台頭。ソ連ではミハイル・ゴルバチョフが共産党書記長に。阪神タイガースが21年ぶりにセ・リーグ優勝。ヴィム・ヴェンダース『パリ・テキサス』公開。

1986

1月

◎土方巽、肝臓がんで死去。享年57。

◎彗星'86解散。

2月

◎3代目市川猿之助〈現・2代目市川猿翁〉、「スーパー歌舞伎」シリーズを開始。

3月

◎テアトロ・イン・キャビン企画、旧国鉄西梅田コンテナヤード跡のテントで、内藤裕敬演出『日本三文オペラ・疾風馬鹿力編』上演。

4月

◎演劇ぶっく〈現・えんぶ〉創刊。

6月

◎夢の遊眠社、結成10周年記念公演で〈ワルキューレ〉3部作（『白夜の女騎士』『彗星の使者』『宇宙蒸発』）を一挙上演。1日で2万6千人を動員する。

◎中島らも、若木え芙〈現・わかぎゑふ〉らが結成した「笑殺軍団リリパット・アーミー」〈現・リリパット・アーミーII〉、旗揚げ作品『X線の午後』上演。

7月

◎北村想が結成した「プロジェクト・ナビ」、旗揚げ作品『想稿・銀河鉄道の夜』上演。

12月

◎夢の遊眠社『半神』上演。

1986

7月26日～29日

◎日本維新派『**路地坂の祭り**』（大阪市天王寺区・生國魂神社境内／障子劇場）を上演。一面障子張りで、遠くから見ると巨大な行灯のように見える、巨大な美術作品のような劇場を建設。この頃から即興性よりも、脚本をベースにして作品を作ることを意識し始める〈路地と少年〉シリーズ開始。本作で「大阪国際演劇祭」参加。

1986

◎ダイアナ妃初の来日でダイアナフィーバーに沸く。ビートたけしらによる「フライデー」襲撃事件が起こる。テリー・ギリアム『未来世紀ブラジル』公開。

1988

2月
劇団☆新感線、中島かずき作『星の忍者〜風雲乱世篇』で初東京公演。この公演をきっかけに、関西の小劇場劇団が東京でも注目を集め始める。
4月
唐十郎が状況劇場を解散し結成した「唐組」、旗揚げ作品『さすらいのジェニー』を安藤忠雄設計の下町唐座で上演。8月には第2回公演『少女都市からの呼び声』を同じ下町唐座で上演。
6月
松尾スズキらが結成した「大人計画」、旗揚げ作品『絶妙な関係』を上演。
11月
兵庫県伊丹市に［伊丹市立演劇ホール（通称AI・HALL）］オープン。
12月
転形劇場解散。

1987

2月
南河内万歳一座、『唇に聴いてみる〜韓国版』で初韓国公演。
5月
劇団☆新感線、かずき悠大〈現・中島かずき〉作『阿修羅城の瞳』上演。
6月
ミュージカル『レ・ミゼラブル』日本初上演。
金守珍らが結成した「新宿梁山泊」、旗揚げ作品として、川村毅作『パイナップル爆弾』上演。
7月
夢の遊眠社、『野獣降臨』で初海外公演。「エディンバラ国際芸術祭」に招待劇団として参加する。
10月
劇団第七病棟、唐十郎作『湯毛の中のナウシカ』上演。

1987

7月
小川紳介監督『1000年刻みの日時計 牧野村物語』上映専用映画館［千年シアター］の建築棟梁を担当し、京都市下京区の大阪ガスのタンク跡地「鬼市場」に2週間かけて建設。隣接する「盤船伽藍」では、大駱駝艦が公演。小川監督がこの模様を監督し（撮影は牧逸郎）、短編ドキュメンタリー『京都鬼市場・千年シアター』を製作する。
8月
劇団名を「日本維新派」から「維新派」に改める。
8月16日〜18日
維新派『**十五少年探偵団　ドガジャガドンドン**』上演。長野県松本市で行われた「MATSUMOTO現代演劇フェスティバル」参加。
11月13日〜16日
維新派『**十五少年探偵団　ドガジャガドンドン**』（大阪市東区〈現・中央区〉・大阪城公園／ジャングルジムシアター）上演。多数のフレームをジャングルジム状に組んだ上に、至る所から蒸気を吹き出させるというギミックで、異色の風景を作り上げた。この公演で初舞台を踏んだ女優・野田貴子の声が、後の「ヂャンヂャン☆オペラ」のヒントとなる。
11月15日・17日
ライブ『**路地ノ、ツキ当リ**』（大阪市東区〈現・中央区〉・大阪城公園 太陽の広場特設劇場）上演。
11月27日〜29日
名古屋の劇団「少年王者舘」と維新派の合同公演『**少年ノ玉**』（名古屋市中区・白川公園ジャングルジム劇場）上演。作・演出は少年王者舘の天野天街で、松本は劇場の建築と美術を担当。役者としても、ジャングルジムの頂上から小便をして、それを役者たちが傘で受け止めるというパフォーマンスを披露する。

1988

5月
映画『追悼のざわめき』（監督・松井良彦）公開。松本は玄五郎翁の役（声のみ）で出演。
6月25日・26日
維新派『**少年オペラのために「地球荘序曲」**』（京都市左京区・アートスペース無門館）上演。
10月7日〜10日、14日〜17日
維新派『**少年オペラ「vju:」**』（京都市左京区・京大西部講堂／直径10m大回転舞台）上演。劇場の内部を丸ごと改造し、巨大な回転舞台を設置して上演。

1987

オリバー・ストーン『プラトーン』公開。村上春樹が『ノルウェイの森』を刊行。「ビックリマンチョコ」が大ヒット。

1988

「Hanako」「SPA！」が創刊。吉本ばなな『キッチン』が刊行されブームに。

1989

2月
- 夢の遊眠社『贋作・桜の森の満開の下』上演。

6月
- 劇団M.O.P.『HAPPY MAN』上演。

9月
- 東京都渋谷区に［シアターコクーン］オープン。

10月
- 劇団☆新感線『スサノオ〜神の剣の物語』上演。

12月
- サミュエル・ベケット死去。享年83。
- ラジカル・ガジベリビンバ・システム活動休止。

1990

1月
- 西田シャトナー、腹筋善之介らが結成した「惑星ピスタチオ」、旗揚げ作品『ファントム of W』上演。
- 68／71黒色テント、劇団名を「劇団黒テント」に改める。

3月
- 遊気舎、後藤ひろひとが2代目座長に就任して初となる作品『伝説の魔人 ラテンキング』上演。

7月
- 燐光群『ブレスレス ゴミ袋を呼吸する夜の物語』上演。坂手洋二が本作で、翌年岸田國士戯曲賞を受賞。
- ダムタイプ『pH』で初のワールドツアー。

9月
- 東京サンシャインボーイズ『12人の優しい日本人』上演。

10月
- 南河内万歳一座『青木さん家の奥さん』上演。

11月
- 劇団☆新感線『髑髏城の七人』上演。

12月
- 宮沢章夫が結成した「遊園地再生事業団」、旗揚げ作品『遊園地再生』上演。

1989

2月1日
- **『ネオ文楽〜命にかへて』**（大阪市西区・モーダホール）上演。舞踏家の麿赤兒と、文楽の人形遣い・吉田簑太郎〈現・桐竹勘十郎〉が共演した舞台で、松本は演出を担当。松本にとっては、これが外部作品の初演出となる。

7月・8月
- 維新派**『スクラップ・オペラ ＩＮＤＥＸ』**（7／26・27大阪市北区・扇町ミュージアムスクエア、8／12東京都新宿区・タイニイアリス）上演。「集積場のスクラップが踊り出す」というイメージを、役者の動きと映像をシンクロさせながら描き出す。このスクラップのイメージは、90年代の松本の大きなテーマになる。

1990

5月24日〜29日
- 維新派**『［echo］スクラップ通りの少年たち』**（大阪市中央区・大阪城公園／円筒形劇場ＴＡＮＫ）上演。この公演から、内橋和久が音楽を全編担当。舞台美術に林田裕至が参加する。360度すべてが舞台装置となった、円筒形の劇場を建設。

9月
- 映画『てなもんやコネクション』（監督・山本政志）公開。松本は立ち食いうどん屋店主の役で出演。
- 東京都渋谷区・道玄坂に専用映画館［ＴＡＮＫ2］建設。

10月
- 名古屋市中区・白川公園に、「第2回ＮＡＧＯＹＡ都市演劇遊戯祭」の会場として［ＴＡＮＫ3］建設。

1989

- 昭和天皇崩御。昭和から平成へ。中国では天安門事件が起こる。「ゲームボーイ」、ファミコン用ゲームソフト「MOTHER」発売。

1990

- 東西ドイツが統一。ザ・ローリング・ストーンズが初来日。井上雄彦が「週刊少年ジャンプ」で『SLAM DANK』連載開始。中上健次が熊野大学を設立。

1992

2月

「シアターガイド」創刊。

5月

ミュージカル『ミス・サイゴン』日本初上演。

シルク・ドゥ・ソレイユ『ファシナシオン』で日本初公演。

8月

劇団健康解散。ケラリーノ・サンドロヴィッチは翌年「ナイロン100℃」結成。

遊園地再生事業団『ヒネミ』上演。宮沢章夫が本作で、翌年岸田國士戯曲賞を受賞。

9月

大阪の演劇情報誌「じゃむち通信」〈後の演劇情報誌JAMCi〉創刊（～1998年）。

ダムタイプ『S/N』ベルギーでのインスタレーション作品の展示を行う。後にパフォーマンス公演として、世界各地で上演。

11月

夢の遊眠社解散。野田秀樹はロンドンに留学する。

大阪市北区に［劇場・飛天］〈現・梅田芸術劇場〉オープン。

1991

3月

F・W・F大テント興行、内藤裕敬演出『日本三文オペラ 疾風馬鹿力篇』上演。関西小劇場の人気俳優たちが集まり、JR京橋駅近くにテントを立てて上演。

6月

東京サンシャインボーイズ『ショウ・マスト・ゴー・オン』上演。

12月

善人会議〈現・扉座〉『愚者には見えないラ・マンチャの王様の裸』上演。横内謙介が本作で、翌年岸田國士戯曲賞を受賞。

1991

4月～7月

維新派『**少年街序曲**』（4／10・11大阪市北区・バナナホール、6／26・27北海道小樽市・小樽運河プラザ三番庫ギャラリー、7／12・13名古屋市千種区・今池アカデミー劇場）上演。『少年街』で使用する予定の楽曲をライブの形で披露。ここで「歌わない音楽、踊らない踊り、喋らない台詞」と評された「ヂャンヂャン☆オペラ」のスタイルが確立される。

10月17日～11月5日

維新派　ヂャンヂャン☆オペラ『**少年街**』（東京都港区・汐留旧国鉄コンテナヤード／蜃気楼劇場）上演。「ヂャンヂャン☆オペラ」の第1作目で、東京では初の野外公演。スクラップの街で生きる少年たちの姿を、ダイナミックな舞台美術と斬新な身体表現で描写（P236～243に抜粋台本収録）。

11月

映画『王手』（監督・阪本順治）公開。松本は真剣師役で出演。

1992

6月

映画『ドドンパ娘、川を行く』（監督・二見薫　製作総指揮・高岡茂）公開。松本は船頭役の声での出演。

6月～11月

維新派　ヂャンヂャン☆オペラ『**虹市**』（6／21宮崎市・宮崎県立芸術劇場〈現・メディキット県民文化センター〉、7／2～5名古屋市千種区・今池アカデミー劇場、7／15・16京都市上京区・京都府立府民ホール・アルティ、7／25岡山県津山市・津山文化センター、7／31・8／1福岡市・ライブハウスVIEBEN、9／3・4東京都北区・北とぴあさくらホール、11／7・8神奈川県藤沢市・湘南台文化センター市民シアター）上演。

10月15日～18日、22日～25日

維新派　ヂャンヂャン☆オペラ『**虹市**』（大阪市住之江区・南港フェリーターミナル前野外特設劇場／メカノポリス）上演。「虹」のイメージから生まれた「一瞬を抽出したような世界」をテーマに、金属製の動植物が戯れるシーンの数々を、メカニカルな大都市をバックにコラージュした。

11月17日～23日

七ツ寺共同スタジオ創立20周年記念・少年王者舘創立10周年記念公演『高丘親王航海記』（名古屋市中区・白川公園野外特設劇場）に、主人公・高丘親王役で出演し、宇宙的な哀愁に満ちた演技が絶賛される。原作は澁澤龍彦で、脚本・演出は天野天街が担当（P235）。

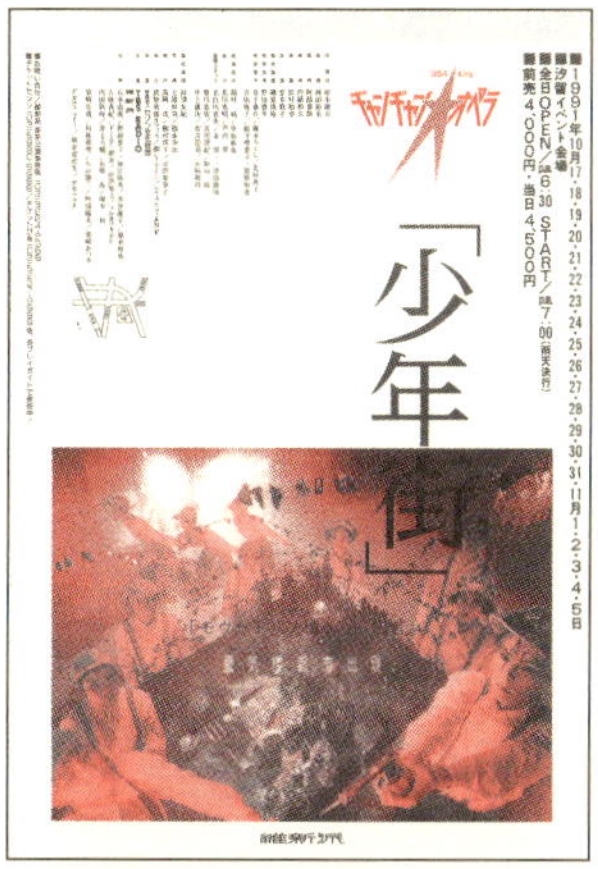

1991

湾岸戦争勃発。WOWOWが本放送を開始。テレビドラマシリーズの「ツイン・ピークス」が話題に。宮沢りえ写真集『Santa Fe』が大ヒット。

1992

小林よしのりが「SPA！」で『ゴーマニズム宣言』連載開始。4月に尾崎豊が急逝。8月には中上健次が死去。

1994

1月
野田秀樹が結成した「NODA・MAP」、旗揚げ作品『キル』上演。
4月
兵庫県尼崎市に、日本初の県立劇団「兵庫県立ピッコロ劇団」創立。作家・演出家の秋浜悟史が初代代表に就任。
5月
青年団『東京ノート』上演。平田オリザが本作で、翌年岸田國士戯曲賞を受賞。平田の提唱する「現代口語演劇」が注目され「静かな演劇」ブームに。
7月
第三舞台『スナフキンの手紙』上演。鴻上尚史が本作で、青年団の平田オリザ『東京ノート』とともに翌年岸田國士戯曲賞を受賞。
9月
東京サンシャインボーイズ『東京サンシャインボーイズの「罠」』上演。この公演を最後に、30年間の充電期間に入る。
10月
さいたま市中央区に［彩の国さいたま芸術劇場］オープン。
11月
大阪市北区の扇町公園改修などによる新たな公演場所発掘のため、「劇団犯罪友の会」の武田一度を中心に「関西野外演劇連絡協議会」発足。
12月
「OMS戯曲賞」創設。第1回は「時空劇場」（当時）の松田正隆『坂の上の家』が大賞を受賞。

1993

2月
宮城聰が主宰する「スーパーミヤギサトシショー」、宮沢章夫作・平田オリザ演出『蟹は横に歩く』上演。
4月
俳優活動を休止していた美輪明宏、24年ぶりに『黒蜥蜴』で舞台復帰。主演のみならず、自ら演出、美術、選曲を行う。
5月
流山児★事務所が『ザ・寺山』上演。鄭義信が本作で、翌年岸田國士戯曲賞を受賞。
9月
惑星ピスタチオ『破壊ランナー』上演。
11月
つかこうへいと東京都北区が「★☆北区つかこうへい劇団」創立。

1993

1月
維新派『少年街』の模様や、劇場建設の現場を収録したドキュメンタリー映画『蜃気楼劇場』（監督・杉本信昭）が公開される。
3月〜10月
維新派　ヂャンヂャン☆オペラ『**ノスタルジア**』（3／25〜28東京都中央区・HARUMIドーム21、8／6〜8名古屋市中区・白川公園野外特設劇場、10／6〜11大阪市住之江区・南港フェリーターミナル前野外特設劇場／臨海シアターDOCK）上演。12人の人格を持つ男が、それぞれの故郷をさまよう。松本は自らの兄をモデルにした主人公・チョージ役で出演。この公演以降、維新派では作・演出に専念するようになる。本作で「HARUMI演劇祭」参加（東京公演）。
6月12日
維新派『**少年街**』（高松市・高松市美術館エントランスホール）上演。
8月
野坂昭如の戦後エピソードを軸にした『ドキュメンタリー　48年目の遺書』（NHK衛星放送　12日前編、13日後編放映）に維新派が出演。
12月・1994年1月
維新派＋アルタードステイツライブ『**MAP**』（12／29大阪市中央区・コークステップホール〈現・BIGCAT〉、1／14京都市下京区・ライブハウス磔磔、5／9・10東京都世田谷区・北沢タウンホール、5／12名古屋市中村区・中村文化小劇場）上演。内橋和久のバンド「アルタードステイツ」との合同ライブ。

1994

6月
「平安建都1200年祭」のイベント会場となった、京都市下京区「祝市祝座」の野外劇場［バサラ小屋］を、維新派が建築（設計・稲村純）。6／4には『少年街』上演も行う。
10月14日〜23日
維新派　ヂャンヂャン☆オペラ『**青空**』（大阪市北区・旧梅田東小学校体育館）上演。小説家の大島真寿美と、舞台監督の大田和司が脚本に参加。屋内空間に戦後間もない大阪の街を立ち上げ、廃墟の街でたくましく生きる浮浪児たちの冒険物語を見せる。
11月6日
維新派『**少年街**』（高知市・高知県立美術館ホール）上演。

自民党政権が崩壊。細川連立政権樹立。THE BOOMの『島唄』がヒット。岡崎京子が「CUTiE」で『リバーズ・エッジ』連載開始。

1993

関西国際空港が開港。松本サリン事件。大江健三郎がノーベル文学賞受賞。

1994

1996

1月
「劇団八時半」（当時）の鈴江俊郎が『髪をかきあげる』、松田正隆が『海と日傘』で、岸田國士戯曲賞をそろって受賞。2人とも京都を拠点にしていたため、首都圏以外で活動する作家たちに注目が集まる。

4月
神戸市兵庫区に［神戸アートビレッジセンター］オープン。
一時閉館した［アートスペース無門館］が、［アトリエ劇研］に改称して再オープン。

5月
「京都舞台芸術協会」発足。

7月
大人計画『ファンキー！～宇宙は見える所までしかない』上演。松尾スズキが本作で、翌年岸田國士戯曲賞を受賞。

8月
大谷燠らがダンスの企画・ダンサー育成などを行う団体「DANCE BOX」設立。

9月
「大人計画」の宮藤官九郎が作・演出を務めるユニット「ウーマンリブ」が、旗揚げ作品『ナオミの夢』上演。

9月～11月
NODA・MAP番外公演『赤鬼』上演。

1995

2月
演劇情報のWEBサイト「えんげきのぺーじ」オープン。各劇団が公式サイトを立ち上げるなど、演劇界にインターネットの波が広がる。

5月
ナイロン100℃『ウチハソバヤジャナイ』上演。

7月
「静岡県舞台芸術センター（SPAC）」創立。初代芸術総監督に鈴木忠志が就任。
小熊ヒデジが結成した「キコリの会」〈現・KUDAN Project〉、天野天街作・演出『くだんの件』上演。

10月
ダムタイプ中心メンバーの古橋悌二、エイズによる敗血症で死去。享年35。
南河内万歳一座『唇に聴いてみる～問問嘴唇』で初の中国公演。

1995

6月
ヂャンヂャン☆オペラで使用した楽曲を収録したアルバム『BABEL』発売。松本は全楽曲の作詞を担当。
維新派ライブツアー『BABEL』（6／12・13東京都中野区・なかのZERO、6／14名古屋市中村区・中村文化小劇場、6／24京都市左京区・京都教育文化センター、6／29・30大阪市天王寺区・大阪国際交流センター）上演。

10月～11月
維新派　ヂャンヂャン☆オペラ『青空』（10／14・15神奈川県藤沢市・湘南台文化センター市民シアター、11／10～19東京都千代田区・法政大学学生会館大ホール）上演。

1996

7月・8月
展覧会「☆－ISM展－野外劇の軌跡－」（7／8～19大阪市北区・大阪造形センター、8／3大阪市浪速区・JR難波駅特設ステージ、8／10～26大阪市中央区・キリンプラザ大阪）開催。これまでの作品に関する展示とともに、イベントなども行う。

8月
映画『ビリケン』（監督・阪本順治）公開。松本は魚屋役で出演。

8月31日・9月1日
維新派『蒸気の街』（次回公演『ROMANCE』のプレビュー公演の他、レクチャーなども実施。神戸市兵庫区・神戸アートビレッジセンター）上演。本作で「神戸ニュー・ウェーブ・シアター」参加。

10月
『ROMANCE』公演を共同で主催した毎日放送が、特別番組を放送する。

10月25日～11月5日
維新派　ヂャンヂャン☆オペラ『ROMANCE』（大阪市住之江区・大阪南港ふれあい港館広場／Kinetic Theater）上演。蒸気が煙るサイバーパンク調の街を建設し、戦時下ながらも映画制作が盛んな架空の都市で、撮影に励む少年たちの姿を描き出す。本作で維新派が「大阪府舞台芸術奨励賞」受賞。

阪神・淡路大震災が発生。地下鉄サリン事件が起こる。ジョン・ウォーターズ『シリアル・ママ』公開、アニメ『新世紀エヴァンゲリオン』放送開始。

1995

スターバックス日本1号店がオープン。コギャル現象が世の中を席捲。「Yahoo！JAPAN」がサービス開始。岡田斗司夫が『オタク学入門』を刊行。

1996

1997

6月

「月の岬プロジェクト」、松田正隆作・平田オリザ演出『月の岬』上演。翌年、京都発の舞台としては初めて、読売演劇大賞最優秀作品賞を受賞。

8月

「青年団若手自主企画公演」第1作目として、後に「地点」を結成する三浦基が、松田正隆作『海と日傘』上演。

9月

「大阪現代舞台芸術協会〈通称DIVE〉」発足。初代会長は南河内万歳一座・内藤裕敬。

10月

東京都渋谷区に［新国立劇場］オープン。

12月

桃園会『うちやまつり』上演。深津篤史が本作で、翌年岸田國士戯曲賞を受賞。

1997

1月

建築棟梁を務めたミニシアター［シネ・ヌーヴォ］（大阪市西区）オープン。廃業した古い映画館を、海の底をイメージした内外装にリノベーション。

6月6日〜27日

維新派　展覧会「**瞳の中の街ー記憶劇場から……**」（大阪市中央区・INDEX GALLERY）開催。

10月

『**南風**』公演を共同で主催した毎日放送が、特別番組を放送する。

10月24日〜11月10日

維新派　ヂャンヂャン☆オペラ『**南風**』（大阪市住之江区・大阪南港ふれあい港館広場野外特設劇場）上演。中上健次の小説『千年の愉楽』『奇蹟』が原作。紀州の路地の風景を再現した階段状の舞台を使って、被差別部落で生まれ育った気性の激しい男・タイチの波乱の生涯を描く。

［シネ・ヌーヴォ］外観

［シネ・ヌーヴォ］客席

東學（あずま・がく）
1963年生まれ。14歳で渡米、当時手がけた絵画作品『フランス人形』はニューヨークのメトロポリタン美術館に永久保存されている。
帰国後は日本の演劇シーンにおいて多くのポスターデザインを手がけ、維新派では1997年『南風』より全面的にアートディレクションを担当。

1998

ウエブサイト「ほぼ日刊イトイ新聞」がスタート。「iMac」発売。アメリカでGoogleが創業される。庵野秀明『ラブ&ポップ』公開。

1997

神戸連続児童殺傷事件が起こる。北野武『HANA-BI』がヴェネツィア国際映画祭金獅子賞受賞。渡辺淳一の『失楽園』が大ヒット。

1999

アメリカで「Napster」が公開。NTTドコモの「iモード」サービスが開始。水戸芸術館で「日本ゼロ年展」が開催。

1998

1月

[彩の国さいたま芸術劇場]、蜷川幸雄を芸術監督に迎えて、シェイクスピア全作品を上演するプロジェクト「彩の国シェイクスピア・シリーズ」開始。その第1弾として『ロミオとジュリエット』上演。

8月

ナイロン100℃『フローズン・ビーチ』上演。ケラリーノ・サンドロヴィッチが本作で、翌年岸田國士戯曲賞を受賞。

川下大洋と後藤ひろひとが結成した「Piper」、旗揚げ作品『Piper』を大阪球場跡地〈現・なんばパークス〉で野外劇として上演。

9月

滋賀県大津市に[滋賀県立芸術劇場びわ湖ホール]オープン。海外のダンス作品を数多く招聘し、関西のコンテンポラリー・ダンスブームの火付け役となる。

10月

「第1回大阪演劇祭」開催（～2001年）。

11月

大阪市北区に[オレンジルーム]の後進となる[HEP HALL]オープン。

12月

劇団四季『ライオンキング』上演。

1999

6月

鴻上尚史が結成した「KOKAMI@network」、旗揚げ作品『ものがたり降る夜』上演。

7月

矢内原美邦が結成した「ニブロール」、アヴィニヨン演劇祭OFFで「街三部作シリーズ」第1弾となる『林ん家に行こう』上演。

9月

ロイヤル・シェイクスピア・カンパニー、蜷川幸雄演出『リア王』上演。

11月

野田秀樹の新作『パンドラの鐘』、蜷川幸雄演出バージョンと野田秀樹演出バージョンが同時上演される。

関西野外演劇連絡協議会の主催で、野外劇に特化した演劇祭「大阪野外演劇フェスティバル」始まる。

大阪市中央区の[中座]閉館。解体工事中にガス爆発で全焼する。

1998

4月

維新派についてまとめた初の書籍『**維新派大全**』（松本工房刊）発刊。

5月

ラジオ番組「青春アドベンチャー」（NHK FM）にて、ドラマ『少年漂流伝』放送。ヂャンヂャン☆オペラスタイルで、スラム街で生きる少年たちが活躍する冒険活劇をドラマ化。本作で「第36回ギャラクシー賞　ラジオ部門優秀賞」受賞。

7月13日～10月18日

維新派　インスタレーション『**イメージの皮～ヂャンヂャン☆オペラ「王國」への道**』（大阪市中央区・キリンプラザ大阪）開催。

10月

『王國』公演を共同で主催した毎日放送が、特別番組を放送。

10月9日～26日

維新派　ヂャンヂャン☆オペラ『**王國**』（大阪市住之江区・大阪南港ふれあい港館広場野外特設劇場）上演。「漂流」をテーマにした「王國」3部作の第1弾。無数の丸太が林立する舞台の中で、都市が生み出したモンスター・タケルと、現代に現れた古代の少年たちとの交流を描く。本作で「第1回大阪演劇祭」参加。

1999

3月

映画『大阪物語』（監督・市川準）公開。松本は、片腕の男の役で出演。

4月2日・3日

ENBUゼミ　松本クラス公演『**少年街**』（東京都中野区・ザ・ポケット）上演。松本が講師を務めた演劇クラスの発表公演。

7月17日・18日

維新派　ヂャンヂャン☆神楽『**麦藁少年**』（和歌山県田辺市・熊野本宮大社旧社地）上演。ヂャンヂャン☆オペラを神に捧げる歌舞「神楽」に見立て、神社跡地の広い空間で、いくつかの楽曲をオムニバス的に披露した。本作で「南紀熊野体験博」参加。

10月22日～11月8日

維新派　ヂャンヂャン☆オペラ『**水街**』（大阪市住之江区・大阪南港ふれあい港館広場野外特設劇場）上演。「王國」3部作の第2弾。大阪に実在した水上集落を大量の水を使って再現し、近代化が進む大阪の街で懸命に生きる沖縄移民の暮らしぶりを生き生きと描く。林田裕至が美術を担当した最後の作品となる。本作で維新派が「大阪府舞台芸術賞」受賞。「第2回大阪演劇祭」参加。

左・内藤裕敬（南河内万歳一座）　右・松本雄吉『王國』の舞台セットを前に
写真・谷古宇正彦

『維新派大全』（装丁：黒田武志）

2000

4月

◎［渋谷ジァン・ジァン］閉館。

6月

◎ミュージカル『オケピ！』上演。三谷幸喜が本作で、翌年岸田國士戯曲賞を受賞。

◎ミュージカル『エリザベート』日本初上演。本作のヒットを期に、ウィーン発のミュージカルに注目が集まる。

8月

◎劇団☆新感線、市川染五郎〈現・松本幸四郎〉とタッグを組んだ「Inouekabuki Shochiku-mix・新感染シリーズ」開始。第1弾となる『阿修羅城の瞳〜BLOOD GETS IN YOUR EYES』上演。

9月

◎蜷川幸雄演出『グリークス』上演。1日通しで10時間にわたる上演スタイルが話題に。

11月

◎5代目中村勘九郎〈後の18代目中村勘三郎〉、60〜70年代の移動型テント芝居にヒントを得て、仮設の芝居小屋を使った公演企画「平成中村座」を始める。

12月

◎如月小春、クモ膜下出血で死去。享年44。

2000

3月4日〜17日

◎維新派　ヂャンヂャン☆オペラ『**水街**』（オーストラリア・アデレード野外特設劇場）で、「アデレード・フェスティバル・オブ・アーツ」に参加、初の海外公演を実現。大阪公演と同じセットを作り込み、そのダイナミックさは海外の観客たちにも大きなインパクトを与える。

4月22日・23日

◎ＥＮＢＵゼミ　松本クラス公演『**青空**』（東京都渋谷区・フジタヴァンテ）上演。

6月

◎「第10回ガーディアン・ガーデン演劇フェスティバル」公開2次審査会のゲスト審査員を務める。

7月

◎維新派制作の衛藤千穂と結婚。

10月20日〜11月7日

◎維新派　ヂャンヂャン☆オペラ『**流星**』（大阪市住之江区・大阪南港ふれあい港館広場野外特設劇場／Ｃｕｂｉｃ Ｔｈｅａｔｅｒ）上演。「王國」3部作の最終章。モノトーンの立方体が立ち並ぶミニマムな舞台の中で、病気の少年と彼を助ける少年の逃亡劇を描く。本作を最後に、公演から「ヂャンヂャン☆オペラ」の名称を外す。本作で「第3回大阪演劇祭」参加。

◎ラース・フォン・トリアー『ダンサー・イン・ザ・ダーク』公開。パリ郊外で第1回「Japan Expo」開催。

2000

2001

8月

◎中村勘九郎〈後の中村勘三郎〉、野田秀樹作・演出の新作歌舞伎『野田版 研辰の討たれ』上演。

◎上田誠らが結成した「ヨーロッパ企画」、『サマータイムマシン・ブルース』上演。

9月

◎第三舞台、創立20周年記念公演『ファントム・ペイン』上演後、10年間活動を封印。

2001

2月15日

◎行為21：ｐｈａｓｅ-1『**松本雄吉×西田シャトナー**』（大阪市北区・大阪造形センター カラビンカ）上演。元「惑星ピスタチオ」の西田シャトナーとの即興芝居勝負という企画で、数人の劇団員を使って短編の即興芝居を発表。

3月14日・15日

◎ＥＮＢＵゼミ　松本クラス公演『**ヒ・ト・カ・タ**』（東京都品川区・天王洲アイル スフィアメックス）上演。

7月19日〜22日

◎維新派『**さかしまー南南西ノ風、風力3……ー**』（奈良県宇陀郡室生村・室生村総合運動公園内健民グラウンド〈現・宇陀市室生大野・室生運動場〉）上演。病弱の少女とその友人たちの、不思議な夏休みの日々を見せる。舞台セットをほとんど作らず、周囲の景観を生かしながら虚構の風景を立ち上げるという、新たな野外表現を獲得。

9月

◎「第11回ガーディアン・ガーデン演劇フェスティバル」公開2次審査会の審査員を務める。松本は「庭劇団ペニノ」と「ヨーロッパ企画」を推挙し、どちらも通過した。

10月・11月

◎維新派　ヂャンヂャン☆オペラ『**流星**』（10／6〜12ドイツ・ハンブルグ カンプナーゲル芸術劇場、11／8〜10イギリス・ベルファスト タイタニックホール）上演。本作で「ベルファスト・フェスティバル」参加（イギリス公演）。イタリア・ミラノでも公演が予定されていたが、直前に中止となる。

◎アメリカで9.11同時多発テロ。クリス・コロンバス『ハリー・ポッターと賢者の石』が大ヒット。「Wikipedia」がスタート。大阪にユニバーサル・スタジオ・ジャパンがオープン。

2001

2002

7月

- KUDAN Project『真夜中の弥次さん喜多さん』上演。

8月

- Inouekabuki Shochiku-mix『アテルイ』上演。中島かずきが本作で、翌年岸田國士戯曲賞を受賞。

10月

- ウィーン・ミュージカル『モーツァルト！』井上芳雄と中川晃教のWキャストで日本初上演。

2003

2月

- 岩井秀人が結成した「ハイバイ」、旗揚げ作品『ヒッキー・カンクントルネード』上演。
- 中島らも、大麻取締法違反で逮捕。

3月

- ［扇町ミュージアムスクエア］閉館。

4月

- 「第1回大阪現代演劇祭」開催（～2005年）。
- ［こまばアゴラ劇場］貸館制度を廃止し、全公演を劇場主催公演とすると同時に、支援会員制度を導入する（現在は一般貸出も再開）。
- 別役実、兵庫県立ピッコロ劇団の代表に就任。
- ミュージカル『テニスの王子様』通称「テニミュ」上演。後にシリーズ化し、漫画やアニメを原作にした「2.5次元ミュージカル」ブームの先駆けとなる。

2002

4月

- 維新派『**チチカカ**』（4／6岡山市・西川アイプラザ、4／13神戸市兵庫区・神戸アートビレッジセンター、4／20大阪市旭区・芸術創造館）上演。次回公演『カンカラ』のプレビュー的な公演。

7月19日～21日、26日～28日

- 維新派『**カンカラ**』（岡山市犬島・銅精錬所跡地）上演。大阪に続く第2の本拠地と言える、犬島との出会いを果たした公演。島内にある銅精錬所の廃墟を借景に、不良少年たちが島の記憶を旅していく物語を展開。本作で維新派が「第2回朝日舞台芸術賞」受賞。

2003

3月16日

- ［扇町ミュージアムスクエア］クロージングイベントに、座談会のパネラーとして出演。

3月23日・24日・26日・27日・29日・30日

- 維新派『**30／1**』（大阪市浪速区・フェスティバルゲート内［BRIDGE］）上演。内橋和久が運営に携わったライブハウスでの公演。

9月8日～21日

- 維新派『**nocturne**』（東京都渋谷区・新国立劇場中劇場）上演。本公演としては初となる、中劇場レベルでの劇場公演。吊り物を始めとする、野外では不可能な舞台機構をフルに用い、都市のアンダーグラウンドで生きる人々の人間模様を描き出す。

世界の海を渡りついた維新派が次なる舞台に選んだのは瀬戸の小さな島でした。
カンカラ

- サッカーW杯日韓大会開催される。北朝鮮で拉致されていた5人の日本人が帰国。デヴィッド・リンチ『マルホランド・ドライブ』公開。吉田修一が『パーク・ライフ』で芥川賞受賞。

2002

- フセイン政権崩壊。マイケル・ムーア『ボウリング・フォー・コロンバイン』、ペドロ・アルモドバル『トーク・トゥ・ハー』公開。

2003

2004

2月

［近鉄劇場］［近鉄小劇場］閉館。

岡田利規が結成した「チェルフィッチュ」、『三月の5日間』上演。岡田が本作で、翌年岸田國士戯曲賞を受賞。「ポストドラマ演劇」の火付け役となる。

3月

大阪市中央区の［大阪城ホール］倉庫を利用した小劇場［ウルトラマーケット］オープン。

4月

タニノクロウが結成した「庭劇団ペニノ」、東京都渋谷区のタニノの自宅マンションをアトリエにした［はこぶね］で『小さなリンボのレストラン』上演。2012年まで劇団の本拠地となる。

5月

松田正隆が結成した「マレビトの会」、旗揚げ作品『島式振動器官』上演。

7月

生瀬勝久、池田成志、古田新太の演劇ユニット「ねずみの三銃士」、宮藤官九郎作・河原雅彦演出『鈍獣』上演。宮藤が本作で、翌年岸田國士戯曲賞を受賞。

中島らも、脳挫傷で死去。享年52。

10月

大阪市中央区に［精華小劇場］オープン。

2005

4月

三浦大輔が結成した「ポツドール」、『愛の渦』上演。三浦が本作で、「劇団B級遊撃隊」の佃典彦『ぬけがら』とともに翌年岸田國士戯曲賞を受賞。

大阪市中央区に［シアターBRAVA！］オープン。

7月

秋浜悟史、脳挫傷で死去。享年71。

8月

三浦基が結成した「地点」、本拠地を京都に移した第1作目『かもめ』上演。本作を皮切りに、チェーホフ四大戯曲の全作品上演への挑戦を開始する。

10月

前川知大が結成した「イキウメ」、『散歩する侵略者』上演。

12月

ハロルド・ピンター、ノーベル文学賞を受賞。

2005

3月

「近畿大学演劇フェスティバル」の企画で、唐十郎とのトークショーに出演。

3月20日

維新派『**傾いた風景**』（大阪市中央区・IMPホール）上演。小劇場劇団のショーケース的なイベントで、15分程度の小品を発表。本作で「OSAKA SHORT PLAY FESTIVAL 2005」参加。

6月23日

「大阪現代演劇祭」の企画「〈仮設劇場〉WA～〈カセツ〉検証シンポジウム」に、パネラーとして出演（同企画では公開コンペの審査員も務めた）。

10月

維新派『**ナツノトビラ**』（10／6～8メキシコ・グアナファト オーディトリオ・デ・エスタード、10／21～23ブラジル・サントス セスキ劇場）上演。海外でワールドプレミアを行った、最初で最後の公演。光と影のコントラストがあざやかに浮かぶ真っ白な舞台をバックに、現実に背を向けた少女が見た幻想の世界と、そこからの再生を描き出す。本作で「セルバンティーノ国際芸術祭」参加（メキシコ公演）。

2004

1月

庭劇団ペニノ・タニノクロウの依頼により、東京都渋谷区にあったペニノのアトリエ［はこぶね］の看板を作成。

3月18日～20日

維新派『**flowers**』（大阪市中央区・大阪府立現代美術センター）上演。本作で「大阪・アート・カレイドスコープ・OSAKA04」参加。

10月8日～27日

維新派『**キートン**』（大阪市住之江区・大阪南港ふれあい港館臨時第三駐車場野外特設劇場）上演。1人の少年がバスター・キートンの映画の世界に迷い込んだという設定で、キートン映画の名シーンを大掛かりな舞台美術で次々に再現する。本作で「第12回読売演劇大賞」優秀演出家賞受賞。

〈仮設劇場〉WA～〈カセツ〉検証シンポジウム　写真・白澤英司

2004

「ニンテンドーDS」「プレイステーション・ポータブル」発売。アメリカで「Facebook」が誕生。SNS「mixi」「GREE」がサービス開始。

2005

「YouTube」が設立され、「食べログ」サービス開始。「愛・地球博」が名古屋で開催。リリー・フランキーが『東京タワー』を刊行。

2007

4月
- SPACの2代目芸術総監督に宮城聰が就任。

6月
- NODA・MAP番外公演『THE BEE』日本語版と英語版を同時上演。
- 劇団四季『ウィキッド』上演。

7月
- ［ウルトラマーケット］閉館。
- 太田省吾、肺がんで死去。享年67。

10月
- 京都芸術センター「演劇計画2007」、前田司郎作・演出『生きてるものはいないのか』上演。前田が本作で、翌年岸田國士戯曲賞を受賞。

2006

2月
- 唐十郎、読売演劇大賞芸術栄誉賞を受賞。

4月
- 蜷川幸雄の呼びかけで、55歳以上限定の劇団「さいたまゴールド・シアター」結成。

5月
- 劇団☆新感線、シェイクスピア原作・宮藤官九郎脚本『メタルマクベス』上演。いのうえひでのりが本作の演出で、千田是也賞と芸術選奨文部科学大臣新人賞をW受賞。

6月
- NODA・MAP番外公演『THE BEE』イギリスでワールドプレミア。野田秀樹初となる英語戯曲書き下ろし作品。

2008

4月
- 鄭義信作・演出『焼肉ドラゴン』上演。

6月
- ハイバイ『て』上演。

8月
- 中村勘三郎、野田秀樹作・演出の新作歌舞伎『野田版 愛陀姫』上演。

11月
- 平田オリザ+石黒浩研究室（大阪大学）、ロボットが役者として、人間と同等の演技を行う「ロボット演劇」の第1作目『働く私』上演。

12月
- ハロルド・ピンター、死去。享年78。

2006

3月18日
- 維新派『**路地の蒸気機関車／オオサカ**』（大阪市旭区・芸術創造館）上演。本作で「大阪現代演劇祭　ファイナルイベント」参加。

5月5日
- 維新派『**路地の蒸気機関車／オオサカ**』（大阪市北区・梅田芸術劇場メインホール正面入口前広場）上演。

7月14日〜17日
- 維新派『**ナツノトビラ**』（大阪市北区・梅田芸術劇場メインホール）上演。

2008

3月〜8月
- 維新派　展覧会「**現代演劇シリーズ　維新派という現象**」（東京都新宿区・早稲田大学演劇博物館）開催。東京では初となる、大規模な維新派の展覧会。公演チラシやポスター、衣裳などを展示した。5／28にはパフォーマンスも上演。

4月
- 維新派『**聖・家族**』（4／18〜20大阪市中央区・精華小劇場、4／25・26滋賀県栗東市・栗東芸術文化会館さきら）上演。「家族」をテーマにした短編芝居に、過去作品の楽曲を加えて上演。

10月2日〜5日、9日〜13日
- 維新派『**呼吸機械　〈彼〉と旅をする20世紀三部作　#2**』（滋賀県長浜市・さいかち浜野外特設劇場／びわ湖水上舞台）上演。「20世紀三部作」シリーズの第2弾。東欧を舞台に、世界大戦とイデオロギーの対立に翻弄され続けた兄弟の運命を、琵琶湖の水面まで伸びる劇場の空間を生かして描き出した。本作で「第8回朝日舞台芸術賞」および「平成20年度芸術選奨文部科学大臣賞」受賞。

2007

4月29日・30日
- 維新派、「平城遷都祭」参加。平城宮跡地でパフォーマンスを上演。

6月〜2008年2月
- 維新派『**nostalgia　〈彼〉と旅をする20世紀三部作　#1**』（6／29〜7／11大阪市中央区・ウルトラマーケット、11／2〜4さいたま市中央区・彩の国さいたま芸術劇場、2008年2／2・3京都市左京区・京都芸術劇場［春秋座］）上演。全長4mの人形〈彼〉とともに、20世紀の歴史をモチーフにした「20世紀三部作」の第1弾。ブラジルに渡った日本人移民・ノイチを通して、波乱万丈な南米史を浮き彫りにするとともに、ノイチが〈彼〉と成り果てるまでを表出。

2007

- 食品偽装事件が世間を騒がせる。音楽ニュースサイト「ナタリー」、動画共有サービス「Ustream」がサービス開始。円城塔が『Self-Reference ENGINE』を刊行。

2006

- 甲子園でハンカチ王子が人気を博す。ライブドア事件発覚。アメリカで「Twitter」が誕生。「ニコニコ動画」がサービス開始。

2008

- 大阪府知事に橋下徹、アメリカ大統領にバラク・オバマが当選。「iPhone 3G」が日本発売され「Twitter」日本版が開始される。クリストファー・ノーラン『ダークナイト』公開。

2010

4月
◎井上ひさし、肺がんで死去。享年75。
6月
◎大野一雄、呼吸不全で死去。享年103。
7月
◎つかこうへい、肺がんで死去。享年62。
9月
◎松井周が結成した「サンプル」、『自慢の息子』上演。松井が本作で、翌年岸田國士戯曲賞を受賞。
◎NODA・MAP番外公演『表に出ろぃ！』上演。中村勘三郎と野田秀樹が舞台初共演を果たす。
10月
◎京都市内の劇場で開催される国際的な舞台フェスティバル「京都国際舞台芸術祭 KYOTO EXPERIMENT」が始まる。

2009

2月
◎東京で国内最大規模の国際舞台芸術祭「フェスティバル／トーキョー」が始まる。
3月
◎充電期間中の東京サンシャインボーイズ、一時的に復活し『returns』上演。
4月
◎岩松了、兵庫県立ピッコロ劇団代表に就任。
6月
◎ピナ・バウシュ、死去。享年68。
7月
◎野田秀樹、［東京芸術劇場］芸術監督に就任。
10月
◎ままごと『わが星』上演。柴幸男が本作で、翌年岸田國士戯曲賞を受賞。

2009

2月・3月
◎維新派『**nostalgia〈彼〉と旅をする20世紀三部作 #1**』（2／13～21オーストラリア・パース コンベンション アンド エキシビジョンセンター、3／11～15ニュージーランド・オークランド ASBシアター）上演。ニュージーランド公演時に見たマオリ族の歓待の踊りは、松本にインパクトを与え、この後様々な作品でモチーフとして使われていく。本作で「パース国際芸術祭」（オーストラリア公演）、「オークランドフェスティバル」（ニュージーランド公演）参加。
10月～12月
◎維新派 展覧会『**維新派という現象「ろじ式」**』展（大阪府豊中市・大阪大学総合学術博物館）開催。作品展示のみならず、展示室全体を路地に見立てるという空間演出もほどこす。
10月・11月
◎維新派『**ろじ式**』（10／23～11／3東京都豊島区・にしすがも創造舎、11／13～23大阪市中央区・精華小劇場）上演。約600個の標本箱で埋め尽くされた、時間の迷宮のような空間で、人間の様々な営みをオムニバス風に見せていく。東京ではこの公演で、初めて屋台村を設置。本作で「フェスティバル／トーキョー09秋」参加（東京公演）。

『台湾の、灰色の牛が背のびをしたとき』（2010年） 写真・井上嘉和

2010

2月18日～28日
◎第1回精華小劇場製作作品『**イキシマ breath island**』（大阪市中央区・精華小劇場）上演。マレビトの会・松田正隆の脚本作品で、21年ぶりに維新派以外の舞台を演出。閉塞的な島で生きる人々の姿を、不条理かつ不穏な文体で綴った戯曲を、大胆な照明や映像使いによって立体化。
7月～12月
◎維新派『**台湾の、灰色の牛が背のびをしたとき〈彼〉と旅をする20世紀三部作 #3**』（7／20～8／1岡山市犬島・犬島アートプロジェクト「精錬所」内野外特設劇場、12／2～5さいたま市中央区・彩の国さいたま芸術劇場）上演。「20世紀三部作」シリーズの最終章。アジアの島々に移住した日本人たちの視点から、20世紀のアジアの海を取り巻く激動の歴史を綴る。本作で「瀬戸内国際芸術祭2010」参加（岡山公演）。

◎裁判員制度が開始される。クリント・イーストウッド『グラン・トリノ』、ダニー・ボイル『スラムドッグ$ミリオネア』公開。

2009

◎「iPad」が発売される。尖閣諸島中国漁船衝突事件。キャスリン・ビグロー『ハート・ロッカー』、ヤン・イクチュン『息もできない』公開。第1回瀬戸内国際芸術祭が開催。

2010

2012

1月
ハイバイ『ある女』上演。岩井秀人が本作で、「THE SHAMPOO HAT」の赤堀雅秋『一丁目ぞめき』とともに翌年岸田國士戯曲賞を受賞。
7月
大駱駝艦、創立40周年記念公演『ウイルス』上演。
8月
三谷幸喜初の文楽作品『三谷文楽「其礼成心中」』上演。
11月
笠井叡と麿赤兒が『ハヤサスラヒメ』で初共演を果たす。
12月
ケラリーノ・サンドロヴィッチの新作『祈りと怪物〜ウィルヴィルの三姉妹〜』、ケラリーノ・サンドロヴィッチ演出バージョンと、蜷川幸雄演出バージョンを連続上演。
中村勘三郎、急性呼吸窮迫症候群で死去。享年57。

2011

1月
横浜市中区に［神奈川芸術劇場（KAAT）］オープン。
3月
［精華小劇場］閉館。
6月
マームとジプシー、3作品で構成される『かえりの合図、まってた食卓、そこ、きっと、しおふる世界。』上演。藤田貴大が本作で、翌年岸田國士戯曲賞を受賞。
10月
青年団、代表作『ソウル市民』5部作を連続上演。
11月
第三舞台、10年間の封印を解除した『深呼吸する惑星』上演後、解散。
イキウメ『太陽』上演。前川知大が本作と『奇ッ怪 其ノ弐』の成果で、翌年、読売演劇大賞の大賞と最優秀演出家賞をW受賞する。
12月
「第18回OMS戯曲賞」で、「極東退屈道場」の林慎一郎作『サブウェイ』が大賞を受賞。

『風景画』犬島公演のリハーサル風景
写真・井上嘉和

2011

5月12日〜17日
維新派『**台湾の、灰色の牛が背のびをしたとき〈彼〉と旅をする20世紀三部作 #3**』（シンガポール・エスプラネード公園内 フェスティバルヴィレッジ）上演。海外公演では2度目となる野外公演を実現。特設劇場は維新派の公演後は引き続き、フェスティバル会場として使用される。本作で「シンガポール・アーツフェスティバル」参加。
9月・10月
維新派『**風景画**』（9／23〜25岡山市犬島・中の谷入り江、10／7〜16東京都豊島区・西武池袋本店 4階まつりの広場）上演。役者たちの幾何学的かつ最小限度のムーブメントを通して、背後の風景と関わっていくという実験的な公演。岡山は時間とともに潮位が変化する入江、東京は高層ビル群を臨む屋上という、対照的なロケーションで上演。本作で「フェスティバル／トーキョー11」参加（東京公演）。
11月
松本雄吉が「紫綬褒章」を授与される。

『夕顔のはなしろきゆふぐれ』（2012年）
写真・井上嘉和

2012

7月12日〜29日
維新派『**夕顔のはなしろきゆふぐれ**』（神戸市中央区・KIITO デザイン・クリエイティブセンター神戸）上演。［神戸生糸検査所］跡地の奥行きのある空間で、光と影と音響の効果を生かし、大阪の街の風景をコラージュ。筒井潤（dracom）、垣尾優がゲスト出演。
11月16日
維新派『**構成2 3 1**』（大阪市北区・アートエリアB1）上演。本作で「鉄道芸術祭vol.2 やなぎみわプロデュース・『駅の劇場』」参加。

東日本大震災が発生、東京電力福島第一原発事故。スマートフォン用アプリ「LINE」がサービス開始。立川談志死去。

2011

テオ・アンゲロプロス死去。園子温『ヒミズ』公開。前田敦子がAKBを卒業。ゆるキャラがブームに。

2012

2013

1月

◎飴屋法水、福島県立いわき総合高等学校総合学科の発表公演で、生徒たち自身の東日本大震災後の経験や心情を元にした『ブルーシート』上演。本作で、翌年岸田國士戯曲賞を受賞。

4月

◎三谷幸喜作・演出、野田秀樹出演『おのれナポレオン』上演。

◎劇団四季『リトル・マーメイド』上演。

◎ミュージカル『レ・ミゼラブル』新演出で日本初上演。

12月

◎「東京デスロック」の多田淳之介が、東京デスロック＋第12言語演劇スタジオ『가모메 カルメギ』演出で、韓国で最も権威のある演劇賞・東亜演劇賞演出賞を、外国人として初受賞。

2013

4月〜6月

◎PARCOプロデュース『**音楽劇 レミング〜世界の涯まで連れてって〜**』（4／21〜5／16東京渋谷区・PARCO劇場、5／25名古屋市中区・中日劇場、6／1・2大阪市中央区・イオン化粧品 シアターBRAVA！）上演。寺山修司原作の都市論演劇を、脚色（共同脚本に少年王者舘・天野天街）・演出。ヂャンヂャン☆オペラスタイルを大胆に取り入れ、斬新な解釈のテラヤマ・ワールドを提示する。

10月5日〜14日

◎維新派『**MAREBITO**』（岡山市犬島・犬島海水浴場）上演。海の向こうに様々な島が見える瀬戸内海の海水浴場を「学校」に見立て、この島に流れ着いた少年・ワタルとともに、海や島の歴史と記憶をたどっていく世界を見せる。hyslomがゲスト出演。本作で「瀬戸内国際芸術祭2013」参加。

11月・12月

◎『**石のような水**』（11／28〜30京都市左京区・京都芸術劇場［春秋座］、12／5〜8東京都豊島区・にしすがも創造舎）上演。脚本はマレビトの会・松田正隆で、松本は舞台美術と演出を担当。アンドレイ・タルコフスキーの『ストーカー』などの作品群をモチーフに、《案内人》と呼ばれる男とその周囲の人々の、どこかまがまがしい人間模様を描き出す。本作で「フェスティバル／トーキョー13」参加（東京公演）。

◎「大阪市市民表彰」を受ける。

『MAREBITO』（2013年）
写真・井上嘉和

◎ボストンマラソンで爆破テロ事件。エドワード・スノーデンがアメリカ国家安全保障局（NSA）による市民情報監視実態をリーク。若松孝二『千年の愉楽』、キム・ギドク『嘆きのピエタ』公開。

2013

◎消費税が8％に引き上げられる。あべのハルカスが完成し日本一高いビルに。ガブリエル・ガルシア＝マルケス死去。

2014

2014

4月

兵庫県豊岡市城崎町に、国内最大級のレジデンス施設［城崎国際アートセンター］オープン。翌年、平田オリザが芸術監督に就任。

3月

4代目市川猿之助、3代目のスーパー歌舞伎を受け継いだ「スーパー歌舞伎Ⅱ（セカンド）」シリーズを開始。第1弾として、イキウメの前川知大作・演出、佐々木蔵之介出演『空ヲ刻ム者―若き仏師の物語―』上演。

7月

桃園会の深津篤史、肺小細胞がんで死去。享年46。

劇団☆新感線と大人計画がタッグを組んだ「大人の新感線」が、松尾スズキ作・いのうえひでのり演出『ラストフラワーズ』上演。

11月

山内ケンジが結成した「城山羊の会」、『トロワグロ』上演。山内が本作で、翌年岸田國士戯曲賞を受賞。

2015

2月

坂東三津五郎、膵臓がんで死去。享年59。

3月

［青山劇場］［青山円形劇場］閉館。

5月

劇団☆新感線、創立35周年記念公演『五右衛門VS轟天』上演。

7月

いのうえひでのり演出、市川染五郎・中村勘九郎・中村七之助出演で『歌舞伎NEXT 阿弖流為〈アテルイ〉』上演。

8月

庭劇団ペニノ『地獄谷温泉　無明ノ宿』上演。タニノクロウが本作で、翌年岸田國士戯曲賞を受賞。

10月

スーパー歌舞伎Ⅱ、国民的人気漫画を原作にした新作『ワンピース』上演。

2014

2月21日～23日

垣尾優×ジュン・グエン＝ハッシバ×松本雄吉『**Nước biển / sea water**』（神戸市長田区・ArtTheater dB 神戸）上演。ダンサーと現代美術アーティストとのコラボレーション作品。会場の近くから運んできた海の水を、松本のナレーションとハッシバの映像作品、垣尾のダンスを交えながら劇場内で循環させ、最後は観客と一緒に海まで戻しにいくという、観客参加型パフォーマンス。

4月

映画『クローズEXPLODE』（監督・豊田利晃）公開。松本はヤクザの親分役で出演。

6月・7月

『**十九歳のジェイコブ**』（6／11～29東京都渋谷区・新国立劇場小劇場、7／5・6兵庫県西宮市・兵庫県立芸術文化センター阪急中ホール）上演。中上健次の同名小説が原作。脚本はサンプル・松井周で、松本は演出を担当。セックスとドラッグに溺れ、行き場のない衝動と憎悪を持て余す少年・少女のダークな青春を、生々しく描き出した。

7月～9月

維新派　展覧会「**維新派の16259日**」（大阪市北区・アートエリアB1）開催。45周年（16,259日）を記念し、ポスターや小道具などを展示。

10月11日～28日

維新派『**透視図**』（大阪市西区・中之島GATEサウスピア）上演。大阪では10年ぶりとなる野外公演。碁盤の目のような舞台を設営し、大阪の地下に隠された都市の記憶を掘り起こしていく。ラストでは舞台に水を流し入れ、背後の川と完全に一体化した風景を作り上げる。本作で松本が「2015年度大阪文化賞」を、維新派が「平成26年度大阪文化祭賞優秀賞」をそれぞれ受賞（P247～255に抜粋した台本収録）。

12月13日・14日

垣尾優×ジュン・グエン＝ハッシバ×松本雄吉『**sea water**』（東京都江東区・東京都現代美術館）上演。2月に上演したものと基本的に同じだが、会場が海から遠かったため、最後は近くの川に海水を戻す。松本自身が出演した、最後の作品となる。

2015

9月19日～27日

維新派『**トワイライト**』（奈良県宇陀郡曽爾村・曽爾村健民運動場）上演。『**MAREBITO**』にも登場したワタルが、放浪の最中に曽爾村に迷い込み、地元の子どもたちと不思議な交流を持つ姿を、広いグラウンドの会場ならではのダイナミックな風景を織り交ぜながら描き出す。

11月

ステージ4の食道・咽頭がん罹患が判明。その後、治療生活に入りながら、2作品の演出を続行。

12月～2016年1月

PARCOプロデュース『**音楽劇　レミング～世界の涯まで連れてって～**』（12／6～20東京都豊島区・東京芸術劇場プレイハウス、12／26・27北九州市小倉北区・北九州芸術劇場大ホール、2016年1／8名古屋市東区・愛知県芸術劇場大ホール、1／16・17大阪市中央区・森ノ宮ピロティホール）上演。2013年に上演した舞台を、キャストを大幅に入れ替えて再演。

『透視図』（2014年）　写真・井上嘉和

又吉直樹が『火花』で芥川賞受賞。北陸新幹線が開業。東京オリンピック公式エンブレムのデザイン盗用が世間を騒がせる。

2015

2017

3月

劇団☆新感線『髑髏城の七人』を、東京都江東区［IHIステージアラウンド東京］で、季節ごとにキャスト・内容を変えながらロングラン上演（〜2018年5月）。客席が360度回転する、特殊な円形劇場をフルに活かした世界を見せる。

6月

サンプル、劇団活動を休止。松井周の個人ユニットになる。

8月

［アトリエ劇研］閉館。後進となる劇場［Theatre E9 Kyoto］が、2019年にオープン（予定）。

青年団、2020年までに本拠地を兵庫県豊岡市に移すことを発表。

10月

野田秀樹『One Green Bottle』上演。2010年の『表に出ろぃ！』の英語バージョンで、内容も大きく改変。

12月

彩の国シェイクスピア・シリーズ、2代目芸術監督・吉田鋼太郎が初演出を務めた『アテネのタイモン』上演。

2016

5月

蜷川幸雄、肺炎による多臓器不全で死去。享年80。

［シアターBRAVA！］閉館。

7月

ミュージカル『キンキーブーツ』日本初上演。

ミュージカル『ジャージー・ボーイズ』日本初上演。

8月

［PARCO劇場］建物改装のため一時閉館。2019年再オープン（予定）。

9月

ヨーロッパ企画『来てけつかるべき新世界』上演。上田誠が本作で、翌年岸田國士戯曲賞を受賞。

エドワード・オールビー、死去。享年88。

2016

2月〜3月

『PORTAL』（2／11〜14大阪府豊中市・豊中市立ローズ文化ホール、2／27沖縄市・沖縄市民劇場あしびなー、3／12・13京都市左京区・ロームシアター京都サウスホール、3／20高知市・高知市文化プラザかるぽーと）上演。極東退屈道場・林慎一郎の戯曲を、松本が一部脚色・演出。豊中の街の風景に架空の神話を重ね、ミクロからマクロまで照らし出した「地図」を、舞台上に出現させる。本作で豊中市立文化芸術センター開設プレ事業（豊中公演）、「KYOTO EXPERIMENT 京都国際舞台芸術祭 2016 SPRING」公式プログラム（京都公演）参加。

6月18日

未明、がんの転移が原因の呼吸不全により、大阪赤十字病院で死去。享年69。

8月19日

10月に予定していた維新派野外公演の決行と、次回作を最後に解散することが発表される。

10月14日〜24日

維新派『アマハラ』（奈良市・平城宮跡地）上演。2016年に上演した『台湾の、灰色の牛が背のびをしたとき』を、松本が生前に遺した美術プランやメモを元に、劇団員や長年のスタッフたちが再構成。日本人とアジアの海の関係を、より際立たせて見せる作品に再生。本作で「東アジア文化都市2016奈良市」参加。

2018

4月

糸あやつり人形芝居のユニット「ITOプロジェクト」、澁澤龍彦原作『高丘親王航海記』上演。主人公の高丘親王は、脚本・演出の天野天街の希望で、松本雄吉を模した人形を使用。

2017

10月28日・29日、11月4日・5日

維新派『アマハラ』（台湾高雄市・衛武營國家藝術文化中心 National Kaohsiung center for the Arts［Weiwuying］）上演。2016年に上演した作品を、奈良公演とほぼ同じセットで、野外劇として上演する。本作で「2017衛武營藝術祭」参加。

12月31日

維新派、解散。

2018

5月

70年代、維新派がよく上演会場にした天王寺野外音楽堂があった天王寺公園と隣接する、大阪市天王寺区・一心寺の納骨堂に、母ナツノの遺骨とともに安置される。

←［写真］浅田トモシゲ……『少年オペラ「vju:」』（1988年）での松本雄吉

『アマハラ』（2016年）　写真・井上嘉和

『PORTAL』（2016年）　写真・井上嘉和
提供＝京都国際舞台芸術祭実行委員会事務局

藤井聡太の出現により将棋が脚光を浴びる。『うんこ漢字ドリル』が大ヒット。デイミアン・チャゼル『ラ・ラ・ランド』、クリストファー・ノーラン『ダンケルク』公開。

2017

新海誠『君の名は。』が大ヒット。「ポケモンGO」とピコ太郎が人気に。SMAP解散。

2016

［写真］井上嘉和………〈上〉瀬戸内海の岡山県犬島・中の谷入江／維新派『風景画』（2011年）稽古中の松本雄吉
〈下〉瀬戸内海の岡山県犬島／
維新派『台湾の、灰色の牛が背のびをしたとき』（2010年）での松本雄吉

あのひとの旅立ち

あのひとが被っていた帽子の内側に水で溶いた石膏を流し込む。

あのひとの手袋に石膏を流し込む。あのひとのズボンのポケットに石膏を流し込む。

あのひとのストッキングに、ハイヒールに、ブラジャーのふたつのくぼみに石膏を流し込む。


帽子のなかで固まった石膏を取りだす。手袋を脱がせて石膏を取りだす。

ズボンのポケットをめくって石膏を取りだす。ストッキングを下ろして石膏を取りだす。

ハイヒールのなかから石膏を取りだす。ブラジャーのくぼみで固まったふたつの石膏を取る。


あのひとの帽子の内側のかたち。あのひとの手袋のなかのかたち。

ズボンのポケットのふくらみのかたち。ストッキングのかたち。

ハイヒールの底のかたち。ブラジャーのくぼみのかたち。


あのひとのかたみのかたちを窓辺に並べる。

【初出】黒田武志作品展『ナマエのないカタチ』に寄せて　2010年11月20日〜12月12日／伊丹市立伊丹郷町館

［写真］谷古宇正彦………1998年8月12日　大阪市中央区の空堀商店街の維新派事務所にて
当時はこのスペースが松本雄吉の住居でもあった

［写真］谷古宇正彦………1998年8月12日　大阪市中央区の空堀商店街の
路地を歩く松本雄吉